Slow and steady wins the game.

[韩] 宋永吉 著

马安平 许萌 译

Make the Impossible
Possible

把不可能变为可能

宋永吉，新的挑战与展望

华艺出版社

HUA YI PUBLISHING HOUSE

图书在版编目（CIP）数据

把不可能变为可能：宋永吉，新的挑战与展望 /（韩）宋永吉著；
马安平，许萌译. —北京：华艺出版社，2021.4

ISBN 978-7-80252-637-2

Ⅰ.①把…　Ⅱ.①宋…②马…③许…　Ⅲ.①宋永吉—自传
Ⅳ.① K833.126.7=5

中国版本图书馆 CIP 数据核字（2021）第 062984 号

把不可能变为可能
——宋永吉，新的挑战与展望

著　　者	［韩］宋永吉
译　　者	马安平　许　萌
统　　筹	严　炬
责任编辑	郑再帅　殷　芳
封面设计	徐道会

出版发行	华艺出版社
社　　址	北京市海淀区北四环中路 229 号海泰大厦 10 层
电　　话	（010）82885151
邮　　编	100083
电子邮箱	huayip@vip.sina.com
网　　站	www.huayicbs.com
印　　刷	北京市文林印务有限公司
开　　本	710mm×1000mm　1/16
印　　张	17.75
字　　数	218 千字
版　　次	2021 年 4 月第 1 版
印　　次	2021 年 4 月第 1 次印刷
书　　号	ISBN 978-7-80252-637-2
定　　价	58.00 元

目　录

"把不可能变为可能"的人，宋永吉

朴炳锡（韩国国会议长）

韩国国会外交统一委员会委员长宋永吉的著作《把不可能变为可能》将在中国出版了，在此表示热烈的祝贺。宋永吉委员长和我在2000年金大中政府时期同时当选为国会议员，多年来并肩战斗，志同道合。中国读者将通过本书深入了解政治家宋永吉，我特别为他高兴。

我们的政治经历很相似，皆是受前总统金大中的召唤开始从事政治的，二十年来一直投身于同一政党。在追求政治家的实事求是、知识分子的问题意识和商人的现实主义上来看，我们有很多相通的地方。

《把不可能变为可能》一书记录了宋永吉任第16、17、18届国会议员时的思考和梦想。距首次成书虽已过10年，但书中蕴含的价值和精神，直到现在感觉还很新颖。当时对于伊拉克战争、韩美自由贸易协定谈判、开城工业园区开发等的观点，现在看来仍具有远见卓识的眼光。

光是书名就很吸引读者眼球。"把不可能变为可能"是高度概括政治家宋永吉一生的恰当表述。宋永吉冲破时代和制度的壁垒，叩开希望之门，"把不可能变为可能"。他回忆说，高中三年级时经历的光州民主化运动改变了他的命运。小小年纪，就要面对在光州发生的惨不忍睹的现实，经历时代的苦痛。这种苦痛一直延续到参加学生运动和劳动运动，缔造了政治家宋永吉。

他强调说："政治是可能性的艺术"，"不是寻找最好的方法，而是避免最坏的政治"。从热爱读书、遵从内心的信念行动等方面来看，总让人想起年轻时的金大中总统。

宋永吉活跃在法制司法委员会、企划财政委员会、情报委员会、保健福利委员会等多个国会常任委员会中，还担任过仁川市长，积累了丰富的从政经验。

宋永吉最突出的政治价值当然是在外交统一领域。他非常了解中国、俄罗斯等国家。文在寅政府推行新北方政策时，认为宋永吉是最合适的执行人。得益于总统的钦点，他作为总统直属北方经济合作委员会委员长开展了很多活动。

宋永吉既深谙中国事宜，也是韩国的"知俄派"人物。在韩国人中，他见过普京的次数最多。跨越朝鲜半岛、俄罗斯、中国，活跃在欧亚大陆的政治家宋永吉，声名远播。

宋永吉梦想着韩中日三国从竞争走向合作，建立东北亚经济共同体和"绿色新政"东北亚能源共同体。这是朝鲜半岛和大陆合作走向世界的梦想，朝鲜半岛终将迎来和平的春天，这一梦想总有一天也将成为现实。

他是备受瞩目的政治领导人。两年前的民主党全党大会上，他以超过30%的高得票率备受关注。如同宋永吉议员的绰号"黄牛"一样，现在的他，憨厚、稳健地朝着更加远大的梦想之路迈进。

希望本书能加深中国读者对政治家宋永吉的认识，成为分享其梦想的桥梁。再次祝贺《把不可能变为可能》中文版出版，为战胜挫折、变逆境为机遇的宋永吉委员长的未来加油！

2020.12.24

序一
化茧成蝶

李德日（韩国历史研究文化所所长）

　　笔者曾经多次向同年龄的人询问过："如果可以再给你一次机会回到大学，你愿意回去吗？"这其中有密切关注时事、以国家民族命运为己任的革命家，也有两耳不闻窗外事、一心只读圣贤书的图书馆学霸。如今，这些人都已到中年，当他们站在镜子前面审视自己内心的时候，大多数人的回答是"不想再回到当年"。说实话，这样的回答着实让我感到吃惊。不想回到人生的黄金时期，可见当时受伤之深。其实，我也是一样的。宋永吉的这本《把不可能变为可能》带我重回了那段已经忘记，哦不，是想要忘记的岁月。如今已经习惯于沉默的我们，再去回顾那段岁月、那个时代着实是痛苦的。那些或愤怒或伤感的人和事物又重新闪现。

两次集权期间，"386世代"①成了大家的笑料。这是因为既得利益势力过度攻击，某种程度上讲也有自己作死的一面，就是因为1980年5月向民众开枪②事件。因为这件事，大家开始反省这个野蛮的国家到底是什么，体制到底是什么。不论当时站在哪一派，大家都将这段必须作为悲剧记住的时代经历看作享受荣华富贵之前的教训，甚至认为这个事件是对整个"386"的嘲笑。事实上当时也存在过度反省体制、信奉主体思想的人，他们对这个事件闭口不谈，但却扮演着嘲笑者的角色。在那个对政府和体制充满愤怒的时代，大家都很难作出理智的判断。宋永吉不仅是全面反抗体制的学生运动的领导者，而且在《把不可能变为可能》中可以看出他并不回避这个事件。就当时的社会氛围来讲，这不是件容易做到的事情，要想做到这样，不仅要具备坚守原则的品质，还要具备灵活多变的品质。这两个品质看起来是矛盾的，但只有同时具备才不至于犯错误。为此，也就需要"苦恼"了。最近，在日同胞作家姜尚钟在其作品《苦恼的力量》中，阐明了"苦恼的力量"和"继续生活的力量"之间的关联。宋永吉的《把不可能变为可能》与之相通，一句话来讲就是"苦恼"。他经历学生运动，投身于工人运动，并在90年代初目睹了以苏联为首的东欧圈解体，从此陷入了深深的苦恼。东欧剧变不仅对宋永吉，对那些80年代投身于革命

① 译者注：近几年，韩国政坛有个"386世代"的说法。"3"指的是他们的岁数，这个群体大都三四十岁年龄，"8"指的是20世纪80年代，正是这个群体的人上大学时期韩国独裁统治转向民主政治的动荡年代。"6"指的是20世纪60年代，他们是这个时期出生的。"386"人士大多积极参加了当年的"5·18"运动。他们思想左倾、主张社会主义，代表社会进步的力量，而与亲美的保守势力针锋相对。卢武铉说"386一代人是改革的核心力量"。在2003年卢武铉上台时，总统的参谋班子（指青瓦台的秘书们）大多数是"386"世代人。而卢武铉总统、李海瓒总理及政府很多部长在"5·18"运动时期多是激进民主运动的律师、劳工运动专家、民主运动领袖人物。他们当年正是为被捕入狱的学生（后来的"386"世代人）辩护而名声大噪，或与"386"世代人有师生之情。
② 译者注：指5·18光州民主事件

的人也带去了很多苦恼，他们也开始了深刻的反思。反思过后，宋永吉转变了人生方向，做起了律师，后来又成了政治家。在韩国，再也找不到另外一个词语像"政治"这样具有这么多的含义。从专家到政治家的转变，不是身份上升，相反让人感觉到立马掉了一个档次，但条条大路通罗马。年轻时喜欢读《孟子》，但年纪大了就喜欢读《孔子》。孟子极力主张"易姓革命"，年轻时就喜欢他的这种热情，但年纪增长之后就慢慢理解了孔子一生追求道的苦恼了。孔子是一位成功的教育家，却是一个失败的政治家。《论语·微子篇》中孔子让子路向隐者桀溺问路，桀溺嘲笑孔子："滔滔者，天下皆是也，而谁以易之？"孔子答曰："鸟兽不可与同群，吾非斯人之徒与而谁与！天下有道，丘不与易也。"像桀溺一样不问政事不容易，但像孔子一样在乱世依然希望通过政治追求道而努力更不容易，至少我们不会去质疑孔子比桀溺更爱这个时代和人们的事实。

现在这个时代变了，已经不是宋永吉为学生运动和工人运动到处奔走的那个年代了，也不是为政治到处奔走的年代了，但没变的是没钱没势就意味着吃不饱穿不暖的现实。贫富差距越来越严重，即使这样，现在的时代也不像以往，只存在"革命"这一个单一的问题了。我从宋永吉议员的文字中确认了数遍，他对成长和分配两个问题的苦恼从来都没有停止过。他苦恼的重点在这两个问题上，即使再不情愿，但是有时候两者之间也只能择其一。

我希望宋永吉能获得政治上的成功，但不希望这种成功仅仅是为了他自己。时代在后退，一些所谓的"成功政治家"仅是谋取到了个人的飞黄腾达，我不愿意宋永吉步他们的后尘。如同明代王阳明在《传习录》中所讲："生民之困苦荼毒，孰非疾痛之切于吾身者乎？"那样，政治家应该和时代同命运。尽人事听天命，《栗谷全书》中有一个故事，有人问栗谷李珥："老师您作为国师，如果遇到很艰难的处境您会怎么做？"李珥答道："继之以死而已。"孔子在现实中虽然失败了，但死后数千年间作为东方的成功政治家，无人不崇敬他。我突然觉得，经过十年集权，我们国家各个领域都有了像宋永吉议员一样的宝玉了。不过宋永吉议员依然是荆山的一块璞玉，要想成为一块玉玺，首先需要宋永吉议员自身的努力，而这些努力需要得到这个时代大多数人的共鸣，我认为政治就是为了共鸣而努力的一个过程。比起结果，充实过程才是宋永吉的风格，希望他能成为一名承载起这个时代民众希望的政治家。

序二
把不可能变为可能

咸成得（高丽大学教授）

人都像蜜蜂一样，为了寻找香甜的蜂蜜而离开故地，只留下自己的一句"再见"。但是有一位政治家，比起自己的名利，更重视弱势群体人权和福祉的提高，并为此而苦恼和亲身实践，他正是政治家宋永吉。他在过去10年间投身政治圈，出版了自己第一部自传《把不可能变为可能》，书中通过他所经历的事件回顾了自己的人生。作为大学同学，他百忙之中依然坚持写议政日记的勤勉，让经常以忙为借口各种偷懒的我感到十分羞愧。对于忙碌的我和"386世代"的读者们而言，我们一起经历了大学生活，这本书勾起了我们对当时黑暗的政治、经济和社会事件的回忆，读起来令人热血沸腾，欲罢不能。就这点而言，这是本有价值、有吸引力的自传，值得一读。

宋永吉议员在这本书的前言中批评了可能阻碍我们国家继续向前发展

的社会各领域的障碍，这些障碍包括南北差距、贫富差距、教育差距、就业差距、住房医疗差距等，而这些障碍越来越严重。同时他认为作为经济基础的反映，政治、文化、宗教等上层建筑中也出现了严重的对立和相互之间激烈的指责、批判和偏见，而这些无形的墙阻碍了相互之间的沟通，不免令人遗憾。宋永吉在这本书中以自身经历的历史事件为基础展示了他在这些苦恼中如何奋斗、如何碰壁的政治哲学。

因此这本书不仅仅是对自己经历的一个简单整理，而且是以自己经历为基础展示了自己所追求的信念，更进一步说，展示了作为一个政治家的政治宝典。即这本书介绍了宋永吉本人自己的反思和我们时代政治家应有的历史使命。他一直在思考金大中、卢武铉两位总统逝世之后留给我们的政治任务到底是什么？他以自己30年间为了民主主义而奋斗的经历为基础出版了这本书。

如同宋永吉议员的别名"黄牛"一样，看到他本人，会联想到体格健壮、呆头呆脑的中年大叔，但和我们中年大叔呆头呆脑的外表不一样的是，他为了国民的那种热情。这种热情就像书中处处都能感受到的对家人的那种温暖。正如书中第一部分写道，他的父母来自高兴半岛，那里民风淳朴，他的这种淳朴和热情正是来自父母亲珍贵的教导。父母亲的这种教导成了他大学时期任职延世大学总学生会会长和参加维护劳动者权益的民主运动的原动力。

在这本书第二部分，我们可以看到宋永吉议员过去不妥协于独裁政权的良心，这种坚守在化解与金大中前总统之间的误会并和好、和卢武铉总统的缘分、反对消极选举战略、政党和法律改革、对朝政策等政治分歧方面发挥了重要作用。更进一步，他提出"国民融合才是根本"的政治观点，特别是在因分裂和矛盾而问题重重的韩国近代，我们最大的任务就是通过东西融合、左右派团结、南北和解等手段治愈我们这个分裂的社会。通过这些，国民全体建设一个和谐社会是对政治家最大的期望。因此在

《把不可能变为可能》中，宋永吉议员所倡导的不是仅联合在野党或视对方为政敌的强势吞并，而是"没有分裂的统一"，而这个才是政治人最大的追求。

作者在自传的第三部分向国民阐述了自己针对未来政治面貌最真诚的政策提案。作者认为政治就是"过程"，如果它不能发挥其应有的作用，那么就会导致社会正义消失，社会混乱。因此我们应该追求"中庸政治"，好好区分并协调应该尊重和强化市场原则的领域和应该适用公共原则的领域。作者认为在此过程中，民主党应该以对于韩国正统性的自信心为基础，明确发展战略，同时主张只有积极应对通商开放问题，民主党才能成为为实现市民层和中产层韩国梦而奋斗的政党。除此之外，作者在一些具体的实行战略上也为经济政策、社会政策、福祉政策、教育政策、统一政策、外交政策等指明了方向。

宋永吉议员历经学生运动和工人运动，甚至经历了沦为前科者①的逆境，他代表了市民阶层，作为"美丽的政治家"出现在我们的面前，他的整个经历可以说是一部有价值的电视剧，为后来的政治家树立优秀的价值观指明了方向。更进一步讲，这本书是其不向不义屈服并努力至今的写照，我相信它将成为80年代后我们历史的重要记录，也势必为民主主义的发展贡献出自己的一份力量。

---

① 译者注：作者1985年因与同学们参与民主运动而以违反《集示法》的罪名被关押在西大门拘留所。

嚎啕大哭的那天

朴石武（韩国古典翻译院院长）

这是大约 30 年前的一个故事，具体的日子我已经记不清了，只留下了嚎啕大哭的记忆。那是 1981 年 1 月末 2 月初的某一天。我作为 1980 年光州 5 月抗争的关联者，为了躲避搜查我一直处于逃亡中，但在 1980 年末受人举报，被关进了尚武台的军队禁闭室。因为有戒严令，我受到了军事审判，在 1981 年 1 月中旬左右戒严令解除，我被从军队禁闭室转移到光州教导所，等待再审。

某一天妻子来看望我，她一见到我话也说不出，只是一味地哭。我预感到有事发生，问她她却不回答我。当时家里 86 岁的奶奶正在病中，我猜测难道是奶奶过世，但看见妻子什么话也不说只顾着哭，又觉得不会是因为这个，顿时心头一阵不安。妻子慢慢冷静下来，一边哭一边开始讲话。她说，奶奶还健在，毕业班十几个学生把他们 3 年的积蓄全部拿出来作为你的保释金。他们还说让妻子收下钱补贴家用。他们的良苦用心让妻子心生感激，学生们把钱全部拿出来给入狱的老师实在难得，虽然妻子坚决拒绝，但是他们最后放下钱就走，只好收下。妻子感谢这些学生了，所以忍不住一直哭。

1978 年维新独裁到了极致的时候，这些学生在光州大东高中读一年级，1979 年进入了二年级文科班，当时我教他们英语。在 1980 年那个混乱的季节，他们结束了三年级学习，1981 年 2 月上旬他们十几名学生成为了毕业生，而宋永吉就是其中之一。和妻子的会面结束后我回到了 0.7 坪（1 坪 = 3.305785 平方米）的小单间里，越想心里越不是滋味，最后忍不住嚎啕大哭。三年期间学生本来就没有什么钱，学校还要收取一部分，这些学生怎么就把这些好不容易攒下来的钱全部捐给了一个待在监狱的老师呢？

我家当时过得很拮据，学生们的钱帮了我们很大忙，因此我们一直对这些学生心怀感恩。当时发出把 3 年的积蓄拿出来捐给老师的倡议，并征得学生们同意，最后付诸实践的当事人之一正是本书作者宋永吉。当时他已经被延世大学经营学专业录取，后来成了民选总学生会会长，组织了反政府示威，最后被关进了监狱。现在他已经成为民主党最高委员并三次当选国会议员。已经进入大学的宋永吉并没有忘记在监狱的老师，一个月内竟然给我写了好几次信，信中内容亲切感人。不仅如此，他的字可以说是颜筋柳骨，信中韩文和汉字混用，怎能把汉字也写得如此漂亮，我到现在还清楚地记得。

转眼之间 30 年过去了，宋永吉已经 50 多岁了，他还没有忘记我这个年过花甲的老师，经常和我联系，他展现给我的是他的热心和情意，真的非常感谢！

现在他已经成为了我们国家的中流砥柱。我们很难解释政治是个什么东西。古语常言道：百世无善治。政治也不是件容易的事情，更何况，善政在历史上基本不存在。虽然平时见面时也经常讨论这些话题，但既然他已经开始从事这一行，我无时无刻不在苦恼怎样才算是善政。人情味这么浓的宋永吉成了政治家，真的能够做出有特色的政治，给我们彷徨的国民带来希望，为我们创造更好的世界吗？事实上我也没有自信，所以对宋永吉的期待很大。希望他能像他书里所写的那样，在实践中坚守真心，成为一位给国民带去希望的政治家。当希望成真时，远远观望的我们也会感觉到趣味，感受到希望。虽说"善治"很难，但心中充满"希望"，祝宋议员仕途顺利！

前言：把绝望和挫折的墙变成希望和挑战的门

我曾经将议政日记编成书出版，但自己写书还是第一次。写书不仅是件令人兴奋的事，也是件让人害怕的事情。我有时会想，自己未成形的想法和幼稚的构想，在将来会成为多少人批判的对象啊。在我眼里，写作就是连续难产的精神怀孕，但通过写书，能够产生一些新的共鸣、对话和因缘。

在整理过去 10 年政治生活的过程中，我觉得我有必要开始准备新的挑战和规划了。我自问：宋永吉，你为什么从事政治？为了祖国、民族和国民而从事政治的民族大义后面又隐藏了什么？支配欲、名利欲，抑或是陶醉于刀口舔血的权力？在国会政党间数不胜数的对决、争论过程，甚至是互相推搡发生肢体冲突的现场，一定要做这些见不得人的事情吗？我有时候也会陷入深深的自责。

女儿炫珠和儿子珠焕问我：爸爸，你为什么当官，很多人都在骂当官的？我自己在寻找答案，想起了自己当初决定竞选国会议员给区居民做的演讲内容："我所说的正义平等的世界、朝鲜半岛的和平和统一、国家和地区发展、平民痛苦减轻，并不是为了竞选国会议员才突然提出来的，我参加学生运动、工人运动，也并不是为了将来天下太平后可以成为律师或国会议员做准备，我不是国会议员，我过去所做的事情不会改变；即使将来没能成为国会议员，我依然会将这些事情做到底，但如果你们能够为我投一票，就意味着给了我更好的从事这项事业的机会。"

通过这本书，我整理了我成长过程中所苦恼的事情，以及在政治活动中所经历的重要政治事件上我所主张的观点。宋永吉做了什么，当时为什么会持这种政治立场和见解，这本书会告诉你答案。

韩国是个具有发展潜力的国家，我们血液中流淌着五千年积累起来的祖宗的智慧、历史和文化，同时朝鲜半岛交汇了大陆和海洋，成为新兴发展强国的条件已然成熟，但是依然存在很多阻碍民族统一的障碍。之前已经缓和的南北关系现在又陷入了困境，差别和排斥、两极化的铁墙越来越高。

社会各领域出现了一些无形的墙，这些墙阻碍了社会流动性，南北差距、贫富差距、教育差距、就业差距、住房医疗差距等逐步扩大。要想让这些差距不发生代际转移，我们必须提供充分的教育和机会，但现实中昂贵的培训费和学费使部分人得不到这些教育和机会，富者愈富、贫者愈贫的情况越来越严重，同时这些差距也开始发生代际转移。提升身份的机会之门已经紧闭，取而代之的是无形的墙。经济贫富差距必然和机会丧失、政治思想文化对立相关联，执政党和在野党之间的冲突成了家常便饭，见到了民众就劝阻他们不要起冲突，但当财产权和生存权受到侵害时，不论进步或保守，最后不得已只能拿出一决死战的撒手锏。

喊着"一起活下去"的罢工劳动者突然改变口号："要我们一起死吗？"国家应该回应一下一直挣扎的失业劳动者、临时工劳动者的声音，他们喊道："难道是让我一个人死吗？"

我想起了和我住在一个区的民主劳总（全国民主劳动组合总联盟）会前会长李石行的倾诉，他恳求政府取消课外教育培训费，哪怕是工资并轨也好啊。

和中小企业主见面后，你会发现他们比劳动者的苦恼和责任感更重，经常为此熬夜。企业家雇用了很多劳动者，为社会创造了很多就业岗位，可以说他们是爱国者。我们应该倾听每当资金结算日和工资结算日来临时，忍着流血的痛苦依然守护着企业的企业主的心声。大企业压低合同单价，零部件下游企业沦为俎上鱼肉，这种不顾小企业生死的甲方关系应转变为相生的生态关系。像洪水中难找可饮之水一样，失业率逐渐上升，中小企业出现了招工难的问题。大企业和中小企业之间差别和排斥的无形之墙应换成交流和相生的门。

我们必须要有新的希望和挑战精神。我们应该向那些失望、沮丧、互相抛弃的人们，表明我们一起能够做些事情，能够找到出路。南北互相不信任，处于一种敌对的相互依存关系，我们应当克服这种政治上的不足，尽快解决这个问题。龙山惨案发生都过去一年了，尸体还在冷冻室里，家属们被关在监狱里，其他人的声音都被高墙挡住，只听得见回声。多少人的声音都被警察自己造的墙挡住了啊，但是不要沮丧，我们能够通过说服、对话、参与等手段聚集力量提出自己的要求，冲破这些无形的墙，打开沟通之门。放弃对方也是一种自暴自弃。

因此，我的想法整理一下就是"宋永吉，新的挑战和展望"，将这些无形之墙冲破，以门取而代之。为了在各个时期的诸多理念中找准中心，做些负责任的改革，我都一直彷徨，而这本书正是对这些的记录。

我忙于几乎每天都召开的最高委、国情咨询、候补选举等会议和活动中，亲自写书不是件容易事，虽然文字没有经过充分润色，但期待通过这本书能够遇到一个不一样的自己。在此感谢为这本书做资料整理的助理金孝石、金光，秘书徐海东、李政雅和金沙雅。特别要感谢时时刻刻陪在我身边爱我的妻子南英申。

知则为真爱，爱则为真看，看则而非以往也。

第一部分

跨越地域和偏见的屏障，到达新的世界

在美丽的南岛土地上

孕育梦想的高兴海边

我出生于 1963 年阴历 2 月 26 日，我的父亲宋炳洙和母亲金光顺共育有四男两女，我在这其中排行老四。

我的家乡位于全罗南道高兴郡的大西面。高兴郡位于朝鲜半岛的南端，是一个小岛，那里有著名的八影山和小鹿岛，最近非常有名的罗老太空中心也坐落在那里。"高兴"在中文当中有着愉快的意思，如果直接从字面意义上来说也可以将其解释为从高处兴起，说不定罗老太空中心的选址也与此相关。高兴在朝鲜时代被称为兴阳。我在我的政治故乡仁川市桂阳区选举时也曾经提到"我出生于能让桂阳兴盛的兴阳"。即使是如今，每当我遇到困难，还是经常会到我那"从高处兴起"的故乡去寻找灵感。

欣欣向荣的南岛非常美丽。小说《太白山脉》中的故事就发生在高兴郡的筏桥邑，而我的家乡就在那附近。我就出生在那里的坪村。

我总觉得，能出生在农村于我是一种幸运。小时候虽不觉得，但是随着阅历的增加，我越来越觉得小时候在农村的生活经历，让我对大自然和生命有了很多不一样的感悟。

1974 年夏天拍摄的全家福（第二排左二为作者）

　　小时候我最喜欢做的事就是去抓鲫鱼，我经常会一跑出去就是一整天。晚上为了抓鳗鱼我更是经常拿着火把跑到河的下游去。那些中间商总是用一元一条的价格从我这里购买再出口到日本。在竹子底下用线拴上一点儿干萝卜来抓弹涂鱼也是非常有意思的。让我记忆深刻的还远不止这些，像是拎着铁锹去泥里面挖章鱼啦，和妈妈一起推着手推车去挖蛤蜊啦，这样的事情比比皆是。那里的小溪、河流、高山、泥潭、大海，处处都有我的回忆。

　　能在湖南这片美丽的土地上出生，我觉得十分荣幸。前不久我去龙山惨案①的事发地参加追慕活动时，一位先生说过的话令我至今难忘。

① 译者注：2009 年 1 月 20 日，韩国警方在首都首尔龙山开发区驱赶要求提供赔偿并展开示威的拆迁户的过程中，双方发生冲突引发大火，造成 6 人死亡，其中包括 1 名警察，另有 23 人在事件中受伤。这一惨剧已在 2009 年春节前夕升级为政治问题，被韩国媒体称为"龙山惨案"。

"人身体的中心部位是哪里？有人说是心脏，有人说是肝脏，也有人说是大脑，但实际上是不舒服的部位。我们的身体当中不管是哪里，只要觉得不舒服，全部的精力就会不自觉地集中到那里。治疗这个部位的疾患，也就自然而然成了我们最重视最关心的事。"

说不舒服的部位是我们身体的中心部位的这种观点，我是同意的。就像主耶稣的家乡并非耶路撒冷，而是拿撒勒人生活的加利利地区，备受歧视的出身更能彰显其传道救世的意义。我的出生地湖南是一个备受歧视的地方，这里发生过起义——光州学生运动、光州民主化运动，也正因此，出生于凌然正气的湖南地区，对我的成长来说更有意义。

在全罗道各地流传着各种各样的民间故事，这其中顺天人觉得自己长相出众，丽水人觉得自己富足，筏桥人的拳头不可小觑，在高兴千万不要炫耀自己有力气。在朝鲜半岛的众多地点当中尤以高兴沼泽最多。不管在什么年代、什么时节都很少有人填不饱肚子，也正是因为这样的天时地利，高兴人都有着一副好身体，但是高兴人虽然力气大却非常淳朴，从不欺人。筏桥是去往光州和釜山的必经之地，高兴人常常在路过筏桥的时候被欺负。我非常欣赏高兴人的这一种纯朴。

说到家族出身，我是砺山宋氏的第三十代子孙。高丽时代的宋松礼将军因为刺杀武臣政权时代的最后一位铁腕人物林惟茂建立平民政权有功，被封作砺良郡（今砺山）的郡守，于是宋家子孙开始扎下根来，世世代代生活在这里。朝鲜时代，砺山宋氏宋玹寿的女儿被选为端宗的王妃，也就是后来的定顺王后。另外，当时的刑曹参判宋侃在担任湖南巡抚节度使察访民情时发生了癸酉靖难。于是他即刻赶回宁越，筹划端宗复位一事。端宗驾崩后，在鸡龙山东鹤寺的梅月堂与金时习一起为端宗服丧三年，而后隐于高兴郡并定居。后来肃宗即位其功勋才得到认证，并因此被赐予了"忠康公"的谥号。我就是这位忠康公的第十九代孙。

在我的历代先祖当中，我最为敬佩的一位是 1592 年 4 月 13 日壬辰倭乱^①发生时与倭军殊死斗争的东莱府使宋象贤。

另外全心辅佐当时担任全罗左道水军节度使的李舜臣将军，并在其中弹之后带领战士们取得胜利的宋希立祖先也是忠心报国的榜样。

我的母亲常常会到无等山上的忠壮祠去祭拜忠壮公金德龄。金德龄是光山金氏一族的后人，壬辰倭乱之时，他作为义兵将领和权栗、郭再佑将军协同作战，因而声名远播。但是由于受到李梦鹤叛乱事件的影响，遭人诬告陷害受到牢狱之灾，在29岁的花样年纪就冤屈地自杀身亡了。

在我的祖先当中不乏这样的忠义之士，我想，也正是这样的精神和风骨，让我们的民族在众多战乱中依旧屹立不倒。

回忆起长辈的爱

童年回忆总是像水彩画一样清新透明。和奶奶、父母、兄弟姐妹们一起度过的时光成了我心灵安息之处。虽然因为贫穷和饥饿身体越来越虚弱，但因为有奶奶和父母温暖的爱，我的心像蓝天大海一样丰富多彩。

奶奶中年丧夫，独自养育了三代单传的父亲。听奶奶说，爷爷的手艺很好，他在墓碑上写字并亲自用凿子凿出来，甚至能在墓碑上面刻出花纹。爷爷首次把捣米机和碾米厂引入到我们村里，但爷爷英年早逝，奶奶只好独自养育父亲。

奶奶和母亲都是广山金氏，故乡是小说《太白山脉》的主要背景地——

---

① 译者注：壬辰倭乱是 1592 至 1598 年（大明万历二十年至二十六年；日本文禄元年至庆长三年）间日本丰臣政权与明朝、朝鲜之间爆发的战争。中国称为朝鲜之役，与宁夏之役、播州之役合称为万历三大征。1592 年（壬辰年），日本太阁（卸任关白）丰臣秀吉派兵入侵朝鲜。朝鲜节节溃败，并向宗主国明朝求救。随即明朝派兵支援朝鲜。这场战争波及了朝鲜全境，其间曾于1593 年议和并休战；但于 1597 年（丁酉年）战事再度爆发。最后由于丰臣秀吉的病逝，日本军队于 1598 年全部从朝鲜撤退。日本占领朝鲜并以之为跳板进攻明朝的行动最终失败。这次战争中李舜臣将军任朝鲜王朝指挥官。

筏桥。奶奶是筏桥人，母亲出生在筏桥郡回亭村，因而被称为"回亭夫人"。

父亲是高兴郡大西面 ① 的一个小秘书。想起父亲，脑海中总是浮现出他读书的样子，一想起父亲的这副模样，我就好想向他学习。《三国志》中的手不释卷，讲的是吴国孙权劝部下吕蒙多读书，吕蒙接受了孙权的建议，在战时书不离手，之后鲁肃看见吕蒙就嘲笑他，吕蒙反击之：士别三日当刮目相看。父亲一直在强调这个故事。

前总统金大中经常和东桥村下属强调学习和读书的重要性，他不光这么说，还用行动来影响他人，他在任国会议员期间，是去图书馆借书量最大记录的保持者。我也听父亲的话努力做到手不释卷，不知道是不是因为这个原因，大家都认为我是两党中最爱学习的议员。儿子珠焕很喜欢看书，不知道是不是因为家里没有电视。珠焕是孙子辈里面最像父亲的人，妻子时常将此当作笑料，感叹遗传的神奇，为什么能这么像呢？这真是遗传不可违啊！

父亲很慈祥，喜欢给子女写信，享受和子女对话的过程。父亲的字很好看，我怎么模仿都模仿不来。学生时代，我们兄弟也经常给父亲写信，虽然内容都是让父亲给我们寄钱。兄弟之间也经常书信来往，我经常给参军的大哥、三哥和准备考试的二哥，还有妹妹写信问好。大哥把书信收集起来编成书，但因为经常搬家，大部分书信都丢失了，不免觉得遗憾。

母亲出身贫寒，家中排行第三，据传是村中屈指可数的美人。当时父亲家里通过媒人给父亲找对象，让父亲看一下对方的照片就订婚，父亲对此非常不满，但看到母亲的照片之后再也没说什么了。

母亲作为三代单传家庭的儿媳妇，她遭的罪数不胜数了，但母亲跟这附近其他女人一样很坚强。丈夫在准备考试的时候，她就负责当丈夫的助手，将四男两女全部送入了大学。家里要耕种十斗田还要督促子女做好

---

① 地名。

大学功课，这虽然依仗于父亲是收入稳定的公务员，但大部分还是母亲的功劳。

母亲不分昼夜地工作。经常在凌晨听到母亲织衣服和洗衣服的声音。母亲太过辛劳，手上的指纹都没有了，我还清楚地记得母亲那双粗糙的手抚摸我的背的感觉。

母亲经常召集村里的其他阿姨一起聚会，估计是骨子里就有领导的能力。母亲跳舞击鼓样样精通，做起事来雷厉风行，但她也比较喜欢哭。我在想如果没有继承到母亲的这些特点，我估计也不能从事政治。我从父亲那里学到了真诚和勤恳，以及学习的态度，从母亲那里学到了强大的执行力和领导力。从他们那里得到的这些成就了今天的我，他们始终活在我的心里。

母亲，那浅蓝色的回忆

我记得以前的歌曲《不孝子哭了》《下雨的顾母岭》，当我唱起这些歌曲的时候，不知怎的嗓子哑了，就哭出声来了。

讲孔子为了宣扬自己的思想周游列国时发生的一个故事：

孔子行，闻哭声甚悲。孔子循声而去，则皋鱼也，哭于道傍。孔子与之言曰：何哭之悲也？皋鱼曰：少而离乡学，以后吾亲失。树欲静而风不止，子欲养而亲不待也。

1997年2月1日清晨，我得知回乡的母亲因为脑溢血昏倒了。我们几兄妹都因为没能好好照顾母亲而自责。

平生致力于学生运动和工人运动的心肝宝贝小儿子的律所开业之前，母亲昏倒了。当初我跟母亲说，如果我通过了司法考试开律所了，我就带着母亲环游韩国，我还记得母亲当时高兴得像二八少女一样的场面。

从那天起的七年七个月，母亲一直处于昏睡状态，也不知道她知不知道她的小儿子现在已经是国会议员了。偶尔去医院探望母亲，看见她越发消瘦的样子心里不是个滋味。她说不出话，呼吸很急促，我凑近她的耳边说：妈，永吉来看您了，您的小儿子……母亲的眼睛里噙着泪水。父亲身体也不好，但一直守在母亲的床前。

这种状态持续到了 2004 年 9 月 6 日 12 点 50 分，母亲去世了。她与病魔斗争了七年七个月，在无意识的状态下坚持度过了炎热的夏天，在初秋时还是离开了我们。

就像这片土地上所有母亲一样，我的母亲的一生是饱含泪水的韩国现代史的缩影。殖民统治、战乱和贫穷就像沉重的枷锁一样压在他们身上，

1988 年，我被释放后和母亲一起参加迟来的毕业典礼

毁灭了他们心中的梦。母亲把自己的全部献给了家庭，她去世后，我抚摸着她逐渐冰冷的身体。我想起了当时在光州大同中学时自己做饭的时光，母亲下雪天给我背来了一袋大米，路上还滑倒了，摔断了左手腕，虽然接上了骨头，但断的地方留下了疤痕。抚摸着母亲的左手，我热泪盈眶。

我追着把母亲从医院太平间运往葬礼的救护车，眼前浮现出了无等山，我记起了和母亲一起登无等山的场景，顿时有种无等山像母亲的怀抱一样环绕着我的感觉。

入棺式过后就是我和母亲最后在一起的时间了。我虔诚地擦着母亲的身体，为她穿上寿衣，想起了我在西大门拘留所时，母亲一想起我，没心思生炉子，就那样睡在冰冷的房间里。母亲得知儿子要开始律师生涯后，选好韩服数着日子等待那一天的到来，但现在母亲不是穿着漂亮的韩服，

而是丧服，躺在棺里，我注视着母亲。

在文兴东教堂做弥撒的时候，李英秀（约翰）老神父和金英玉（约瑟夫）新神父给母亲金广顺做最后的祷告。父亲和妹妹庆熙作为家庭代表致告别词和悼词的时候，我的心仿佛撕裂了，特别是父亲的告别词实在是太哀切，连他自己都有点语无伦次了。

所有仪式都结束之后，母亲被送到了高兴郡大西面的先山。下棺时我把黄土盖在了棺材上，和母亲做了最后的告别。母亲辛苦的一生犹如全景照片一样在眼前一掠而过。无等山的草地上清风吹过，吹起了我的头发，眼前浮现起如同少女一样微笑的母亲的模样，我唱起了悲伤的思母曲。

思母曲

母亲，我爱你

　　母亲！

　　我是永吉，母亲最爱的小儿子永吉。

　　无等山草地吹起秋风的时候，我就想起牵着母亲的手一起登山的场景。看着无等山的夕阳将天空染成红色，我十分思念幸福得像少女一般挽着我的手的母亲。

　　"满洲事变"①发生三年后的1934年，作为小说《太白山脉》的主要背景地——筏桥花亭乡的金氏家里出生的母亲，在一男四女中排行第三。母亲优雅的姿态和漂亮的脸蛋，让小孩们看到都身心愉悦。母亲嫁给了高兴郡的宋氏单传独子，养育了四男两女。不知不觉两年已经过去了，从母亲被埋在故乡高兴郡开始。

　　1997年冬天，从司法研修院毕业的小儿子计划开一家律师事务所，母亲由于儿子被逮捕、拘留的事情操尽了心思，儿子静下心来准备考试像是昨

---

① 即九·一八事变。

天的事情，这么快从司法研修院毕业准备新开一家律师事务所，母亲该是多么高兴啊。可是在开业前几天听到母亲突发脑溢血昏倒的消息后，我都吓得魂飞魄散了，我还清楚地记得自己向全南医院重症病房飞奔的场景。

七年七个月，多么残忍漫长的岁月啊。母亲一句话说不出，躺在病床上流眼泪。我到现在还清楚地记得，母亲赡养婆婆，给父亲当好贤内助，生养抚育了六子女到他们大学毕业，白天干农活，晚上做针线活，她的手上都没有了指纹，每当母亲用手给我挠痒的时候，我总感觉十分舒服。

我不知道母亲知不知道自己调皮的儿子已经成了国会议员，母亲的眼睛越发呆滞。每当握着母亲粗糙的手的时候，沧桑的过往便一幕一幕浮现在我眼前。

我在光州大同中学寄宿的冬天，母亲给我送大米和泡菜时因为雪路太滑跌倒摔断了左手，摸着骨头上的结节，我不禁流下泪水。

我想起了那年夏天我们和女儿炫珠一起去无等山看壬辰倭乱金德龄祠堂揭幕式，你说起光山金氏爷爷29岁英年早逝的故事，感叹儿子命运多舛，祈求上天多待见点自己的小儿子。

母亲亲历了日本殖民统治、朝鲜半岛解放、鹿顺叛乱和朝鲜战争等事件，目睹了残酷的杀戮和流血，但她一直守护着南岛。

1985年冬天，暴雪。其他家长手中拿着鲜花，坐在经过金华隧道的汽车上，准备去延世大学参加孩子们的毕业时，而你的被学校开除没能顺利毕业的小儿子被关在了西大门拘留所，那时你来探视我的时候一直哭着。后来听说我被关的这段时间，你都不能好好在房间里盖着被子睡觉，都是在冰冷的房间里度过的。

受母亲疼爱的小儿子最后成了律师、国会议员，但母亲却永远离开了，连拥抱都没来得及，看着母亲冰冷的身体，我哭了。

在母亲晕倒后，我听说母亲为了参加我的律所开业式，特地去挑选了漂亮的韩服。现在，每当我去韩服店，摸着漂亮的韩服时，脑海里就会浮现起母亲那漂亮的脸庞。

　　我想起了两年前母亲离开的那天父亲诵读的告别词。父亲在告别词中说："我作为三代单传的独子，在母亲的庇护下长大，又接受了儒家思想的教育，一次也没有向老婆表达过爱意，我无比遗憾。我多想你能听到我的心声啊！"

——2006 年每日经济新闻社 28 位名人

感谢母亲征文活动特辑《母亲》收录

在无等山和锦南路度过的学生时光

光州游学生活

小学六年级我转学到了光州，可以算是最早的游学生。我还能够记起母亲在大门口柿子树下给我送行时流泪的模样。

我开始了和奶奶、二哥在光州的寄宿生活，二哥英川在光州一高，我在光州复星初中。复兴初中培养出了很多有名的政治人物，如裴基善、李洛渊、裴基云、申溪轮、金东哲议员等。

前不久看了《回家的路》①，想起头发花白的奶奶忍不住哭了，奶奶在大哥和我们几兄弟在光州学习期间一直为我们做饭，料理生活。

我们的寄宿房是那种大块石头砌墙、石棉屋顶、靠近河边的单间房。冬天时候风吹进来，冷到桌上的水都能结冰的程度。当时奶奶把馊饭洗了之后熬成粥一勺都不肯浪费，还去蔬菜店买白菜叶做泡菜。

我小时候经常肚子疼，我的愿望就是能吃上 5 分钱一碗的荞麦炸酱面，于是我用在学习用品上节约下来的钱买了一碗，后来被二哥发现，还

---

① 2013 年韩国上映的根据真实事件改编的剧情片。

训了我一顿。

我特别喜欢漫画和电影，偷偷去流动市场前面的亚细亚电影院看电影被老师发现了之后，被罚扫厕所。由于很喜欢画画，自己也经常画漫画。虽然我是比较调皮的小孩，但在喜欢学习的哥哥的熏陶下对学业用尽全力。我的理想曾经是当上像徐熙①一样的外交官。我当时觉得国家小就容易遭列强欺负，当时很羡慕徐熙能够同强国谈判的外交手腕。

初中历史考试的时候有一道题目，四选一客观选择题，三国统一的意义是什么？我选择了"领土的缩小"，正确答案是"单一民族文化的形成"。虽然找到老师提出了自己的异议，但老师并没有接受。后来上大学之后才知道申采浩②（号丹斋）的研究并没有认定当时为"统一新罗时代"，而是将其认定为统一新罗和渤海的南北朝时代③，这才确认我当时的选择并没有错。

初中时我经常去光州中央教堂，当时我还给教会周报写过文章，题目叫《救世主错觉》。

世人为了进入神的领域积累功德，以救世主自居，这样傲慢的态度本身就是错误。看了太多的残忍犯罪行为和战争，心里自然会产生对人类恶魔的恐惧。从历史上来看，人类的傲慢越过了道德边界，陷入没有错误的错误，必然导致人类的灭亡，我们必须控制这种傲慢。

和展示崭新世界观的老师们的相遇

少年就是对世界拥有无限的梦想，同时看到世界的多面性之后又陷入

---

① 徐熙（942—998），高丽著名外交家。

② 申采浩（1880—1936），朝鲜半岛历史学家和独立运动家。

③ 中国史书不认可这一说法。渤海国一直被纳入中国史范畴，其最大疆域包括了今中国东北东部、朝鲜东北部即俄罗斯沿海州的小部分。

了混乱的年纪。这时候就需要有一位担当道路指引的老师。优秀老师的指引正是我们道路上的灯塔。我在光州大东高中时受到了很多老师的教诲，有朴石武老师；还有尹光厂老师，他是"5·18"事件的"逃犯"尹韩峰的哥哥，也是现在"5·18"纪念财团的会长；还有研究传统针灸的朴杏三老师。

二年级时教我英语的是朴石武老师，他毕业于全南大学法律系，参加过"4·19"学生运动，是金南珠诗人的前辈，非常富有正义感。他是研究金若镛的大家，精通汉学和古典文化。

我很喜欢英语课，朴老师每次上课前 20 分钟讲英语，其余时间给我们讲汉学。他给我们讲了很多《论语》《孟子》《诗经》中的经典或其他多产作家的经典，我们受到了很多启迪。

现在还记得老师批判朴正熙政权的"新村运动"：虽然主张"好好活下去"，但并不是"正确地活下去"。我还记得书中的"民惟邦本，本固邦宁""虽经万马千军，难过心中一坎""走过千人之路，只走自己路"等名句。他主张"坚持哲学"，即坚持到底，不管权力的诱惑和压力有多大，都要坚持自己的信念。

因为朴石武老师的启迪，我们在初中就知道如何批判地看待社会了。我还结识了老师的友人：《民族经济论》作者朴炫垛教授，《悲歌》《精灵宴会》作者宋奇熟，《竹笋田里》作者文冰蓝诗人，《啊，青春都市光州啊》作者金俊泰诗人。我读完白奇焕的《咬着紫飘带挥动玉色裙》深受感动。我还在高中时期读过《解放前后史的认识》，这本书导致我比同龄学生要早熟很多。

因此我慢慢形成了批判时局的习惯，经常和朋友们一起讨论。当时我们的话题是补课费。第六节课过后的七八节课的补课费并没有分配给老师，而是落入了财团的口袋。我组织了几个朋友在食堂吃着拉面讨论了一下这个问题，最后向学校提出了取消补课费的请求。

第六节课结束后，我们在运动场集合。我们准备了横幅，组织了第一次集体示威。

很巧的是，当天正是1979年10月25号，"10·26"事件前一天，釜山和麻山爆发了民众抗争集会，当局害怕集会扩散到光州。

年轻的我们不知道这些事情。200多名学生在运动场上集合发表声明书，学校启动了紧急状态。光州西部警察局的警察赶来了，组织聚会的我被带到了西部警察局协助调查，那时候我心里在想会不会把我关起来。

但是第二天早上，气氛突然缓和，所有学生都被释放。当时不知道什么原因，但后来在宫井村听到了朴正熙总统被中央情报部长金载圭杀害的新闻。我们感叹"独裁政府终于结束了"，同时内心对新的民主主义的到来充满期待，但我们真的太幼稚了。

到那时我们只知道总统是朴正熙而已。因为从出生到18岁，总统从来没有换过。权力如果不受约束，最终会成为杀死自己的尖刀。自己被最亲近的人杀害，所拥有的权力最终还是被枪杆子夺走了。朴正熙以后，首尔的春天见证了"4·19"运动、"5·16"政变，还有之后的"12·12"政变和"5·18"戒严扩大，以及光州惨案。

1980年5月，锦南路上的落英

"5·18"光州抗争的时候，我在光州大东高中读三年级。2009年，女儿炫珠也上高中三年级了，时间一晃，30年过去了。

我无法忘记1980年春天那个阳光灿烂的季节里锦南路上的落英。和小孩一起看《华丽的假期》时忍不住流出了眼泪。这部电影的拍摄地就是我的母校，演员李俊基出演的就是奋起抗争的三年级学生，大东高中就是最先爆发学生示威并遭到"5·17"戒严军暴力镇压的学校。

朋友全英镇参加了市民军，最后被戒严军打中了。李德俊、金香德也是参加了市民军死守市政府和 YWCA 大厦，最后被戒严军杀害了。金勇必在狱中饱受拷问，精神上受到了严重的摧残。戒严军占领光州之后学校恢复了正常，我们在全英镇桌子上放上了白色菊花，为他朗诵了金春秀的诗《布达佩斯少女之死》。

光州被镇压之后，所有人都沉默了。坦克的声音回荡在锦南路，我们对军部独裁势力崛起愤懑不已，但不得已只能保持沉默，以至于晚上做梦甚至梦到了同杀人恶魔一般的军部势力战斗的场面。

1980 年 5 月给我们同时代的人留下了冲击、恐怖、愤怒和悲伤，也留下了感动和爱，同时负罪感和羞愧感支配着我们的生活。在市政府拿着枪守护民主主义到底的美丽的灵魂和那些不知名的陨落的灵魂，让我们觉得自己身上的责任重大，同时也给了我们重新站起来的力量。

光州抗争当时，市民们最先点燃的是光州 MBC 大厦。市民们忍受不了媒体将市民军打为左翼分子，并在间谍的操纵下宣传新军队势力。民主党为什么高声反对媒体压制？我认为光州抗争事件起到了很大作用。大部分保守言论都认为光州抗争是部分暴徒的动乱，并反复美化戒严军的暴力镇压。而外国媒体只是报道了一部分事实，这让我觉得有必要揭开这件事的真相。

2007 年，为了庆祝"5·18"光州民众抗争 27 周年，我第一次重回母校做演讲。之前光州珠月村的校舍已经搬到了梅月村开金山了，那里树林环绕、空气清新，宿舍、图书室、电脑室等设施一应俱全。

其中最吸引我注意的是"5·18"事件中参加市民军牺牲的全英镇的纪念碑。我想起了那年 5 月沉重紧张的日子，仿佛听到了和不义做抗争的喊声，但现在在儿子一辈的学生面前演讲，心中感慨万千。我回忆了 5 月抗争的意义，激励他们追求时代的梦想，心中默默许愿，希望民主主义在这片土地上能够深深扎根。

突破教条独断的主体思想

是耶稣还是马克思？

我是延世大学经管学系 81 届的学生，但是从刚入学我就深深地感觉到自己难以适应延世大学浮躁并贪图享乐的氛围。在当时的延世大学，我完全感受不到光州事件给学生们带来的悲痛，相反的，听松台①聚会不断，这让我觉得非常痛苦并产生了退学的想法。

1981 年 5 月民主运动发生仅仅一周之后，首尔大学学生金泰勋就发起了"打倒全斗焕独裁军事政权"的活动，这个消息很快传开了。我听到这个消息之后立刻赶到了首尔大学。我当时几乎是热泪盈眶的，我认识的金泰勋兄台平日里话不多，是一个非常静的人。

那时候延世大学里面也开始出现了抗议活动。这些活动的出现也开始让我意识到，原来延世大学的学生也并没有对历史事件置若罔闻，延世大学的学生当中也有着相当一部分是忧国忧民的，他们正在摩拳擦掌，跃跃欲试，他们也想要改变不堪的现状。从那之后，我再也没有动过退学的

---

① 译者注：延世大学内恋人相会的地方。

1984 年，担任延世大学总学生会长时，在校内中央图书馆前演讲的场景

念头。

大一的时候，我一直在纠结于信奉耶稣还是唯物无神的卡尔·马克思。我大哥是基督教的忠诚信徒，于是我早在小学时候就开始跟着他去教会做礼拜。但是，上大学之后，我的信仰受到了不小的冲击，我开始思考人活着的目的以及灵魂的救赎等神学问题。

当时发生了一件对我的宗教信仰产生重大影响的事件，由此我开始怀疑自己的信仰。那时候以韩景职牧师为首的基督教界的牧师元老们，为当时的国家立法会常任议长全斗焕举行了早餐祷告活动。韩景职牧师以及朴朝骏牧师是我非常尊重的两位牧师。我从到首尔念书之后一直在永乐教会做礼拜。我十分不理解这几位备受尊崇的牧师怎么会去为那些残害光州市民的政权祈祷，并表达赞扬的感情，这让我开始对自己的信仰产生了深深的怀疑。韩国的一部分保守的基督教头目在政治上的堕落让我感到痛心疾首。

与此同时，在参加学校的学生活动时，我明显地感觉到了有神论与无神论及辩证唯物论之间不可调和的矛盾。不过，即便是产生了一些动摇，我仍然是相信神的存在的基督教徒。

英国哲学家赫伯特·斯宾塞曾经说，"人类畏惧生活所以有了社会，害怕死亡所以有了宗教"，但是我从过去到现在都一直认为人类的自负和骄慢更加可怕。

人类是一种暂时性的存在。具体来说，人类是一种想要不断地进行自我提升并实现自我升华的暂时性存在。

人类永远不可能成为神。人类一旦成为神就会成为绝对正确的存在，就会成为被崇敬的对象而不是被批判的对象，就会独占真理而施行神政政治。一旦上述假设成为现实，民主主义就会变得难以实现。如此一来，神职人员就不再是传达神的旨意，而变成了代替神的存在。如果真是这样，那么这样那样的问题便会接踵而至。中世纪天主教曾经经历过的那段黑暗的时光就是我们的前车之鉴。一旦神的位置被独裁者占据，那后果将不堪设想，这一点是我深信不疑的。

我虽然在某些方面认同唯物论和辩证唯物论的观点，但对于宿命论却不敢苟同。对于这些问题的困惑一直在我脑海中挥之不去。

就像上面说到的那样，我在参与学生运动的时候对于马克思的理论和观点既排斥又接纳，可以说我的青春岁月一直是在关于耶稣和马克思的彷徨当中度过的。

与主体思想的"交锋"

主体思想派是指韩国国内的那些主张工人、学生权利的政治派别，但是他们的主张与朝鲜并没有什么联系。在我当年参加学生运动的时候，很多人都不分青红皂白地把马克思主义和列宁主义的理论盲目地套用在韩国社会而不是具体问题具体分析。

　　但是，1985 年，当我结束了学生运动转而开始进行工人运动之时，首尔大学法学院 82 届的金永焕开始分发他所谓的"钢铁"文件。文件的核心内容就是按照朝鲜的主张认定朴宪泳为美帝间谍。不仅如此，文件还主张在抗日战争过程中仅金日成一派没有叛变地进行了英勇地抵抗，因此应当承认朝鲜劳动党的正当性及其领导地位，并以此为宗旨在韩国进行革命运动。该文件还认为，韩国正处在半封建半殖民地社会，因此进行一场民主化革命运动十分必要。当时，很多人都对这份文件的主张深信不疑。由此可见，当时韩国的思想界是多么的闭塞，出版自由也仅仅是停留在口头上。当时的知识分子以及政府领导对于光州流血事件大都闭口不谈，也正因为如此，内心燃烧着熊熊怒火的广大学子渴望得到一个切实的回应，想要打倒军事独裁政权的愿望空前强烈。

　　但是，反复思忖过后，我仍然觉得把韩国社会归为半封建半殖民地社

2003 年 9 月，与任钟晢议员一起访问平壤

会是有失偏颇的。我在当时也参加了卢会灿等组织的仁川地区劳动者民主联盟。

我在参与学生运动的过程中一直努力地运用自己的主观能动性去思考，而没有机械僵化地全盘接受这些"革新理论"，正是这样的做法让我没有像大多数人一样轻易地陷入主体思想的泥沼。

在中苏纷争、"6·25"战争战败的大背景下，韩国劳动党面临着许多社会矛盾，与此同时战后援助问题迫在眉睫，赫鲁晓夫主导的修正主义运动来势汹汹。在这样的复杂局面当中，是否信奉主体思想与能否在这样的局面中运用主体思想来巩固地位掌握权力，并将人民的积极性调动起来，其实是两个完全不同的问题。我们需要从朝鲜僵化的思想体制当中脱离出来。直白点讲，就是我们需要赋予主体思想主观能动性，我们要让这个思想体系有弹性。

在韩国主体思想派的重要人物金永焕的初选议员时期，我曾经见到过他并了解了他思想转变的经过。他说他曾经于1991年与朝鲜的特工人员接头，并在江华岛搭乘潜水艇前往朝鲜，两次与金日成主席会面并与金日成综合大学的教授就相关问题进行过讨论，但是，金日成主席似乎对于主体思想并不了解。在与金日成综合大学的教授们的讨论当中，他也发现他们的研究领域并不涉及党和领袖的思想的正确性问题。于此，他开始感觉到了隔阂的存在，回国之后又去了欧洲留学。自此，他的立场开始转变并逐渐成为朝鲜民主化运动和新右派的代表人物。

其实，有的时候一个极端和另一个极端在某些方面是有相通性的。金炯旭在其回忆录当中记载，朴正熙总统之兄，即金钟泌前总理的岳父朴相熙，在担任韩国劳动党领导时，在大邱①的十一游行示威活动中遇刺身亡。朴正熙毕业于沈阳满洲军官学校，后升入日本陆军士官学校，他还有另外

---

① 地名。

两个名字，分别是冈本实和高本正雄。朴正熙本是满洲军少尉，后被编入光复军，解放后进入陆军士官学校成为队长。

我与妻子的相遇

在首尔的中区五壮洞有个第一教会。我从大一开始，经光州一位牧师引荐认识了第一教会的朴炯奎牧师。当时的社会是紧张到连学校教室都会有便衣警察盯梢的，因此很难认识别的学校的学生。因此，当时大部分人都是通过教会的大学生部来和其他大学的学生进行联系的。我与我的终身伴侣也就是我的妻子南英申就是在这里认识的，因此我对这个教会一直充满了感激。

当时为我们两个牵红线的是朴炯奎牧师。朴炯奎牧师是一位非常和蔼善良的人，在维新独裁时期因为组织南山复活节联合示威游行还曾经受过牢狱之灾。另外，他还常常在首都圈组织救济贫民的活动，是一位非常有善心的民主人士。

我在基督教青年会认识了许多其他学校的同学，在交朋友的同时也拓展了自己的视野。曾经领导过首都圈贫民运动的前代表孙学奎，李美庆议员的丈夫李昌植以及吴世久前辈都是出身于第一教会的。另外，我还在第一教会认识了首尔大学77届黄仁河（已故）、88届朴继尚，被强制征兵到军队并冤死军中的高丽大学80届金斗黄，因为受到拷问愤而自杀的成均馆大学80届崔东和金富昌、金王泰、韩

和爱妻南英申的结婚照

旻昊等众多学生运动领袖。

朴炯奎牧师的长子朴钟烈牧师在仁川东区开办了一家教会并在那里组织民众活动。我在仁川参加工人运动的时候常常会去那家教会。另外我还与朴钟烈牧师一同创办了仁川基督教民众教育研究所，并在这家研究所里进行了一系列工人运动的筹划工作。朴钟烈牧师还主持了我们夫妻的订婚仪式，而朴炯奎牧师则担任了我们夫妻婚礼的主婚人。

我的岳父大人是宜宁南氏，老家在平安道宁边的药山，也就是著名诗人金素月在其代表作《金达莱》当中提到的药山。岳父大人是兄姐九人当中的小儿子，他在"6·25"战争之时跟随堂兄一起越过了三八线，也因此与父母兄弟骨肉分离。我的妻子正是从岳父大人那里继承到了平安道人的风骨和气质。

济州岛新婚旅行

我的妻子毕业于梨花女子大学经济学系，我们夫妇二人是同一届学生，大二的时候我们彼此相识，但是真正意义上成为朋友是在大三的时候。我们常常会在新村参加街头游行示威的时候碰到，所以每次有催泪弹爆炸我都会担心她的境况。还有一次我们在示威游行的过程中因为遇到警察的阻挠，拥挤的人流中发生了踩踏事件，当时也是我紧紧拉住了她的手才使她幸免于难。正是因为这些偶然的接触我们变得亲近起来。当时我和太太在学校后山的听松台约会的时候，总是会自己做一些吃的带过来两人一起分享。那时候我人生第一次吃到了维也纳香肠。

我妻子在大四的时候担任了学校民主化促进会的副会长并常常组织一些相关活动。从大四第二学期开始，我妻子放弃了学业，进入九老工业园区开始工作。我妻子当初供职的公司叫作申明电器，她在里面是负责焊锡工作的，当时担任学生会会长的我常常会询问她工作的情况。

后来我妻子跟着我来到了仁川并进入一家手表工厂工作。下班之后她会急匆匆地搭上末班电车来和我见面，我们两个的约会常常是在路边摊吃关东煮。

1986 年，因涉嫌暗杀全斗焕的阴谋案，我被关押到秘密监狱一个月，受尽了皮肉之苦，精神上也倍受煎熬。我被释放之后，无论是精神上还是肉体上都处于非常低谷的状态，在那个时期正是因为我妻子的支撑我才坚强地撑了过来。我妻子不断地鼓励我，这让我重新振作起来，我在一家家具工厂找到了一份工作，并以此为掩护继续从事工人运动。

跟着我来到仁川的妻子面对只有一间屋子的狭窄的出租房毫无怨言，我们住在一起，她经营了一家漫画店。我们常常在这家漫画店里与学生运动和工人运动的积极参与者进行会面并商讨大计。

当时，我每天的工资就只有 4800 韩元，每次拿到工资，我和妻子都会去买一些土豆和海带，存在家里以备不时之需。直到现在我和妻子都常常会回忆起那段幸福而简单的岁月。

直到现在我都觉得即使我现在不做国会议员，不做律师，单纯靠体力劳动也能养活我们自己，这也正是因为我们当年在那一间出租屋里面生活的经历。不论是我还是我妻子，我们都不是对物质有很强烈欲望的那种人，也可能是因为这样的性子，直到现在我们夫妻二人也没能置办上一套房子，仍旧住在租的房子里。

我妻子当时和我结婚只提了一个条件，那就是不生孩子。我妻子认为，人生如烟火一般转瞬即逝，何苦一定要留下个子嗣，但是我很想要个孩子，所以我苦口婆心地游说我妻子，后来她终于妥协了，她答应只要我找到工作挣了钱我们就生孩子。后来，在 1991 年我开始担任全国出租车运营联盟仁川市分部的局长，并有了 45 万韩元的月薪。于是我妻子也依约在我们结婚的第三年怀了我们的第一个孩子。岳父大人一听说我妻子怀孕的消息，立刻给我们买了一辆私家车，希望我们的第一个孩子能够平安出世。我们的女儿是在仁川的东岩医院出生的，当时我正在组织出租车司机抗议罢工游行，因此没有能赶到医院去陪伴我的妻子。

我妻子当时跟我约定，只要我能通过司法考试就生第二个孩子，于是，在我通过司法考试后的 1995 年，我的妻子为我诞下了我们的第二个孩子，是个儿子。不知道是不是因为老二是在我为了考试戒烟戒酒一心学习的时候怀上的，他很爱看书，也很聪明。

我的妻子在养育两个孩子的同时又要做我背后的支撑，着实不容易。不仅如此，她还抽出时间充实自己，在广播通讯大学获得了幼儿教育学学士学位，进而升入中央大学取得了硕士学位，又在淑明女子大学攻读博士学位。不过，可能是因为常常要同我一起去各地参加选举演讲活动，她的博士论文还没有完成。像阿尔贝特·施韦泽（Albert Schweizer）① 一样，我的妻子也热衷于参加各种志愿者活动，她追求的不是奢华的生活，而是内心的安定和帮助人的快乐。名贵的衣服、珠宝、化妆品这些一般女人们热衷的东西似乎都引不起我妻子的兴趣。我妻子常常说，只要在饿的时候能吃上一碗炸酱面就非常满足了。

说实话，我妻子在地方选区的人气可是比我还要高，甚至有人说让我妻子代我参加选举。我想可能是我妻子真诚待人的态度感动了大家吧。一

---

① 20 世纪人道精神划时代伟人、德国著名学者及大道主义者。1913 年来到非洲加蓬，建立了丛林诊所，从事医疗援助工作，直到去世。他是全球志愿者们最尊敬、最仰慕的人之一。

转眼我和我的妻子已经结婚 25 年了。作为一个政客的妻子是非常辛苦的，但是，出身于首尔富裕之家的妻子却并没有表现出丝毫的小姐脾气，她跟着我一起参加学生运动，组织工人斗争，工作在工厂的第一线，我想这都是因为她对人民大众有着一腔热血。

像普罗米修斯一样

普罗米修斯将火从神的世界带往人间，而我也要像普罗米修斯一样将人们从被统治阶级奴役的意识形态当中解放出来，我有着一种将民主意识广泛传播给民众并使他们得到解放的使命感。

1985 年 4 月我从西大门区监狱释放之后，我决定去工厂工作。我的母亲想到我只身一人被关在冰冷的监狱里十分痛苦，于是也特意熄掉了房间的炉火；还有我的大嫂，作为这个家的长媳也是受尽了苦难；我的父亲也一直希望我能做些别的事情。想到这所有的一切，我决定回到仁川。

我租了一间屋子安顿下来并开始了我的第一份工作——做建筑工地的工人。第一次发工资的那天，我和一起工作的几位兄弟一起用这些体力劳动赚来的血汗钱去喝了一杯，眼泪不知怎么的就流了下来，我当时真的有一种虎落平阳的感觉。

我很想进入大宇汽车工作，但是，这对于曾经做过学校学生会会长又有过牢狱经历的我实在是难于登天。于是我就先去大宇的外包工厂做了管线焊接工人。由于焊接的时候眼睛暴露在外面，所以每当晚上回到家我的眼睛都会又酸又痛，每每这个时候，我都会按照焊接工前辈告诉我的，去向隔壁刚生了孩子的大嫂讨一些母乳敷在眼睛上，以此起到镇静的作用。

除此之外，我还在一家生产挂钟的工厂工作过一段时间。这种表面在工厂工作，实际上却是在做学生运动和工人运动活动的伪装就业经历，在当时对于学生运动的积极参加者来讲可以说是必不可少的。这看起来虽然与时下的某些长官挂羊头卖狗肉的行为在形式上非常一致，但是初衷却是大相径庭的。与那些心术不正的官员为自己为子女谋私权私利不同的是，当时的学生们是隐藏了自己的知识分子身份而甘愿为了改善工人的工作和生活环境而去从事那些每天只有 4000 ～ 5000 韩元收入的体力劳动工作。二者之间简直是天壤之别。

我所在的工厂经常让工人们加班加点，而加班工资却只有正常的50%。周末加班的补贴更是想都不用想。这些做法都是不合法的，但是没有人敢提出异议，因为一旦提出这样的要求，马上就会被解雇。

四月份去富平参加选举活动的时候碰到了当年一起工作过的朋友，他现在在富平区政府做公务员，多年不见的老朋友见面真是非常激动。一大家子挤在一间出租房里的那些日子真是难以忘怀，当年去参加同僚们的孩子的周岁宴，大家有说有笑地在狭窄的出租房里面热热闹闹吃东西聊天的场面仍然记忆犹新，历历在目。

我常常去我在南大门市场食堂工作的姨妈家小坐。当时姨妈家的房子也只有窄窄的一间屋子，每次我去拜访，姨妈帮我张罗的饭菜也不是什么山珍海味，但是，那些充满了诚意和爱的饭菜仍然让我热泪盈眶。其实，我们这一群志同道合的搞学生运动的人聚在一起小酌的感觉也是一样的温暖。

再后来，我又去了一家加工棉手套的工厂。我在那里见到了我的大学同窗朴莱君。朴莱君在弟弟朴莱田死于民主化运动后，长期从事民权组织工作。下班之后朴莱君就会和朋友们一边吃饭一边商量活动计划。

1986 年劳动节前后，我在富平火车站组织示威游行活动时被安保部门抓捕。当时我被带到了一个秘密监狱，在接下来的一个月里我受尽了折磨。一进牢房，他们便把我脱光摊开，前后左右把照片拍了个遍。当时他们给我的说法是，这样一来日后把我们扔到汉江里溺死后比较方便家属认领，真是"体贴入微"。我一方面觉得这个说法很荒谬，一方面又觉得毛骨悚然。当时那一个月我真是受足了皮肉之苦。

　　每到晚上，我总是会梦到我杀了光州事件的罪魁祸首全斗焕。我想象用 M-60 的机关枪冲进青瓦台。我写信把我这样的复杂心情告诉了我高中时的恩师，但是信被安保人员没收了。开始他们以杀害国家元首的罪名将我逮捕，后来经过拷问发现我是清白的，于是把我的父亲和哥哥叫来签了保证书，并对我做出了不予起诉的决定。

　　当时安保部门的人为了找到我杀人的蛛丝马迹夜以继日地工作，因此拿到了不少夜班奖金，他们当时在我面前数钱的样子我至今都无法忘怀。同样难以忘记的还有在南山脚下的忠武路吃紫菜包饭，直到现在我一看到忠武路紫菜包饭，脑海中还是会浮现起当年在忠武路地下秘密监狱的那心惊肉跳的一幕幕。如今，我在国会情报委员会工作，属于监察机关。国家情报院的院长和领导们常常会提到当年在安保部门发生的事情。国家情报院可是千万不能再回到当年那种黑暗的样子了。我记得我还问过他们能不能找到当年我被抓时候拍的"裸照"，他们说时间太过久远估计已经被销毁了。好可惜，那时候的我可比现在瘦多了。

　　那次被抓到秘密监狱审讯之后，我有种精神上和肉体上都被强奸了的感觉，整个人都非常低迷。在我的低潮期，很多朋友都给了我鼓励和帮助。当然了，这其中对我帮助最大的要数我的爱人南英申。

　　在大家的帮助下，我又打起了精神回到了仁川。当时真的觉得只要有我爱的南英申，有一个锅，有一个炉子，我们就能幸福地过日子。在那之前，我的妻子南英申都一直是生活在首尔的。我朋友李正雨的经济状况相对来讲是很不错的，于是拿出了 500 万韩元的启动资金开了一家漫画店。我当时是想以漫画店无人看管为借口将我的妻子带到仁川，另外我和我的妻子同居的事情我们双方的父母是不知情的。于是就这样，南英申成了漫画店的主人。除此之外，南英申还在管理漫画店之余到朴钟烈牧师的教会上夜校，参加志愿者活动。

　　这个时候我又到了一家叫作先创产业的公司就职，和以前一样，这份工作也是一个幌子。我当时在工厂里负责加工工作。这个工作需要在车床上拿着刀刃切割飞速旋转的木材，一个不小心就会伤到自己不说，材料也会变成废材。所以，我在工作的时候时刻都要做到全神贯注。有时候一点点小小的闪失都会让我冷汗直流。就是在这样的危险作业环境中，我有很多同事的手指和手腕都会有或多或少的伤痕，甚至有的人都已经没有了手指和手腕。

　　直到现在，我去进行选举演讲偶尔还会看到因为这种危险作业而失去了手指或者手腕的人，每当与他们握手，我总是会忍不住想起他们的手指和手腕被切掉的残忍场面。每次看奥运会的足球比赛，我总是会想起印度和孟加拉国的那些为了赚取微薄的收入而日夜工作来制造这些足球的少男少女们通红的小手。有时候看到挂钟、椅子、桌子等等这些东西，我也会难免想起当年那种危险的作业环境。

　　我美丽的爱人南英申在做漫画店女主人的时候遇到了无数的追求者。所以，我一下班就迫不及待地想要赶回家里。拿着20万韩元的月薪，我跑到传统市场买来大酱、海带、豆腐，回到家做一顿好吃的饭，我们的同居生活是非常甜蜜的。后来双方的家长知道了我们同居的事情，无奈之下就同意了我们的婚事。我们的婚礼是在1987年举行的，那时候我25岁。朴炯奎牧师担任了我们婚礼的主婚人。我们的婚礼来了许多便衣警察，我的岳母大人为此还担心了好一阵子，唯恐女婿被这些人抓了去。

　　1987年7月劳工抗议游行过后，我与朴炯奎牧师的长子朴钟烈牧师以及许柄燮牧师一同建立了仁川基督教民众教育研究所。这个研究所主要研究劳动关系法等与劳动者利益切实相关的内容。

　　1984年，全斗焕政府当政，当时一位出租车司机提出要求改善工作环境后自焚而亡。当时我们要求追认这位司机为烈士，我们设立了专门办公室并发行了刊物，并由此展开运输业工人咨询活动。我主要是负责仁川

延世大学门前举行的出租车司机石光洙烈士葬礼

地区和富川地区的出租车司机、公交车司机以及货车司机的咨询和培训工作。

　　当时这一切的产生也是多亏了与我一同负责仁川地区民主劳动者联盟的现进步新党代表卢会灿的建议。与政治势力对立不多的运输业劳动者是我的不二之选。

　　我想要在集运公司就业，因此特意去考了拖车司机的驾照。出租车司机的生活境遇不论是当年还是如今都是相对困苦的。不夸张地说，他们是在极致状态下工作的。当时的份子钱是33653韩元。正是由于恶劣的工作环境才不断地有人自杀身亡。为了妥善解决这些自杀身亡的劳动者的身后问题尤其是赔偿安置问题，我们在医院的灵堂进行了一个多月的激烈斗争。直到如今，有些烈士的年迈父母还都是由其遗孀艰辛奉养的。

　　在从事这些活动的时候，我认识了很多志同道合的朋友。我搞政治时

开出租车的日子

出租车驾驶证

候的第一位秘书长和第二位秘书长都是当年的旧相识。现在全国运输业劳动者联合会的具秀英部长和我关系非常好，几乎就像是亲兄弟一样。我们从1987年认识至今一直保持着非常不错的关系。

　　我一边领导出租车司机进行斗争，一边奔波于大邱、浦项、釜山、光州等全国各地。不知道是不是因为这个原因，直到现在一提到出租车我都有种亲切感。即使到了现在，不管到哪里坐出租我都会跟司机进行热络的攀谈。

　　因为做过一日司机，所以那些在街上开着出租车却没有拉到客人的司机师傅的焦急心情我十分能够理解。这种时候，他们什么活都愿意接，甚至是那种没有几步路的目的地，只要能赚份子钱，于他们都是好的。正是因为理解司机师傅们的这种心情，我直到现在都非常愿意搭出租车出门。因为这样既可以帮助出租司机师傅们，又可以顺便和他们聊聊天，倾听老百姓的声音。一石二鸟，何乐不为。就像京畿道安城的安民锡议员，虽然已经贵为国会议员，却还偶尔会作为一日司机去和乘客们聊聊家常，以此来了解百姓的心声。

　　回到正题，下面我来说说我为什么会提到普罗米修斯。1987年7月劳工运动的大潮已经基本过去，大部分劳工们开始把注意力从理论层面转移到实践层面。比如解雇问题、就业规则、保险、工资和工会等与法律相关的问题，开始受到越来越多的关注和重视。我参与劳工运动的时候，前民主党议员文炳浩律师开始在富平执业。我开始觉得，比起以罢课罢工的形式和广大劳工一起斗争，不如学法懂法考过司法考试成为律师后对劳工们的帮助更大一些。

于是，我在1991年相继访问了东欧和俄罗斯之后，回到国内，开始下决心学习法律知识并积极准备司法考试。我在我所负责的出租车协会向各位同仁们提出了我的想法，并获得了大多数人的支持。我也和大家约定，通过司法考试并成为律师之后我会再回来。在新林洞考试村准备司法考试期间，常常会有出租车司机师傅带一些吃的来看望我。现在在市里也多少能见到一些个人出租司机师傅了。对于这些司机师傅们，我永远是以同理心来对待的。不管我是做了律师还是成为国会议员，我都始终保持着我就是一个劳动者的信念。我觉得用汗水和劳动换来的生活才是真正幸福而有意义的生活。

普罗米修斯因为将神明世界的火种偷偷带到人世而受到责罚，而我也要像普罗米修斯一样，尽自己能做到的一切力量来让普罗大众生活得更加幸福。

What is to be done?

在我参加学生运动的时候，时任《东亚日报》社长兼首尔大学教授的金学俊先生出了一本名为《俄罗斯革命史》的书，这本书在当时风头无两，销量甚佳。这本书试图通过对俄罗斯革命史的探究找寻韩国国内改革的出路。

20世纪80年代，学生们开始深陷于马克思列宁主义的魅力之中，这主要是因为1980年5月以后韩国政府官员的不负责态度以及韩国知识分子群体的懦弱表现，让学生们感到非常失望。当时美国对于全斗焕政府调兵镇压光州事件的做法也感到不满并开始对其起疑。

　　韩国国内的舆论势力和知识分子居然对"5·16"政变表现出了积极的态度，在这样的状态下韩国的民主化运动被蒙上了一层阴影。正是这样的时代背景使得韩国国内的广大学生开始将希望寄托在了马克思列宁主义身上。

　　《怎么办》是1902年俄国革命的领导者列宁同志一生中非常重要的作品之一。

　　1989年东欧剧变，1990年戈尔巴乔夫改革直接导致了苏联解体。说真的我很想去现场感受一下这段真实的历史，也想去亲眼看看红场上悬挂的列宁像，看看列宁一手打造的苏联解体的现场。我希望亲身感受这一历史事件带来的深刻变化，而不是通过舆论媒体这些媒介。

　　1991年10月，我去游览了东欧列国，去剧变现场亲眼看了看倒下的马克思和列宁的铜像。这一趟，我去了匈牙利、波兰、捷克，去了莫斯科、列宁格勒，甚至还到了爱沙尼亚的首都塔林。当时列宁格勒已经改名为圣彼得堡。

　　当时的东欧给我的直观感受就是城市建设陈旧、制度落后，根本无法跟上时代的步伐。当时的东欧各国百废待兴，亟待一场彻底的改革。具体来说，分配制度不合理、赏罚机制不公等等问题都暴露无遗，表面上绝对公平的分配制度导致了更加严重的社会不平等现象，在此状态下，人民积极性不高，社会生产力发展停滞不前。

　　当时我的两位大学同学分别在莫斯科和列宁格勒留学。我在俄罗斯见到了他们并与他们交流了看法。

　　我从这些历史事件中明白了利润动机和人们的利己心是推动生产力发展的原动力，但是还不止这样，人类是一个复杂的群体。有的人愿意为了社会和他人牺牲小我，而与此同时也有人会为了自身利益毫无怜悯心、同情心和爱国心，不择手段，只为得到一己私利。

　　生产力和生产关系是一对不可分离的好兄弟，有什么样的生产力就应

该有什么样的生产关系与之相对
应。经济基础决定上层建筑，私
有制与生产社会化的矛盾如何调
和，无政府状态下生产的盲目性
如何避免和克服，这都是我们需
要解决的问题。就像是最近发生
的金融危机，经济发展势头好的
时候华尔街的银行、证券、金融
投资公司等金融资本行业挥金如
土，但是，一旦用金融衍生产品
搭建起来的巴比伦塔因抵押借款
危机倒塌，承担责任的是全体
国民和整个社会。

苏联解体现场，莫斯科的马克思铜像前

其实，对我们来说真正重要
的不是理论，而是落实到人民具体生活上的东西。不论是政府还是政党都
不能妄图替代市场的作用。市场也即自由竞争保障了选择的自由。不仅如
此，我们还需要制定公正的"游戏规则"。另外，公正的分配制度也必不
可少，而要保障一个公正的分配制度就需要有一个相对完备的税收制度。
利益的公正分配和为了维持国际共同体而设立的合理的税收制度是不管资
本主义还是社会主义都需要的，如果没有做到，那么这两种社会形态下的
国家要想有发展都是十分困难的。

结束了这次旅行，我又开始思考关于朝鲜的问题，而思考这些问题常
常让我感到非常压抑。我去旅行时亲眼看到了列宁、马克思、斯大林的铜
像被推倒在地的场面，事实上，列宁同志在生前就非常反对为自己造铜像、
搞个人崇拜，当时的列宁已经开始对斯大林的权欲有了警惕心。斯大林杀害
政敌，疯狂推行个人崇拜，胡志明和周恩来都在生前明确表示反对造自己

的铜像，甚至在遗言中也提到了这一点，这正是由于斯大林的前车之鉴。

我为什么要参加司法考试？

我的父亲一生从事的都是公务员这个职业，我想也大概是因为这样，我们兄弟几个对公务员和政府官员都有种天然的好感。另外，并不乐观的家庭经济条件也逼着我们好好努力，安身立命。

我的大哥一直觉得自己作为家里的老大，要担起整个家庭的重担，他先后就读于筏桥初中、光州商业高中和成均馆大学。后来我的大哥通过了公务员考试，成为经济企划院的一名官员，从此正式走上了仕途。我的二哥在读书的时候因为成绩优秀，不仅学费被免除，奖学金也是不在话下。后来他从檀国大学法学院毕业之后，通过了司法考试，正式成为了一名庄严的法官。

我是我们家里的第四个儿子，因此我身上背负的对于家庭的责任比起我的几个哥哥要轻得多，也正是因为这样，我才能随心所欲地参加各种学生运动、劳工运动。我这个"叛逆"的儿子让我的父亲和两个哥哥成了安全部门和公安部门的常客。在当时的我看来，参加全斗焕军事独裁政府组织的司法考试是与我的三观相背离的。我甚至认为，在这样的时代背景下，不因为斗争被关在牢房里而安心地在学校里念书顺利毕业，是不可忍受的。

但是，在工地在工厂的日子让我深深地意识到，成为一名有着专业法律知识的律师是一件多么重要的事。当时我二哥与现任韩国民主党议员的秋美爱一起，供职于仁川地方法院的刑事审判庭。那时候我第一次见到了秋议员。当时，秋议员驳回了所有拘留成人教育大学事件参与者的要求。这样的做法引起了检方的不满，当时甚至有声音要求秋议员下台。

我二哥也在积极地劝当时热衷于参加劳工运动的我参加司法考试。我在仁川参加劳工运动的时候有了我人生的精神导师，他就是新颜文化财团的理事长智勇泽。他常常激励我说："你一定没问题的。"当时他的这些鼓励成为了支撑我继续前行的重要力量。木浦市的市长宋在具也劝我参加司法考试。他说，在这样的政治环境下你要先有了法律知识才能让自己全身而退，保全了自己才能尽最大的努力去保证劳工的权益。可见当时的政治环境之黑暗。

另外，有时候我们的人生需要一个转折，而这样的转折又需要一个契机。而于我，在东欧和俄罗斯的游历和那次游历给我带来的关于社会主义的思考，就是我参加司法考试的契机。

1991 年，我的女儿出生了。我父亲给她取名炫珠。初为人父的我既觉得新鲜有趣，又感到肩上的担子重了一些。我感觉到我必须好好努力，我要让我的孩子过得更好。

于是，我整理出了三条一定要参加司法考试的理由。

第一，卢武铉总统在回忆录《成功与挫败》当中写到，先养活自己才有资格去想别的问题。

《孟子·滕文公上》有言："有恒产者有恒心，无恒产者无恒心。"当然了，贤能的人都是能咬牙坚持的，但是这种坚持实际上是建立在家人的牺牲之上的，因此在我看来，这种所谓的清高不要也罢。

古话说，民以食为天，对于百姓来说糊口是第一要务。这一点不论是对于个人、团体还是国家都是一样的。保证不了温饱谈什么都是没有根基的，不牢固的。国家也是一样，如果没有雄厚的经济实力作后盾，是很难实现政治上的民主的。市民团体如果做不到财政独立，而是依附于政府和一些大型的企业，资金和权力都会受到牵制，在这样的条件下谈什么也是白搭。财阀控制舆论喉舌也是一样的道理。

第二，我想要了解资本主义体制维持和运作的原理。很想知道为什么资本主义制度可以维持并发展至今仍有活力，我想要知道这个问题的实质。我觉得核心在于法制。另外，至今为止我学习到的都是一些非主流的东西，主流的学问我并没有做过研究，而且我学习的非主流的关于出版、舆论的东西，还都是在被严格控制的条件下非常有限的一点儿东西。因此我觉得有必要进行一下系统的学习。另外，辩证法、历史唯物论以及一些资本主义的核心观点和理论，我都想要深入学习一番。

第三，只有取得了律师资格才能够更好地帮助劳工取得更多的权益。

以我当时的经济状况，交了房租和押金就所剩无几了。于是我把妻子、女儿一起托付到了住在首尔方背洞的岳父家里。想到要与我的宝贝女儿分开我的心揪成了一团。在此之前，我一天要抽两包烟，狠狠心，我把烟戒掉了。我当时是准备等考过了司法考试我再开始抽烟，但是事实上我到现在都没有再抽过烟。不仅如此，我还下定决心考试，一日不通过我就一日滴酒不沾。

我当时是抱着进监狱的心情搬进了狭窄的考试院。我正是看着梁昌秀大法官的《民法入门》逐渐培养出了法律思维。再后来我又仔细研读了延世大学法学院金俊浩教授的《民法讲义》，以及郭允职教授的《民法丛书》。这样的学习过后，我基本上已经对资本主义体制有了一个深入的了解。我知道了自己要对自己的行为负责，了解到法律行为与法律责任，另外，关于物权、债券、亲权、继承等与社会结构有关的问题也有了相当的了解。

学习是一件非常有趣的事情，我很享受这个过程。我就像是一块海绵贪婪地汲取着知识的水分。学习也需要一个好的身体，所以说身体是革命的本钱。我认为通过司法考试的关键就在于集中精神。简单来说，谁有短时间内调动自己全力学习冲刺的能力，谁就更有机会通过司法考试。

我立志要在一年之内通过司法考试的全部科目。我当时听从了首尔大学学生会主席李正雨的建议，他同时通过了司法考试、外交考试和公务员考试，是个不折不扣的考霸。我把所有需要看需要背的东西列在一个单子上，又把它仔细地分成 365 份，细化到每一天。我当时每天要学习超过 16 个小时。

通过学习法律，我受益匪浅。我当时参加劳工运动的时候，常常是在还没清楚地了解到事实的情况下就盲目地做出了判断，但是学习法律让我知道，没有证据的情况下不能妄下定论。"Hearsay is no evidence""没有调查就没有发言权""有约必守""没有其他证据只有自白不可定罪""疑罪从无"等等概念，都是那时候了解到的。

尤其是对于宪法的学习，让我深深折服。我们并不需要特意去看专门的关于劳工运动的书籍，只要能把宪法正文和附录深刻理解并照此实践，那么不论是人权还是民主化都不是问题。如果宪法的条文都能够完完全全得到实践，那我坚信，建设一个美好和谐的国家指日可待。特别是前文写到的关于全斗焕军事独裁政府统治下的学生运动中，宪法指定的反政府刊物让我非常有共鸣。于是，我开始阅读韩国宪法、宪法判例、美国宪法、德国宪法等相关经典著作。事实上，六月抗争得到的最核心也是最重要的成果，就是宪法以及宪法裁判所的成立。受到六月抗争的影响，宪法裁判所的第一届成员大多是进步人士，这其中的代表人物便是卞政修裁判官。我深深地被宪法的魅力折服了。当时的李会昌大法官提出了国家安保法违宪这一观点，这也让我感到十分佩服。以"直肠子"著称的他回归政治圈后变为极右保守势力，这让我感到十分惋惜。

司法考试的第一轮要考外语，而 30 岁高龄的我一直忙于参加各种劳工斗争，在英语方面我感到把握不大。高中时候我学的外语是法语，因此我在司法考试中也决定选择法语来考试。晚上睡觉的时候我常常听着 Salvatore Adamo 的《Tombe La Neige》来复习法语。也正是因为那时候的用心学习，我的法语实力提高了不少，后来我做了国会议员之后担任了韩法友好议员联盟的会长长达 4 年之久。这期间我也为韩法两国的关系发展做出了自己的贡献，也正是因此我还获得了法国政府授予的法国荣誉军团

法国国家最高勋章——荣誉军团勋章授勋式

勋章。

　　我在参加第一轮考试的时候发现 OMR 卡涂错了，而当时考试还剩不到十分钟就要结束了，我赶快跟监考老师说明情况，要了一张新的卡重新涂好。当时我突然就想到了女儿炫珠的脸。我当时觉得，如果司法考试没通过，我真的没脸见女儿。就是凭借着这样的念头，我才得以完成考试。这真是种神奇的感觉。为了准备考试，我每个月只能见一次妻子和孩子。每次妻子带着宝贝女儿来狭窄的考试院看我，我抱着她的时候真是别提有多幸福了，但是一想到马上就要分开又觉得如鲠在喉，真是五味杂陈的感觉。

　　我本来计划在一年半的时间内通过第一轮和第二轮的司法考试，但是商法差了 0.16 分没有通过，所以只能"二战"。我当时拨通了查分电话，输入了准考证号码，电话那头传来了录音声："很遗憾，您不在合格名单内。"当时我的大脑一片空白，我觉得整个人都一直在被这句话环绕

2008 年 11 月 27 日，出席东西南北论坛

着。我当时就想，如果下一次我再没通过，我就要去北京大学留学。但幸运的是，我在第二年通过了考试，终于不用再浪费时间在这件事情上真是万幸。

在司法研修院期间还有一些记忆深刻的事情。我当时负责司法研修杂志的编辑工作。当时的金泳三政权对于"12·12"政变持的是一种"成功的政变不该处罚"的态度，因此他们决定对首尔监察厅的郑允锡主任做出暂不起诉的决定。1996 年郑允锡担任仁川地方检察厅次长的时候我们曾经见过面，后来我们都成为大国家党的法务委员才又见面。后来我又在国会见到了许多当年我搞学生运动劳工运动时候担任公安案件检查官的人。人生真的很奇妙。

我当时对于检察官做出的不起诉决定非常不满，在研修院发起了联名抗议活动。当时许多研修院的教授给学生施压，又给了一些明显的诸如要

兄妹四人在高兴郡

想当法官检察官就不要签名之类的暗示。但是，尽管如此，还是有很多研修院的学生参加了署名活动。

我的观点是这样的。

这里的所有人将来都会成为检察官、法官或律师，我们应该保证司法独立，将来我们在工作中也要独立地、有良心地作出决定。如果"12·12"政变这件事出现在各位的司法考试刑事卷的考题当中，大家的答案会是不起诉吗？

今天，我们作为研修院的学生匿名投票如果都让你如此害怕，那么试问将来做了法官检察官写起诉状、判决书的时候，岂不是更加胆怯？更加畏惧淫威？直至如今，我仍然对那些不畏权威勇敢签名的研修院学生们感到敬佩和感谢。结果卢泰愚等人的秘密资金被发现，按照金泳三总统的指示重新做出了起诉的决定。这是检察系统的屈辱。

1. 宋永吉旧居，位于全罗南道高兴郡大西面坪村

2. 1975年3月5日，复星初中入学，与父亲合影留念

3. 1984年，延世大学总学生会会长竞选演讲

4. 1989年，与出租车司机们一起参拜5·18运动死难者公墓

5. 1987 年，仁川出租车司机罢工
6. 1991 年 10 月游历东欧
7. 在司法研修院学习时，与同为
《司法研修杂志》编辑委员的其他
四人合影

8. 1997 年，与民辩会员们在太白山
9. 2003 年，访问朝鲜白头山秘密营地
10. 1992 年，女儿炫珠和儿子珠焕
　　"骑大马"

第二部分

从分裂和失败的墙到统合和胜利的门

不畏失败与挫折，从政权交替到选举获胜

二金对峙——政权交替的噩梦

我第一次知道金大中这个名字是在 1971 年，那时候我还在上小学二年级。当时在农村，墙上贴了总统候选人的海报。我记得一号是朴正熙，二号就是金大中。

再后来，我常常听父母和亲戚在饭桌上谈论他，于是开始对他有了进一步的认识和了解。特别是我大哥有了儿子之后，给孩子起名叫作"宋大中"，可见我们家人对金大中总统的敬爱。

1980 年，我上高三。紧急戒严在全国范围内蔓延开来，再加上金大中被捕，这都是光州事件的导火线。金大中被宣判死刑，在经受了牢狱之苦之后逃亡到美国，直到 1985 年 5 月才回国。我作为延世大学学生会会长被捕后又被缓刑释放，那之后我第一次见到了金大中先生。我记得当时金大中先生还在他自己的著作《狱中书信》上签了名字，并当作礼物送给了我。

后来薛勋前辈邀请我作为我这个年龄层的代表来给金大中先生做助手。

　　但是我借口学生会会长事务繁忙推掉了这个邀请，因为我觉得在当时那个年龄进入政治圈并不是我想要做的事，相比之下我更想要深入劳动群众，因此我还是到了仁川，搞学生运动、劳工运动。

　　1987年"六月抗争"之后，发表了"6·29"宣言，宣言确定韩国开始实行总统直接选举，其实当时总统选举主要就是二金之间的竞争。

　　但是实现候选人单一化也并不是一件容易事，现实的情况与国民们的期望相去甚远。我当时认为，金大中对金泳三让步以确保候选人单一化是不可避免的。因为大家都认为应当先让金泳三上台，待到金泳三将遗留的军事独裁实力清除干净再让金大中上台也不迟。

　　但是在薛勋前辈看来，这场选举是四个人的战争。他们认为卢泰愚在大邱和庆尚北道有着强大根基，金泳三在釜山和庆尚南道有优势，金钟泌在忠清道和大田有人气；而金大中在湖南和首都圈一带无人能敌，另外再加上进步势力的票就一定能赢。我并不同意这种观点。我认为，即便是实现了候选人单一化，也难以赢得选举。不仅如此，这还很容易造成不公正选举问题。即使真的实现了候选人单一化，卢泰愚能够当选也很有可能发生像菲律宾那样爆发民主运动，马科斯灰溜溜地乘飞机逃亡国外这样的事情。

　　我最担心的事情一个是民主势力的分裂，一个是东西方之间的地区差异导致的分歧。正是考虑到这些，我才和赵英莱律师、前首尔大学学生会会长李正雨、延世大学学生会会长禹相浩一起为了候选人单一化做出了很多努力。但是俩人最终还是分道扬镳，金大中先生最终退出了统一民主党并创建了和平民主党。和平民主党代表的主要是下层的普通百姓及中产阶级的利益。这件事始终让我感到惋惜。

　　在当时对政治还不甚了解的我还以为金大中和金泳三会因为要对付军部独裁势力而联手实现候选人单一化。因此，我还参加了在波拉莓公园举行的金大中总裁集会，甚至还跟着游行队伍走到了首尔站，也随着队伍一起高喊金大中的口号，但是金大中和金泳三最终还是没能避免分道扬镳的结局。

总统选举的日子越来越近了，但是单一化却似乎并没有实现。在失望之余我还试着参加了白既完老师的民众候补论，但我总觉得这也不是我想要的。后来我甚至去了光州，但是结果仍然是与我预期的一样，卢泰愚赢得了选举。虽然在九老区政府因为不公平投票而发生了与警察冲突事件，但是对于不公正选举的谴责也终究因为二金的分道扬镳而没能真正的爆发。

当时，卢泰愚总统作为"6·29"宣言的主角提出了"平民的时代即将开启""接收中庸评价"等非常具有宣传效果的口号。全斗焕总统为了使卢泰愚取得胜利甘心将"6·29"宣言的舞台让给了卢泰愚，而自己则背负了骂名。

大选结束，"两金"本该自觉反省并携手聚集在野党派势力，但分裂局面仍持续未改，留下失时之叹。在接下来的总选，以金大中为代表的和平民主党虽然比金泳三领导的统一民主党得票少，由于实行小选区多数得票制，在国会中获得了更多席位而最终成为第一在野党。国会朝小野大局面开启了新的"三金"时代。不久，追责光州事件的第五共和国听证会开始，在这次听证会中卢武铉议员发挥了积极作用并成为大明星。

大选失败并没有终止"两金"之间的竞争，最终形成了三党联合孤立金大中总裁的局面。与其携手金大中，金泳三选择了联合三党对付金大中的道路。这次"联合"沉重打击了扎根于岭南地区的民主化势力的根基。

就在这时，卢武铉勇敢地站起来提出了反对意见。看着他豪气地在议决三党合党的统一民主党大会上大声喊出"我不同意"，我深深被触动，并下定决心总有一天我会回报那天他付出的努力。我深信不疑当时众多国民也是这么想的。这就成为2002年12月19日卢武铉当选总统的重要契机。

与金大中先生和解

在 1992 年大选中，金大中总裁虽然联合了以李基泽为代表的民主党以及社会各界市民团体参加总统选举，但最终还是败给民主自由党代表金泳三候选人。

当时我在新林洞的考试村学习。听到金大中先生大选失败的消息，独自痛饮了不少泪酒。不久，一位出身首尔大学学生会会长并通过三试的老朋友李正雨打来了电话，告知之前任高丽大学学生会会长的金荣春重新担任了金泳三当选者的秘书，同李性宪等人一起活动，并且金泳三当选者通过他的秘书传来了希望与我和李正雨见面的消息。当时我就跟李正雨说过："金大中先生大选失败对我来说，就像是当年在牛禁峙战役中东学农民军惨败于日军和朝鲜政府的联合绞杀，尸体成山血液成河的感觉一样。现在，即使我不再准备考公务员，我也不会去见金泳三当选者。作为我们这一代的代表人物，我希望你也不要去见他。"接受了我的建议，李正雨也随后销声匿迹了。后来才得知，当时金泳三那边给李正雨拿出的条件是该党的全国选举区首选公荐人。对这事我对李正雨既感激又抱歉。他的确是一个灵魂纯洁的朋友。

我真正跟金大中总裁和解是 1994 年正准备第二次司法考试的时候。一般情况下，准备司法考试的考生在学习期间为了避免精神分散、头脑混乱，除了阅读法律新闻以外不看其他类新闻。

但是，发生了不得不看新闻的特殊情况。朝核危机爆发，金泳三政权为了实施对朝封锁访问了俄罗斯等国家，回国后更强硬地推进了该政策。加上美国对朝轰炸的可能性越来越成为现实，整个社会面临紧迫状态，国内激起"储存拉面"热潮。我再次接触到新闻就是在这种状况下。

面对金泳三总统肤浅的历史意识与民族意识以及不成熟的外交能力，

我的愤怒涌上心头，无法静静地坐在考试村里专注学习。我迫不及待地想跑向光化门。

就在那时，金大中先生像彗星一样出现在我们面前，提出了双方共赢的一揽子解决方案，并主张美国总统卡特访朝论。这展示了金大中先生卓越的洞察力并非单纯地制造舆论，而是基于对历史和哲学的深厚理解和进一步的学习与研究而作出的正确诊断。最终卡特访朝实现，一触即发的朝鲜半岛战争危机也随之解除，各国签署了《日内瓦协定》。朝核危机的和平解决，再次证明了金大中先生是我国历史上必不可少的人物。

通过司法考试以后，我见到了薛勋前辈。进研修院之前聚集了四五十名合格者去听金大中先生关于对朝政策的演讲。当我们到现场时，金大中先生已提前半个小时到达现场准备演讲稿。当时，由于京畿道知事公荐问题引起了党内矛盾，李基泽总裁在济州岛进行抗议的情况下，金大中先生依然能够这么认真地准备演讲，使我们再次深受感动。

战胜挫败，登桂阳山

1996 年，为了给金大中政权的改革事业助一臂之力，我加入了民主党。一边继续从事律师事务，一边以新政治国民会议仁川市支部部长的身份开始了我的政党生涯。

1999 年，由于我曾居住过的仁川市桂阳区李基文议员因违反选举法丧失议员职务，因此我进入了补选环节。我和出身于江华的大韩制糖公司总经理朴商银（现大国家党议员）为争夺公荐进行激烈竞争。当时李正雨、禹相虎、金贤美、任钟晢、咸云炅、许仁会等众多“386 世代”都向党提出了我的公荐，加上金大中总裁也提出了国会需要引进年轻一代人来注入活力的言论，大体上造成了对我有利的气氛。但是公荐这种事到最后一刻也不能放松，存在诸多变数。申溪轮、崔在升、郑均桓等议员也为我的公荐资助了不少。

历经艰难曲折，我最终得到了公荐，但是从一个律师转变为政治家没我想象中那么简单。

由于我个头大、表情冷淡、说话生硬，初次见面容易引起人们的警惕心和反感，有的人还说我傲慢无礼。这些都不适合当政治家。幸好桂阳区对国民会议的支持率高，加上我在补选后期奋不顾身的努力，最终以百分之一的差距追上了其他候选人。但是偏偏那个时候，天价衣服贿赂事件发生了。

新东亚集团崔淳永董事长夫人李馨子为了避免丈夫被拘留，试图向金泰政法务部长官夫人延贞姬送价值达 1380 万韩币的豹纹短外套而失败的贿赂事件在选举过程中暴露出来，在选举期间自始至终装饰了朝中东三大报社① 新闻。平民百姓过日子变得越来越艰难，加上医疗保险费偏偏在选举期间上涨，这岂不是政府在协助在野党？

趁这个趋势，大国家党候选人利用此事件做选举宣传演说，一手拿着枝条抽打穿豹纹外套的人体模型，一手拿着医疗保险费请求书呼吁要审判傲慢的政府。他的演说触动了人们的感性，甚至连我自己都觉得颇有说服力。当时我非常郁闷。

为了挽回劣势，我方选举基地试图通过暴露安商守候选人的兵役舞弊来转移人心，但我表明了反对意见。因为我是刚刚踏入政界的新手，不想一开始就使用这种消极的手段来跟对方竞争，但是党中央选举基地没有经过我的同意擅自爆出并开始攻击了对方。作为参选者本人，我对眼前发生的这一切事有口难言，但是因为补选阶段有党中央介入，我只能选择顺从。

我们把最后希望寄托在金大中总统身上，认为总统结束访问蒙古日程以后，即 6 月 1 日回国后立刻免去金泰政长官的职务就能挽回民心，能

---

① 译者注：《朝鲜日报》《中央日报》《东亚日报》。

以优先1%的差距取得胜利。但是与我们的预想相反，金大中总统从青瓦台秘书官得知天价衣服贿赂事件以后，认为这个事件不过是一次失败的贿赂，只是舆论把事件扩大化进行"魔女狩猎"[①]冤枉无辜的人，要求留任金泰政长官，并在第二天即6月2日对相关调查结果进行发表。这恰好发生在选举前一天。

6月3日投票当日早晨，新闻头条就是总统对天价衣服贿赂事件的"魔女狩猎"论，接着各种批判甚至全面抗议的报道潮水般涌出。选举结果已是明若观火，我也茫然若失。收到报纸一看，连我自己都不想投票，何况其他人呢。

支持国民会议的人们因在气头上干脆没去投票，支持大国家党的人们和中间人士怒火冲冲地奔向投票地点，特别是桂山宅地的三四十岁主妇们的投票率比预想高。投票结果虽然还没出来，但我自己已经心里有数。结果跟我想的一样，我以9000多票的差距落选，打破了忠清、湖南两地联合首都圈一带必胜的不败神话。落选对我的打击非常大，使我难以两脚踏地站立。我尽我最大努力使自己沉着稳定，走出空旷的开票场给其他选举活动人员道谢。

第二天凌晨我同李奎生秘书长等几名去爬桂阳山，因为我觉得如果自己能够战胜昨天在精神上和身体上的疲劳，早起登上桂阳山山顶，则下次选举肯定能胜利，不然又会落选。因此，虽然浑身就像被人家狠狠打了一顿似的疼，第二天凌晨我还是起来了。

爬山时我害怕被别人认出来，觉得大家都在指责我，爬到山顶时头晕目眩，筋疲力尽。

就是那天在山顶上，我用手机接受了MBC广播台"严吉清得心应手的经济"节目的直播采访，表示"虚心接受选举结果并祝贺安商守候选人

---

① 译者注：中世纪欧洲猎杀"女巫"运动，无辜女子被指为异端、巫师而惨死在火刑等酷刑之下。

当选，承认落选是因为自己能力不足"。严吉清先生问天价衣服贿赂事件是否影响了选举结果，我只把落选的原因全部转到自己无德无能所致。

这次广播采访使许多桂阳区居民受到打击。后来收听了这次广播的很多人告诉我，这次都是因为衣服贿赂事件对青瓦台产生不满情绪才投给大国家党，承诺下次肯定给我投一票。有不少人预测下次选举肯定是我当选。

后来衣服贿赂事件越来越扩大化，以至于大国家党通过了特检法案来专门调查此次事件。但是，最后查出来的只不过是 André Kim 的原名是金凤男而已。事件最终还是判定为失败的贿赂而告终。虽然也有像金大中总统说的冤枉无辜人的"魔女狩猎"倾向，但是我觉得当时完全有必要替换长官消灭引起事件的祸根来安抚怒气冲天的老百姓。

落选以后我给安商守当选者送去祝贺篮，并从第二天开始每天像马拉松选手一样跑遍整个桂阳区，也像看晨星运动一样爬遍了桂阳山的每一个角落。

坚持看晨星，用汗水得来的总选胜利

背着落选的惨痛教训，我踏实地准备东山再起。离下一次总选2000年 4 月只剩 10 个月的时间，我每天都东奔西走过得很忙碌。重新获得公荐不是一件简单的事。当时金大中总裁与党的领导班子正准备把新政治国民会议扩大改编创立新千年民主党的计划。这一重大事务由郑均桓秘书长和郑东泳、金民锡议员以及韩光玉秘书室长等来主导，他们引进了许多像禹相虎、李因缘、吴泳食、任钟晳等年轻一代人。由于在上一回选举时我已经得到过一次公荐机会却落选，因此这次能否再次获得公荐成为未知数。

为了改变党的面貌，李正雨律师聚集郑范九、孙石熙、吴世勋、元喜

2000年4月，国会议员选举宣传活动

龙等人集体加入民主党，试图通过让首都圈年轻一代联合加入民主党，以期实现建立超越金大中的全新的进步改革政党的梦想。当时李正雨律师决定集体加入民主党时提出的条件是要让金民锡当选举对策委员长。

得知消息后，我再次被李正雨律师的努力感动。他具有卓越的宣传鼓动能力和演说能力，而且是一个曾担任过首尔大学学生会会长，并具有三试全通过辉煌经历的贵公子帅哥。但是，即使他能力出众、充满热情，他对权力一点都不贪心，只是不断地为探寻时代精神而默默地努力。李正雨曾表示只要自己条件具备了，他会做好落选的心理准备去挑战李会昌。

后来，元喜龙律师转到大国家党。吴世勋律师希望在城东区出选，但因该地区已内定任钟晢而不得不另谋他地，后来接受了大国家党提出的在江南区出选的建议，转而加入大国家党。郑东泳议员遑遑过来邀我一起去说服孙石熙播音员，但孙石熙明确表示他自己不想踏入政界。后来我还应郑东泳议员的请求去江南区找吴世勋律师，劝他加入民主党。在赶往江南区的路上，我把当时的心情比喻为长相丑陋的妻子经不起丈夫的压迫上路为其寻找漂亮小老婆的痛苦和无奈。

那个时候我的公荐还未得到确定，还有很多人以"宋永吉出身于湖南地区没有附加数""上次选举已经获得过公荐但因自身能力不足落后9000余票最后失败"为由反对我的公荐。跟我进行激烈竞争的是我的大学前辈朴商银。

正当我因这事发愁的时候，权鲁甲顾问出来为我说话，用一句话摆平了反对我的公荐的势力。他说："朴商银是过去在独裁政权时期也吃好喝好的人，现在我们党成为执政党他又来投靠我们，但是宋永吉一直从事学生运动、工人运动受了不少苦，上次选举落选也是因为受天价衣服贿赂事件的影响而没能够当选，因此应该再给他一次机会。"权鲁甲顾问和郑均桓总长自始至终支持我，其原因之一就是在多次舆论调查中我的支持率总是比朴商银高。

在那十个月的时间里我付出了呕心沥血的努力。我特别感谢我的妻子在那十个月里比我更加积极地做选举宣传运动，她每天都去找那些在烈日下辛苦做工的劳动者们逐一问候。在那十个月的时间里，我们夫妻俩每天都过着看着晨星起床看着晨星入睡的生活。

与此相反，当时已是国会议员的安商守候选人渐渐疏忽大意。同时，我的缺点渐渐转化为优势。之前个头大、表情生硬、看起来傲慢无礼、不好靠近的负面印象，开始转变为沉稳憨直、尽心尽义、可信可赖的形象。

从2000年总选开始，法律修订要求公开候选人的前科记录。我的盗窃前科记录再次引起了社会的争论。后来在联合游说时我对此事做了解释。

在2000年4月总选中，我终于当选，以4339票优势战胜对方取得胜利。安商守候选人貌似受了很大的打击，一直不承认自己的落选并拿出琐碎的事情大做文章并起诉了20余次，但是总选落选以后他在大国家党市长竞选中打败李润成连任了两次仁川市市长。

现在回想，当时补选失败给了我宝贵的经验。假如当时我没有落选，现在应该在担任四线国会议员。如果不能发挥四线议员该配备的政治力量，那么四线议员席位对我来说肯定不是勋章反而会成为负担。18 届总选中有很多年轻初选议员们落选，但是我相信只要他们能机智地克服这一艰难过程，那么以后再次进入国会时会以更深的政治内功引领国家政治。这是极其艰苦的炼丹过程，因为即使挺过艰苦岁月也没有获得公荐的保障。

现在我已进入党的领导班子，回想 2009 年 4 月富平补选公荐，公荐决定受到派别和个人之间利害关系的严重冲击，意识到了不少问题。人事即万事，既然公荐是极其重要的决定，我们要尽早做好选择并培养具备资格的人才的战略准备，不能以消极的态度坐等负责现场工作的各地区委员长为我们拉票、提高舆论支持率。

从今以后，我们的政党要成为培养人才的学校。我们应该果断终止临近选举期才把毫无相关的各种人士引进来做突击式公荐的落后的政治形态。为了做好这一工作，我们要形成鼓励年轻的人才尽早加入政党的风气。培养人才要从大学开始，所以作为最高委员，我一直鼓励党的大学生委员会张景泰委员长为强化相关活动而努力。

成为居民身份证盗窃犯的事

2000 年总选时修订了选举法，候选人如有监禁以上犯罪前科则必须公开。对方候选人从报纸上得知我有盗窃前科的事情后大闹一场，还有人因把新闻复印后到处散布被警方拘留。对这件事，当时我在联合游说时向大家解释了，我之所以成为盗窃犯是为了保护我的朋友替他顶罪，这表明宋永吉是有义气的人。演说得到了众多人的鼓掌。即使这事已经被认定为民主化运动而得到赦免复权，之后我还是得一次又一次地到处解释这件事。

　　为了彻底弄清事情的原委，在此我刊载了我高中朋友金回甲写的文章。他在首尔大学读东洋史学科时因民主化推进委员会的"旗帜事件"被拘留了一段时间，被释放后加入民主党曾担任李哲、金永培的顾问，后来又当了两回首尔市议员，并在韩德洙国务总理手下担任政务首席职务。

我被捕的新闻报道

　　我的朋友金回甲写的文章：

关于宋永吉议员蒙受冤枉成为盗窃犯事件的始末

1. 凌晨的侵入者

　　1984 年冬天一个凌晨，天还没亮就有两位西大门区警察来光州市良洞锦湖公寓敲大门。

　　"金回甲、金勇甲在吗？"

　　他们推开不知情的我的母亲以后，叫醒了我的哥哥金勇甲和我，不容分说地把我们押送到西大门警察局。

2. 在被押送的车上

　　1983 年 8 月我正在读首尔大学 2 年级第一学期时，被强制征集到陆军第五师团服兵役。明明已确诊为高度近视被判免服兵役，我还是过了整整 13 个月的军队生活，一直到 1984 年 9 月因病退役以后，正在老家光州准备复学。"昨天还好好地今天怎么突然被警察逮捕了？而且也不是冠岳警察局而是西大门区警察局？"从光州押送到首尔的五个小时，我和哥哥绞尽脑汁试图想出被捕的原因，但又因受到惊吓不敢放声说话，只好面对面一言不发地坐五个小时到达了西大门警察局。

3. 警察局调查室

他们把我和哥哥关在不同的调查室放置了三四个小时。吃完晚饭有位警察过来没头没脑地问我是否认识宋永吉。"当然认识，我和他在上光州大东高中的时候扭缠了三年，连老师们都说我们像恋人，而且在1980年'光州民主抗争'时期，我俩都因参加了校内学生示威活动一起被校方处于无限期停学。关系这么亲密，我怎么能不认识宋永吉？"

到那时候我才能大概地推测我被遣送到西大门警察局的原因。

4. 延世大学学生会主席宋永吉

1984年，通过重新开始的直选式学生会选举，首尔大学的李正雨、高丽大学的金荣春、延世大学的宋永吉成为学生会主席。以他们三人为中心，构建了"全国学生运动联合（全学联）"的领导班子，引领全韩国的学生运动。当年5月，警察对李正雨、金荣春、宋永吉的通缉令已下发全国，三人被迫在森严的监视网下艰难逃亡。

5. 成为通缉犯的宋永吉

服完兵役后的1984年10月份，我在家里见到了永吉。在逃避警察缉拿的过程中永吉消瘦了许多，但是他的眼神充满了坚定和信念。

当时永吉已经丢失了身份证，并且成为悬赏金500万的头等通缉犯。为了以防警察的突袭检查，我将刚复学的哥哥的身份证给了永吉。我想起在服兵役的时候，为了保存蝴蝶或者昆虫，使用过塑料袋和熨斗的事情。用熨斗分离身份证的塑料薄膜，把永吉的照片替换在哥哥的照片上。这就是当时警察所说的"公文伪造"罪。

6. 背朋友的黑锅

我和哥哥的审讯比预想的要简单。永吉怕我会被判为"隐匿罪"或"公文伪造"罪，自己承担了所有罪名。因为永吉的勇气和关怀，我和哥哥在那天晚上就被放出来了。

事后才了解到永吉在被捕时，假身份证顺势流出，对此永吉说是偷了我哥哥的身份证并且进行了伪造。因此永吉背了盗窃的黑锅。

7. 事实

1980 年代黑暗的军事独裁时期，不具备历史和国民正当性的独裁政权通过制造冤假错案，将许多无辜的国民变成了犯罪分子。尤其为了污蔑作为学生运动先锋的延世大学学生会主席宋永吉，强加了违反集会与示威法罪名和盗窃、公文伪造罪，混淆是非。

经过 25 年的历史沉淀，社会需要深刻地考虑和反省如何评价我成为身份证盗窃犯的事件。

第 16 大国会，迈向汝矣岛的第一步

金宇中和政治资金

我在 1999 年出马再选时，延世大学经营学前辈、大宇集团会长金宇中担任着延世大学总同门会长一职。当时延世大学商学院出身的国会议员只有大国家党的申相式议员一人，其隐退政界之后就再无第二人。在我决定出马大选之后，大学时期我的指导教授、前延世大学校长宋子担任了后援会长，在同门会一席上拜托了金宇中做我的后援。

当时大宇汽车每年儿童节都在公司里开展儿童节联欢会。在公司社员和家人以及当地居民相聚一堂的氛围下，大国家党安商守候选人一同参与了剪彩。金宇中会长照顾我让我站在他旁边照了相，并且将该照片印在公司会报的封面发布出去。

没过多久，通过大宇汽车销售建设部的社长，得到了金宇中会长支援给我的 1 亿韩元。

我当了两年律师，由于当时办公室所在的那栋楼破产拿不到 1 亿韩元保证金，生活窘迫不堪。当时正因为收回前任议员李基文的办公室急需 1 亿 2 千万韩元，所以金宇中会长的 1 亿韩元成为及时雨。

选举失败后备选小组解散，正在忙于后期整顿时，大宇汽车进入了企业整改，8月份金宇中会长流亡到中国。还没来得及说声谢谢，也没来得及处理收据，随着时间流逝我也慢慢淡忘了那件事情。直到10个月后，2000年我当选为议员，2002年媒体报道检查局正在调查这件事情。党内开了对策会议，结论是让我矢口否认并出国一段时间，但是那个不是我的方式，后来我制作了声明书，承认了1亿韩元的事情。我面对全体国民请求原谅，并且积极配合调查。

政治资金法的控诉时效期是3年。再过几天就将失效的时候检查局开始了调查。当时民主党内正在积极开展候补竞选，我正跟随金永培议员全国巡回竞选，在这件事情之后由金景梓代替了我的位置。

随后我被判了罚款1亿韩元。我没有抗诉，不过没有办法缴纳。当时和现在一样，1亿是一个大数目。郑东泳、郑东采、李康来、任钟哲、李钟杰议员等帮我凑齐了数目，但是，同事们为我募集的罚金也可能被认定为赠与行为而违反政治资金法，于是，我又去北仁川税务所缴纳了赠与税。

在这个过程中我心里很痛苦，但是这个事件也成为一次预防针，之后我拜托了许多财阀以开展我的政治活动。

问题是这个事件影响到了我2004年大选，被市民团体认定为落选对象，让我更加痛苦。地区选民开始怀疑我有没有其他罪行，因此我发行了解释这些疑惑的议政报告书。由于卢武铉总统的弹劾事件，我在仁川一带获得了最多的票。

我身体上有着许多伤疤：小时候我在刈草时，伤到了小指头；用镰刀割白薯秧的时候留下的疤痕；抓扇贝的时候留下的脚伤……但这次，金宇中会长的政治资金事件是在我的心中留下了深深的一道疤痕。

"5·18" 前夜祭和 NHK 音乐酒吧

2000 年大选上，386 世代年轻国会议员们大举当选。大国家党的金荣春、元喜龙议员，新千年民主党的我和任钟哲议员首次踏入了政界。

大选之后，在 "5·18" 纪念活动上在朝党和在野党决定一起参加。大国家党的金荣春、元喜龙议员等，新千年民主党的金民锡、郑范九、李钟杰、任钟哲、禹相虎、金成豪、张诚敏议员等参与了活动。

当时 "5·18" 活动的氛围接近庆典。"5·18" 望月坟地被升级为国立坟地，逝者和伤者被认定为国家有功者。光州将前夜祭安排成庆典，主持人由统一之花林琇卿担任。当时生活在美国的林琇卿在前一天晚上到达了光州。

我被邀请到放送通信大学总学生会开展的 "5·18" 前夜祭进行祝词。快到的时候大家相约聚在一个名为 NHK 的音乐酒吧里，光州北区金泰弘议员说要给后辈们买酒喝。NHK 酒吧社长是金泰弘议员的后援会员。当时李相洙议员也在席，在不久的院内代表[①]选举上和郑圭焕议员处于竞争关系，因此出席了这次活动。我和朴劳解诗人一同参加了活动。大家看起来都很尽兴，我要去光州看望父母，郑范九议员留住了我，说林琇卿要来，见了再走。过了一会儿林琇卿到了，不过很快就和禹相虎发生了口角。

活动结束后的三四天后，林琇卿将那天的事情传到了网上，OH MYNEWS[②]将其作为特辑编写。朝鲜日报等三大报纸以及各大媒体在约两周的时间内对此进行了详细的报道。

纵使有很多委屈的地方也只能是哑巴吃黄连。保守和激进全部联合起

---

① 院内代表，主管本党在国会的事务，负责与其他国会院内团体谈判磋商。
② 韩国国内最具有影响力的新闻媒体之一。

来开始了猎巫式的报道攻击。

我们很期待金泰弘议员和李相洙议员能够站出来解释一下，当时是他们想给后辈们买杯酒，但是谁也没有站出来说一句话，所有的摄像机全都在搜寻我们的踪迹。

我们几个"共犯"聚在江西区的一个酒店里讨论下一步该怎么办。年轻的议员全体一起道歉就会成为保守派媒体的靶子，因此大家认为需要一个代表来道歉。金民锡议员是媒体制造舆论的目标，郑范九议员不是"386世代"，李钟杰议员当时在睡觉，禹相虎不是当选者，任钟哲议员当时不在场，张诚珉议员、金成豪议员就算出面来说也不会有人相信，因此金成豪议员最后整理出只有宋永吉议员作为代表出面道歉才是最好的方法。

就这样，在第16大国会第一天议员总会上，我作为代表在各议员面前表示了歉意。所有新闻的头条变成了我低头道歉的照片。国会生活就这样开始，因为这个事件，NHK酒吧在梨泰院也开了一家。刚起步的OH MYNEWS也因这件事直接成为新闻界有影响力的媒体。

当时对2000年总选选出的"386世代"议员过多的报道起了反作用。这件事情几乎延续了半个月。当然，无论如何我们的过失不可否认，直到现在我对朴劳解诗人的歉意始终无法释怀。

重振民族气节的亲日反民族行为者真相查明法

上高中的时候，读完《解放前后史的认识》那本书后，我受到了很大的冲击。因为"5·18"参与了学生运动，但是另一方面在这一个解放的国家内没能清除亲日派的事实令人愤怒。无法认可李承晚和朴正熙的核心原因，就是没能清除反民族势力。朴正熙在日本陆军学校毕业，在满洲向日天皇效忠的历史印记更是如此。也正因为如此，1965年签署韩日协定

2003年8月14日，"重振民族气节"记者会

时，因为3亿美元出卖民族气节和原则，导致直到现在独岛和慰安妇问题迟迟不能解决。

在有关亲日问题上，最具代表性和象征性的事件就是反民特委事件。大韩民国政府成立以前的1947年，为了清除亲日势力曾经制定过特别法，但是由于美国军政府也涉及该法案中，最终以失败而告终。因此清除亲日势力的任务就被推到了解放以后。麦克阿瑟联合军司令部在日本以反共的名义，对天皇免责，赦免战争犯导致清除亲日势力更加困难。

但是1948年8月，根据宪法第101条成立了反民族行为处罚法基础特别委员会，9月份在特别委员会上通过了反民族行为处罚法。根据这个法案，所有效力过日本帝国主义、助其剥夺我国主权的人全部判刑，最高判处死刑；受到日本帝国主义指示或任过帝国议会委员的人，判最少5年以上；迫害独立运动者及其家属或致死的，判5年或无期徒刑；间接为日本帝国主义协助过的判 5 年以下。

1948 年 9 月 22 日，法律第 3 号反民法公布之后，国会紧接着构建了反民特委，在 10 月 12 日正式完成。在 11 月 25 日，国会第 113 次本会议上，为了支持反民特委活动，通过了《反民族行为特别调查机关组织法案》《反民族行为特别裁判部附属机关组织法案》《反民法中修订法案》。以此为基础，国会选出了特别裁判部判官和检察官以及反民特委调查部责任人，完成了反民族分子及辅日协助者的处罚机构。

1949 年 1 月 5 日，反民特委在中央厅 205 号成立了办公室，从 1 月 8 日逮捕朴弘植开始进入了正式的清除活动。李承晚通过谈话进行牵制，其内容是反民特委违反了三权分立的原则，在安保情况危及的时刻，其活动不能动摇警察的权力。对此，大法院长（反民特委特别裁判长）金炳鲁发表了反民特委活动合法的声明，督促政府进行协助，但是李承晚始终采取不协助态度，在 2 月 24 日通过了将反民法变得有名无实的反民法法律修订案，并在第 2 期第 39 次本会议上正式公布。但是结果被否决，特委活动得以延续。在这期间，特委活动共处置案件 682 件，其中起诉 221 件；裁判部的判决件数 40 件，实际处罚 14 名（很快被释放），没有一个死刑犯。

反民特委在国会间谍事件和"6·6"警察特委袭击事件之后开始瓦解。国会间谍事件以后，清除亲日派势力的议员涉嫌被捕。特委旗下特警队的突袭导致了反民特委废弃法案的通过，使处罚民族罪犯成为了不可能。加上 6 月 26 日金九先生被杀，反民特委事实上已经失效。解放 50 年之后，对反民族罪犯毫无处罚，甚至未能澄清事实。

我作为第 16 大国会议员，参与了金希宣议员主导的"重振民族气节的国会议员聚会"。主张联合光复会、亲日问题研究所等市民团体，要求澄明真相。

虽然有大国家党的强烈反对和政府官僚的消极态度等多方面的问题，我们还是强力推进了本次计划。我作为 16 大前半期司法委员，为通过

"有关日本帝国主义侵略下的反民族行为真相澄明的法律"尽了全力。因东亚日报记者的性骚扰事件受到影响的司法委员长崔铅熙也起到重大推动作用。在我任延世大学学会主席而被捕时，崔铅熙议员是首尔支检公安部的检察官。和其他检察官不同，崔铅熙检察官对学生运动领导班子成员表示了关怀和照顾，没想到经过这么长时间在国会上以司法委员身份重逢。崔铅熙司法委员长不顾大国家党的总体反对情绪，对该法案进行了积极调整，才勉强使该法案通过。

有关日本帝国主义的侵略下的反民族行为真相澄清特别法第 1 条（目的）是："日本帝国主义开展国权侵夺的俄日战争持续到 1945 年 8 月 15 日，以澄明亲日反民族行为的真相，确认历史真相和民族的正统性，为社会正义做贡献为目的。"在一个解放的国家，作为一个国会议员直到第 16 大国会才看到该项法案通过，是一件令人慨叹的事情，也因国会做了本应该履行的职责而感到一丝欣慰。

继查明反民族行为者真相后，还有一个必须通过的法案，那便是认定亲日反民族行为者的财产收归国库的法律案。

解放后，以出卖民族为代价得到中枢院参议等官职并拿到土地的卖国奴的子孙们，向国家或现有土地占有者提起诉讼，要求变更土地所有权的情况比比皆是。丁未七贼①中宋秉畯的子孙对富平美军部队土地的一部分提出所有权主张，并向仁川地方法院提起诉讼，这也促使富平出身的崔龙圭议员与我一起积极推动该法律案通过。

我们国家的土地、建筑等登记体制是基于 1912 年日本帝国主义强占时期土地调查业务而确立的，以当时最初的保存登记为根据行使移转登记直至今日。当然其间也实施了像农地改革、累计分配等部分措施与登记关

---

① 1907 年（岁次丁未）海牙密使事件后，签署丁未七条约的七位韩国内阁大臣。他们分别是李完用、宋秉畯、李秉武、高永喜、赵重应、李载昆、任善准。

联特别法，但基本的框架是建立在此基础上的。但是至今为止，我国的法官们明明知道哪里不当，却只能在大部分情况下以法律的缺失为由在卖国奴的子孙们提起所有权移转登记请求诉讼时，判他们胜诉，实属荒唐的事情。这是立法部门的失职，也是司法部门贪图安逸、放任不管造成的。

在这样的情况下，2005 年，水原地方法院李钟光法官历时 3 个月写出了相当于 80 余页的论文的著名判决书，给了我们的社会一次新鲜的冲击。李钟光法官是我在延世大学的后辈，也是司法研修院的同期生。我为这位后辈骄傲。李钟光法官对乙巳五贼[①] 中李根泽的哥哥李根澔的孙子向国家提出"将爷爷在日本帝国主义时期得到的京畿道乌山市阙洞的 7370 平方的地还给我们"的抹销所有权保存登记的诉讼，以"在没有出台裁定亲日行为获得财产的归属问题的法律之前，暂停该类财产请求诉讼"，驳回了上诉。李钟光法官说："参照我们的宪法精神，亲日派的子孙提起财产移交诉讼的反民族行为，和破坏宪政秩序毫无区别，应当认定其违宪性。"并说道："既然继承着'3·1'独立精神与大韩民国临时政府法统的宪法精神与国民个人的财产权保障条款相互冲突，那么就待能够整理此标准的法律准则准备好为止，暂停请求权裁判。"

作为一篇优秀的判决，这应该是确认宪法专门裁判规范性的最初判决。这是一件体现年轻法官没有习惯性地直接适用大法院判例，而是对宪法进行创造性的解释，并积极地改变大法院的判例，并提出违宪法律请求，试图为实现正义做出努力的有气魄的事件。这个事件促成了我国社会全体产生对亲日反民族行为者的财产归属国库的法律通过最有利的氛围，

① 1905 年 11 月 17 日，韩日签署了《第二次日韩协约》，以称为《乙巳条约》或《乙巳保护条约》。与日方签订《乙巳条约》的韩国官员学部大臣李完用、外部大臣朴齐纯、农商工部大臣权重显、军部大臣李根泽和内部大臣李址镕五人，被称为"乙巳五贼"。

并最终使其通过。

有关亲日反民族行为者财产的国库归属的特别法第 1 条（目的）写道："为了使得与日本帝国主义殖民统治合作，镇压本民族的反民族行为者将当时以亲日反民族行为积累的财产归属国库，并保护善意的第三人保障交易安全，及体现正义、树立民族的正气，并以体现抵抗日本帝国主义'3·1'运动的宪法理念为目的。"

一位法官正义的问题意识与勇气成为了立法法案的通过契机，并非宪法学家卡尔·洛文施泰所说的装饰性宪法，而是确立作为生活规范的宪法，这才是立法部与司法部被赋予的使命。

与釜山海鸥一起的大选胜利

金大中总裁脱党后，为了民主党的生存，以赵世衡为中心的特别对策委员会组成时，我作为议员中的一个参与了进来。当时为国民竞选制确立了制度性的框架，并作出了贡献。

2002 年 11 月，卢武铉终于被确定为民主党大选的唯一候补。作为候补单一化协议会议的议员，全身心投入到工作中使我觉得很有成就。面临为了改变世界的为期 22 日的决战，下定以必死的决心全身心地投入进去。在忠清、大田，岭南、湖南、首尔京畿的三个支流被集结起来，向全国地区党选举对策委员长会议及发起仪式，吹响了进军的号角。我到现在还保存着在决定是否能开启朝鲜半岛民族中兴道路的会议前夕写下的议政日记。

人们会在自己所处的立场看待事务，所以才说存在决定意识吗？

壬辰倭乱的时候，宣祖对指出倭军侵略可能性的庶人黄允吉的报告置之不理，采纳了东人党金诚一的报告"丰臣秀吉是一个像猴子一样的人，不会成为可以侵略朝鲜的伟人"，因此没能对倭军的侵略做出准备。同在李滉门下的西厓柳成龙也站在了金诚一那边。之后柳成龙在壬辰倭乱爆发后，反省了自己的过失，并任观察使总管军务，重用了李舜臣、权栗等人。当时宣祖与其家臣们试图瓜分朝政，将内政交与世子光海君，而自己却以向明朝邀请援助为借口逃向中国。

但李舜臣、郭再祐、高敬命、金德龄、权栗、金时敏等无数的将士和义兵长们站出来与倭军勇敢地进行了斗争。当时宣祖在将士们整备官军鼓励义兵的同时，丝毫没有能坚持重新征兵与倭贼抗战的自主态度，只将生死系于明朝的援军。

这与部分民主党指导部议员在看到卢武铉候补的支持率下降后，非但没有想与卢候补一同正面突破，而是试图从外部寻找问题的解决方案一样。相比之下，郑东泳、秋美爱等国民没有受到外部影响，与"爱卢党"等各政党一起积极参与候补单一化运动，就像自主站起来的义兵一样制止了以破竹之势杀过来的地方侵略。

当然若没有明朝李如松军队的帮助，仅靠朝鲜士兵与义兵的力量是很难击退倭敌的，同理，没有与郑梦准候补的单一化，击退李会昌与大国家党实属力量不足。就算是请求明朝的援军、进行候补的单一化，但还是有要从什么样的观点出发的问题残留着。与大国尊崇主义的势力不同，光海君[①]在18岁的时候被册封为世子，以自主的态度鼓励着义兵们，为了击退倭贼拼尽全力。

在这样的战争中，党派的斗争仍在继续。宣祖与掌权势力们非但没有鼓励在前线战斗着的爱国将士与义兵长们，反倒从未停止对他们的诬陷、杀戮并将其打入大牢。李舜臣将军也曾被削官夺职，打入大牢。

"无等山老虎"金德龄是光山金氏。由于母亲与祖母都是光山金氏，

---

① 李珲（1575—1641），朝鲜王朝第十五任君主（1608—1623 在位）。因被废位而无庙号，谥号，通称"光海君"。

因此经常会路过金德龄将军栖身的无等山下的忠壮祠。每次去祠堂，都会因为想起在那么困难的时期，诬陷青年将军并将其打死的宣祖与掌权层的无能与狭隘，而愤怒到血液倒流。金德龄将军带领义兵归入权栗将军麾下，在镇海、高城等地阻止了倭军进入湖南地区，并与红衣将军郭再祐组成共同战线，为保家卫国冲在了最前线。但在壬辰倭乱结束3年前的1596年，由于在李梦鹤的叛乱征伐中站了出来，被诬告与李梦鹤私通，在29岁的花样年纪被杖杀在了狱中。

郭再祐义兵长更是因为与躲开倭贼逃跑的监察史金睟不和，而蒙冤入狱，后因金诚一的奏折好不容易被放出来。看到李舜臣的落狱、好友金德龄的死去，郭再祐决定弃官隐居。

有一本以李舜臣将军"自杀说"为基础的小说《不灭》，是从为什么李舜臣将军在露梁海战中脱去甲衣，仅穿着红袍站在船头自愿成为火枪瞄准的靶子的疑问出发的小说。李舜臣将军以湖南民众为中心拥有着整个八道最高的人气。与无能的宣祖与掌权势力们的渺小感形成鲜明的对比。可能李舜臣将军早已预想到了壬辰倭乱之后会遭到周围掌权势力们的妒忌，使得自己被阴谋所害遭受灭门之灾的危险。

战争结束后开始了论功行赏。当时仅仅依靠明朝李如松军队而丝毫没有依靠民众的力量，自主与倭敌抗争的尊崇大国的宣祖与其领导阶层，为了将已册封为世子的光海君废位想出了各种办法，就像试图要把国民竞选中当选的卢武铉候补拉下马的部分民主党势力模样一样。

宣祖应当承担壬辰倭乱的责任并应该自退，将王位传给壬辰倭乱时孤军奋斗的世子光海君李珲，但宣祖却在壬辰倭乱结束3年后的1603年迎娶了延兴府院君金悌男19岁的女儿仁穆王后。当时宣祖50岁，光海君28岁。后来宣祖虽试图将仁穆王后之子永昌大君辅佐为王，但宣祖因病去世时永昌大君尚年幼，只得令光海君继位。

当时掌权势力内部出现以贬低李舜臣将军与义兵长们的作用，并过度称赞明朝李如松军队作用的派系，与以光海君为中心的自主性派系的对立。我认为这一历史事件与现在评价候补单一化成功只是一味赞扬郑梦准候补的支援，而对卢武铉候补的历史正统性与正当性认识不足的现象类似，这是不是我认识上的飞跃？

最终贬低将士们作用的一派，成为了反对掌权后与德川家康重新展开国交，并在后金、明朝之间保持中立外交，实行大同法等改革政治的光海君的反乱势力。这便是 1623 年发生的仁祖反正①。反正的意思即扭转错误的事情。

最近在中央日报中的"日顺大妈"漫画中，将金泳三、金大中的时代称为遗失的 10 年。朴泰俊在支持自己的集会青岩会中，对金泳三、金大中的时代作出了类似的评价，说不能再让民主化实力掌握政权。在发表支持李会昌候补的宣言时，此类势力将金大中政府的对朝和解政策视为动摇国基的行为，并表示要由自己出面建立更像国家的国家。我觉得这样的论争与主导仁祖反正的庶人们的论争非常类似。

更像国家的国家？他们所想的国家是什么？仁祖反正势力的大义名分为向明大义、崇明义理，给我一种和现在大国家党"更像国家的国家"的口号相似的感觉。

仁穆大妃允许仁祖继位的国书中有这样一部分。

"我们国家侍奉明朝已经有 200 年，凭义气是君臣，凭恩惠便是父子。为了使万世铭记壬辰年为我们再朝（重新确立朝政）的恩惠，先王（宣祖）平时连坐着都没有背对过西方。光海居然背信弃义不怕天命，心存异念向外夷示好，就算皇帝下了诏书也不肯派遣救援兵……"

如果以大国家党的方式解释难道不是这样吗？

---

① 仁祖反正是发生于朝鲜王朝光海君执政时期的癸亥年（1623 年）三月十二日的一场宫廷政变。这场政变由西人党主导，最终将光海君废黜，将绫阳君拥上王位，是为朝鲜仁祖。

"我们国家侍奉美国已长达 100 年，凭义气是血盟，凭恩惠便是父子。1950 年求助国家的恩惠万世难忘，但金大中居然背信弃义，不畏惧美国，心存异念，即使布什下了诏书也不肯听令……"

就像这样，为了克服国基紊乱状态，要建立更像国家的国家，就是大国家党的掌权口号。仁祖掌权之后经历了仁祖五年（1627）丁卯胡乱、仁祖十四年（1636）丙子胡乱，使得无数百姓死去，国土荒废。仁祖反正的势力以彻底的崇明攘夷的尊崇大国主义外交，自招来了战争，使得仁祖承受了在清朝将士面前三拜九叩头，即双膝下跪，双手伏地，叩九次头的三田渡①的耻辱。

卢武铉候补的胜利已经超越了以单纯的候补单一化阻止李会昌候补掌权的水准，也不是单纯的要再创民主党政权的手段。这具有为了切断像"仁祖反正"这样的反历史潮流，将光海君政权内部的大北、小北间的对立、腐败等问题进行清算，并完成未完成的改革的意义。

这是为了击退旧的三金时代的政治，以及比三金政治更加落后的军事独裁实力，及迎合军事独裁、曲学阿世的提供意识形态的名门贵族们的反历史潮流，建立新的统一的祖国，并以此保障东北亚的和平政权。

卢武铉候补被指名为总统候补之后，有一次参加在新罗大厦举行的活动，数十名现役议员簇拥随行李会昌候补，而卢武铉候补则是孤身一人，样子很寒酸。当时正是卢候补的人气下降、有候补交替论流出的时候。

选举运动当时，宣传车辆行驶中由于我坐在卢武铉旁边，有很多机会与他进行更人性化的对话。卢候补对郑梦准候补极度不信任。他曾问过我政治的真谛是什么，卢候补说他的政治真谛就是胆量。真的是符合卢武铉的发言，就算输也以无奈的姿态促成了与郑梦准候补的单一化。我想起了最后一天去钟路游说时坐在卢武铉候补旁边乘车时，在车里与他的对话。

---

① 地名，今首尔松坡区三田渡。

2002 年，仁川市桂阳区，与总统候选人卢武铉在一起

当时大国家党的李会昌一直在攻击金大中总统，并以卢武铉候补是"金大中的养子""父母是全罗道人"等话语对其进行了黑色宣传，是典型的地域主义和针对金大中的暴力行为。又不是金大中总统重新出马，却用这种愚蠢的战略，使得他们荒废了原本想要攻击的卢武铉候补的经验不足、不稳定性等问题的时间。湖南人以可怕的地域主义与报复心理，咬牙将比金大中候补时更大的支持投向了釜山海鸥候补卢武铉。

所以当时我们强调着"卢武铉不是金大中的养子，而是釜山的儿子，釜山的海鸥"进行应对。然后向卢武铉候补说了一句："请您当选 5 年后，不要让我们开展以'我们不是卢武铉的养子'为内容的选举运动。"卢候补说："虽然要做好选举，但感觉有点负担，可以的话我想逃跑。"后来只要想到卢武铉总统被卑鄙的检察官进行报复性搜查及遭受言论暴力行为，被我们的沉默与支持推到猫头鹰石前面站立着的时候，我就会想起当时的对话。

2002年11月8日，民主党仁川市选举对策本部成立仪式

　　为了做最后的游说，到达明洞入口时，正遇上郑梦准候补的亲信——演唱《金凤蝶》的歌手金兴国想要上台，却被郑东泳议员助理阻止的场面。站在讲台前的郑梦准候补的支持者们到卢武铉候补的讲台前，高喊着"下一届是郑梦准"的口号，随即便出现了卢候补"不要违反速度""不要痴心妄想"等发言，意思是"还有郑东泳、秋美爱"。结果因为卢候补的发言，郑梦准候补发表了撤回支持卢武铉候补的讲话。

　　回到党部后迎接我们的是办丧事的氛围。卢武铉候补就像被大人们训斥的小孩一样被党指导部与议员们声讨着为什么要进行轻率的发言。卢候补站起来说要回家，但我说道："不能就这样回去，要去郑梦准议员的家。"我们去了位于西大门的郑候补家，但连门都没有给我们开。吃闭门羹的场面被如实地直播在电视中。我在内心深处觉得"搞定了"。这个场面对于很多年轻人是一场冲击。在面临选举的前一天，撤回支持是一种卑劣的违反规则的行为，没有什么理由可以接受。整晚互相交换愤怒的网民们上午睡觉，下午便开始了行动。

第二天早上，在惠化洞随行卢候补进行投票之后，在明伦洞的家中共用了全女士准备的早餐。我已经肯定可以胜利，并说应该准备当选感言。晚上按照我的预想，胜利被确定了。真是非常感动。金大中总统当选时只是在家里和同僚们喝了一杯烧酒庆祝胜利，但那一天卢武铉却去光化门发表了感激演讲。

选举当日，朝鲜日报社论刊登了"抛弃了郑梦准的卢武铉"的诱导性报道，但国民抛弃了朝鲜日报，选择了卢武铉。当选本身是值得感激的历史性事件，是"六月抗争"以后由于两金分裂分为东西的民主改革势力重新结合的瞬间。

对朝汇款特检，反对大联政

卢武铉政权刚上台，便遇上了对朝汇款特检事件。对朝汇款特检事件开始于美国议会调查局（CRS）Larry Niksch 研究员的报告书。在 2002 年 3 月 25 日的报告书中第一次公开地对朝秘密汇款提出了疑惑，接着 2002 年 5 月的《朝鲜月刊》对此进行了报道。2002 年 9 月，大国家党的严虎声议员在国会中进行了披露后，产业银行的严洛镕总裁又提出为对朝汇款提供便利的证言，从而使得解决这一问题迫在眉睫。

大国家党将此事与国务总理高建的任命联系在一起展开攻势。由于大国家党和自民联的联合，除非强行阻止，否则特检法案的通过势在必得。可以以总统的拒绝权阻止，但岭南地域的保守情绪强烈地要求实行特检法，受此影响，参与政府的核心人士们也持不可实施拒绝权、接受特检法的见解。

国民议政府协商，一致决定举办首脑会谈，决定支援给朝鲜的 1 亿美金加之现代的支援份额一共 5 亿美金，另外还有政府秘密帮助现代商船

2002年4月1日，总统竞选时，与总统候选人卢武铉一起

兑换汇款的 2 亿。相比卢泰愚政府 1989 年 2 月与匈牙利建交支援的 6 亿 2500 万美金、1991 年韩俄首脑会谈时向俄罗斯支援的 30 亿美金，加之与中国建交时进行的相当大的经济支援以及金泳三政府承诺为朝鲜建设轻水炉承担的 34 亿美金，其实并非很大的数额。问题在于国情院秘密介入，并向对朝汇款提供了便利。与此受到牵连的朴智源室长以违反南北交流合作法、违反外汇管理法等被起诉并受到了迫害。

其实现代从朝鲜拿到的"七大经济合作企业"的经济价值是不可估量的。不是向外放而是向内拿。现代获得的近 30 年垄断产业权的"七大经济合作企业"为开城工业地区建设与装填；包括通川、元山等的工业地区建设事业；京义线、京元线、金刚山线、东海北部线的铁路事业；包括市内、市外、国际电话网、网络、移动通信、通信设备生产等的通信事业；发展设备建设、依靠送电线的电力供给电力事业；通川飞机场建设事业；金刚山水资源利用事业及临津江堤坝事业；主要名胜地综合观光事业；拆古船舶、原产工厂建设事业等。这是给韩国提供新的成长动力踏板的惊人的成果。

说到底，与最近以修复 4 大江的名目花掉的超过 22 兆韩元的钱相比起来，这是一场拿着还不到 1 兆韩元的 5 亿美金谈着对朝汇款与否的政治离乱。

揪着为了打破 50 年冷战的障壁，避开 4 大强国的眼线，秘密促成南北首脑会谈所做的事前接触及随之的准备行为不放，将其当成犯罪行为是一种非常狭隘的视角。

朴正熙政权时的李厚洛、全斗焕政权时的张世东、卢泰愚政权时的朴哲彦等与朝鲜秘密接触的案件，都属于高度的政治行为，但并没有产生任何犯罪问题。

想要打破 50 多年的冷战障壁，与朝鲜促成首脑会谈并不是一件容易的事情，但事实是就算不运用统治行为理论，这也是一种高度的政治性行为人。如果为了消除国民的怀疑需要进行调查，那既然调查对象是高度的政治行为，就应该是由国会特委或情报委、国令外通委（国令外交通商统一委员会）等政治组织秘密调查的问题。但是将此视为犯罪行为，并将此作为特别检查的搜查对象，是为了向试图把"6·15"南北首脑会议贬为犯罪行为结果物的大国家党与极右派势力的攻势屈服并狼狈为奸的行为。

我与申溪轮、卢武铉候补秘书室长及文在寅、康锦实长官见面，敦促了拒绝权的行使，并强调了万一大国家党以拒绝权行使为由进行上诉弹劾，金大中、卢武铉的支持势力与南北和平势力将形成水泥性合作，但周围人的认识却都很势力与安逸。当时党的代表团跑到青瓦台国务会议现场试图诱导拒绝权的行使，但特检法案还是被国务会议通过了。以"千辛郑"① 为首的大部分党的领导势力保持沉默时，我和郑范九、

---

① 译者注：指千正培、辛基南、郑东泳三人。

金成豪议员对此发表了严厉批判的声明。

2013年1月，在参加奥巴马总统的就任仪式访问华盛顿的时候，见到了美国议会调查局 Larry Niksch 研究员。我将开城工团生产的表送给了其夫人，并嘱托了希望可以帮助南北和解合作的事情。他说是珍贵的礼物非常开心。我悄悄地问了一下是怎么收到对朝汇款的情报，他说是机密无可奉告。我再一次感觉到不受美国的控制，想要确保南北之间自主地对话是一件多么困难的事情。像这样将自己民族的命运依靠在外国势力的架势，是无法改变南北分裂的历史的。

继对朝汇款后，我正面与卢武铉总统的政策持反对立场的事件便是大联政事件。许多亲卢势力拥护卢总统的大联政提案，他们问道，"当智者伸出手指指向月亮时，为什么要像愚者一样朝智者的手指望去呢？"开放国民党指导部虽然心里并不臣服，但更是站在了对总统的决断拍手拥护的尴尬立场。以柳时敏为例的部分亲卢势力干脆自荐为大联政的传道使，但最终卢武铉总统自己也公开承认对大联政提案的错误判断。

若看卢武铉总统的大联政提案书，其实可以理解从什么样的脉络提出了这样的提案的衷心。终究是被大国家党束缚折磨了多届才会提出这样的提案，但将政治情况太过安逸的分析的确是错误的，指出大国家党与民主党并无差别的部分也是太过跳跃。

也有违反政党政治、责任政治原理的层面。院内一党和二党若实行大联政则没有了在野党，事实上就成了一党独裁体制，牵制与均衡的民主主义核心原理便会崩塌。我就是公开发表了大联政的不当性，明确指出大国家党是竞争与克服的对象，而不是联政的对象。

卢武铉总统事实上是以内阁制将权力移交给大国家党为条件主张了重大选举救济的改革，而现在李明博总统也在做相似的提案。虽需要积极检讨，但大国家党对此踌躇不前。为了解除地域主义，需要构建岭南也有民主党当选、湖南也有大国家党当选的构造。

个人觉得比起重大选举救济，基于小选举救济的区域比例代表制、惜败率制度更为现实。大国家党看似是主张复合城市重大选举区与农村小选举区的样子，但不论是以什么样的形态，都要改变现在这样的地域一党独食构造。当然会有得票率与议席数额的差别，但也需要确立减少差别的制度。

我作为民主党的最高委员，打算在明年的地方选举之前推进党宪、党规的修改。明年地方选举，作为大邱、庆北、蔚山、庆南、釜山等5个广域地方自治团体长出马的民主党候补中，虽超过了党的支持度进行了宣传，但若落选，则在下一次统选中按照支持的顺位推荐可能当选的代表，并将这种推荐方式形成制度，从而培养可代表岭南地域的民主党指导人。

对朝汇款特检的收容与大联政的提案，是一件让我们意识到在南北关系与东西地区分裂的问题上的认识差与视角差的象征性事件。我一直在参与着以东西和谐、南北统一为口号的东西南北论坛。东西和谐、南北统一是金大中、卢武铉两位总统的毕生之梦，也是政治宿命。虽然也有部分错误，但继承两位尝试过的努力成果，将不足点进行补充并完成的宿命，落在了我们的肩膀上。

毁掉古代巴比伦帝国的战争硝烟

9·11恐怖袭击发生的时候我在桂阳区的一家小酒馆。一开始看到恐怖袭击场面我还以为是在看电影，但随着比电影更加极端的场面连续播出，数千名的人死亡了。不仅是世界贸易中心的职员们，还有那些从第三世界抱着美国梦来到纽约工作的清洁工、警卫及劳务企业的职员，也一同死去了。这是无论如何也不能被原谅的犯罪行为。

每次看到恐怖袭击行为就会想起尹奉吉[①]义士。尹奉吉义士在千丈节

---

① 尹奉吉（1908—1932），朝鲜独立运动家，抗日英雄。

于上海虹口公园为炸死关东军的白川队长等待机会时，当看到一些包括妇女的民间人士走上台时他暂时等待了一下。就在不知何时会被发现的紧迫瞬间，碰巧因为下雨民间人士从台上走下来，他才扔出了炸弹。就像这样，不向侵略的当事人攻击，而是向没有任何关联的民间人士进行无差别的攻击，是龌龊的犯罪行为。

当时被恐怖袭击活动使用的并非大规模杀伤性武器（MDW），而是波音公司制造的旅客机与人民的憎恶愤怒的结合。美国将本·拉登指责为恐怖袭击活动的主犯，并要求阿富汗塔利班政权将他移交，受到拒绝后就向阿富汗进行了攻击。但这样并没有抓到本·拉登，而是至今还在与阿富汗进行着苦战。

到这里为止我可以理解，但是在提到攻击伊拉克的事情时，突然对阿富汗基地组织与伊拉克的关联性开始进行了讨论。为了知道为什么，我开始翻阅资料。萨达姆与本·拉登的关系并不好。9·11恐怖袭击犯们大部分为沙特阿拉伯人，并没有伊拉克人。

美国突然发表了向伊拉克攻击的战略。CNN就好像若不除掉萨达姆·侯赛因，侯赛因的生物化学武器就会从纽约上空掉下来一样大做文章。我就强烈反对侵略伊拉克发表了声明。通过在伊拉克开展工作的朴相华，发表在网络上的我的英文声明书传到了伊拉克政府，对此大为感动的伊拉克议会邀请我访问伊拉克。

经过一番考虑后，我决定访问伊拉克。为了不在政治层面上被滥用，我决定与民主党金成豪议员、大国家党安泳根、徐相燮议员一同前往。驻韩美国大使赫巴德向郑大哲代表表示了抗议。他说在攻击伊拉克迫在眉睫的时候，作为同盟国的国会议员怎么可以访问伊拉克，无法负责我们的安全。郑大哲代表给我打来电话劝阻，卢武铉总统也亲自打了电话过来。他们问我能不能不去，我向他们解释了此行的必要性，他们均表示理解。

经过土耳其的伊斯坦布尔到达了约旦首都安曼。从安曼坐上出租车访问了伊拉克。联合国的职员们也因为战争一触即发，都处于逃亡的情况。

见到了以伊拉克的哈马迪国会议长为首的石油部、保健福祉部、情报通信部的长官们，并承诺若伊拉克可以挺过去则在重建事业中启用韩国企业，并共同合作开发石油。若战争没有发生，那绝对是一件好事。在这样的情况下，为了国家利益，我也是做了很大的外交努力。

环视了一下平和而又安静的巴格达与巴比伦，在巴格达大学前面还与大学生们谈了一会儿。

那里还有为了反对战争要成为人肉盾牌的和平主义者们。我召开了促进和平解决的记者见面会，给教皇若望·保禄二世也写了信，希望可以让教皇来到巴格达主持和平的弥撒。

但回韩国不到一个月战争就开始了。通过新闻看到被火灼烧的巴格达，让我感到了心痛。

战争开始后，按照我们的预想美国向我们提出了派兵要求，为此国内展开了激烈的论争。国会决定组成以大国家党姜昌熙议员为团长，郑镇硕、韩忠洙议员与我为团员的伊拉克调查团，在派兵前赴伊拉克进行实地视察。出发前也听到了因为我们都是大块头，容易成为恐怖袭击目标的瘆人的玩笑。

开始投宿的巴勒斯坦酒店由于遭到 RPG 炮的攻击，吃着拉面险些就死了。为此将住所移至萨达姆的宫中并观看了侯赛因的电影。看着脑袋分家的侯赛因视频，让我们感受到了权力的变化无常。宫内处处可见炮火重创的痕迹。

我们经过巴比伦路过了徐熙、济马部队①驻扎的南部伊拉克地区纳西里耶，通过旧约圣书《乔纳》中出现的尼尼微城摩苏尔与科威特返回。处处

---

① 译者注：徐熙、济马部队为韩国派往伊拉克的先头部队之一。其中徐熙部队为工兵部队，济马部队为医疗部队。

与布什总统合影

　　都可以见到战争的灾难。在这种情况下，全部的军需支援物品还是由迪克·切尼副总统曾任代表的哈里博顿子公司 KBR 垄断供给，可以说在通过战争发着大财。

　　虽然以少数兵力推翻了侯赛因政权，但既没有发现核武器开发项目，也没有发现大规模杀伤性武器，更没有发现与阿富汗基地组织关联的证据。终究是美国在说谎。CIA 的伪造情报也浮出水面。说从尼日尔进口铀的情报为假已被昭告天下。总而言之是犯了国家性的犯罪行为。美国为扳倒独裁政府与民主主义的扩散将此合理化，但事实呢？果真如此吗？

　　2007 年 7 月 16 日，在位于华盛顿近郊的共和党财政委员长的家里见到布什总统的时候，他说："民主党将阿富汗战争视为好的战争，将伊拉克战争视为坏的战争批判我，但哪里有好与坏的战争？不都是美国的敌人吗？民主党究竟会放任世界第二产油国的伊拉克的石油落入伊斯兰极端主义者的手里吗？美国怎样才能维持战略性的利益？"躲藏在大恐怖战争背后对石油的贪婪显露无遗。我曾经预想过奥巴马掌权后会不会通过特检法或国政监察等重新调查布什政府的战争犯罪行为，但奥巴马将其掩盖着，伊拉克战争现在还在继续。

从伊拉克回来的访问调查团在青瓦台与卢武铉总统共进了晚宴。卢总统表示理解反对伊拉克战争的议员们的忠诚。当时首席外交安保官潘基文也在席中。我在席中强调了需要迅速解决包含利息的 16 亿美金的现代建设债券与 1 亿美金的大宇债券。当时伊拉克的债权国分为巴黎一派和华盛顿一派。现代与大宇的债券并非萨达姆政权的安保用关联债券，而是道路、住宅、发电所建设等战后伊拉克仍要继续使用的真实债券。因此在访问伊拉克遇见沙拉比时也特别嘱托了要特别对待现代与大宇债券。李明博总统任现代建设社长的时候曾进行伊拉克工程。就算现在可以不立刻偿还，只要承认债券的存在，就可以对此进行优惠，并可以待伊拉克的国营产业民营化为止进行债转股而收购。

由于工程货款债券没能及时偿还，现代建设因运营危机最终投入了 2 兆 9000 亿韩元的官方资金，但由于没能发挥外交力量，最终削减了 80%，只拿到了 20% 的票据便要收手。

布什政府的率先攻击战略，是正面违反二次大战后为了阻止战争由联合国制定的多种决议的行为。就像日本的政治家西乡隆盛曾主张的，若没有实现占领朝鲜半岛，则朝鲜半岛将会成为俄罗斯攻打日本的基地，这样的征韩论，也是一种率先攻击论。当时亦不能被许可的理论，在早已不是帝国主义时代的今天更是行不通的。

果然还是亲自见面谈一谈比较重要。去过伊拉克再看 CNN 的新闻场面觉得更加生动。就像打电动一样，是看不到在实际战争中被投下的炸弹残忍撕裂的人们的鲜血。战争正在慢慢变成游戏。对着仅举着一把步枪的士兵们扫射着战斧式导弹，用战斗轰炸机、直升机单方面的攻击的游戏并不是战争，而是杀戮。作为报复，伊拉克人接连实施自戮炸弹恐怖袭击，只能酿成相互敌对依存的恶性循环。

伊斯兰的问候语"安塞拉姆·阿莱库姆"，即"给你和平"。怎样去铸造和平？享有编写过人类最早法典——《汉谟拉比法典》的苏美尔、巴比伦帝国荣华的伊拉克，在亚述帝国灭亡后再一次被践踏，在战争的灾难中水深火热。如何在战后修复伊拉克的过程中形成韩国与伊拉克间的合作是未来的课题。我梦想着到朝鲜与美国的关系正常化时，期待朝鲜军队积极参与联合国和平志愿军活动，更期待着朝鲜与美国间的军事合作可以为世界和平作出贡献。

伊拉克访问记——和平之花是否会在炮弹堆里面盛开？

一次访问，请停止没有名分的战争

我从2003年3月9日到14日访问了饱受着战争灾难的伊拉克。民主党金成豪，大国家党徐相燮、安泳根等执政党与在野党各两名议员，及孙正国助理、记者团等共12名一同前往。

当时政府考虑到韩美关系等，虽然表示了忧虑与为难，但由于需要独立自主的议员外交才全面决定了此行。在朝鲜半岛的朝核危机逐步现实化的时候，伊拉克问题并不是隔岸观火，并不是因为支持萨达姆政权，而是为了反战、反核的和平反对美国和英国对伊拉克的单方面攻击。我们为了在现场能切身确认通过联合国武器观察团活动的延续是否能和平解决的可能性，并向全世界表明大韩民国国会议员的立场而踏上了征途。

出国前，交通广播就伊拉克访问进行了采访，听到广播的女儿炫珠打电话过来生气地说道，"为什么要去发生战争的地方，不许去！"我一边哄着女儿，一边想起了在巴格达饱受战争的恐惧颤抖着的孩子们的双眼。自1991年海湾战争以来，无视着在长达10余年的联合国经济制裁下生着病，因为营养失调而死去的人们的痛苦，带着不是面包而是数千发的巡航导弹准备发射的这令人无语的现实，实在是令人无法容忍的非道德的没有名分的战争。若不能阻止这接近于单方面杀戮的战争，还怎么能在同一片天空下羞耻地苟延残喘呢。只是为了希望在他们陷入绝望的时候，全世界有良知的"好撒玛利亚人"①向他们伸出援助之手，哪怕只能给予他们一点点的帮助，想到此，我们不由得加快了脚步。

2003 年 3 月 10 日　穿过战争的乌云

3 月 9 日乘坐土耳其航空从仁川国际机场出发，途径伊斯坦布尔飞向了约旦首都安曼。在安曼的四季酒店中投宿了一晚之后去了伊拉克大使馆拿到了签证。为了拿到签证人们排起了长长的队伍，其中有准备进入巴格达的记者们、人肉盾牌及为了开展反战和平运动而来的国际志愿团体 IPT（Iraq Peace Team）等。

我们预约了四台国界出租车。在安曼，朴雄铁书记官帮助了我们，并告诉我们外交部出于韩美关系的考虑做出的措施，只能送我们到巴格达。从安曼到伊拉克国界需要 4 个小时以上。由于是双向两车道道路，因此超车非常危险。装载着粮食的货车不停地向伊拉克方向驶去，从伊拉克的方向也驶出了大量的油槽车辆。

一望无垠的沙漠出现在我们面前。在国界附近遇到了在联合国项目中以合同工身份参与后撤中的韩国人。他说联合国的职员也全部都在撤退中，视察团队的最后撤退日期是 14 日，因此告知我们最好早点结束日程。

终于到达了伊拉克国境。没有见到一名持枪的军人或一辆坦克。留着八字胡的出入境管理所长接待了我们。作为萨达姆的亲信，他迅速帮我们

---

① 译者注："好撒玛利亚人"，源于《新约圣经》"路加福音"中耶稣基督讲的寓言。一个犹太人被强盗打劫，受了重伤，躺在路边。有祭司和利未人路过但不闻不问。唯有一个撒玛利亚人路过，不顾教派隔阂善意照应他，还自己出钱把犹太人送进旅店。耶稣用此寓言说明，鉴别人的标准是人心而不是人的身份。犹太人的祭司和利未人虽然是神职人员却见死不救，仇敌却成了救命恩人。

处理了通关事务。

安排我们此次伊拉克访问的贸易商朴相华和伊拉克的朋友一起出来迎接了我们。搭乘着朴相华的车，大晚上我们听着韩国歌曲穿梭在伊拉克沙漠中的一条道路上。通往伊拉克的道路为单边 3 车道与 6 车道的高速道路，据说现代建设与三星建设参与到了工程中。

到达巴格达的警戒线后，虽已过晚上 11 点，国会外交关系委员会所属的哈基姆、阿布杜拉、巴金兰等四名国会议员仍在等着我们。为照顾我们一行人，他们开着现代君爵 XG 出来。我们换上那辆车之后到达了国家经营的巴格达拉希德酒店。由于入口的地板上画着乔治·布什前总统的画像，虽然需要踩过去，但目测是由于考虑到美国，因此用地毯盖了起来。虽然给我们安排了套房，但因为联合国长时间的经济制裁，房内的陈设都很破旧。

巴格达的夜晚非常平静，来接我们的国会议员们也都是从容的表情。问他们原因，他们回答说："家里如果进了强盗，除了战死还有什么选择呢？""并没有其他选择。"他们说所有人家里都有枪。我们作为在最危险的时刻来到巴格达的唯一的外国人士，正式开始了访问日程。我祈祷可以将弘益人间、济世理化的韩国人的和平意志传达给伊拉克与中东世界。

2003 年 3 月 11 日　大规模杀伤性武器在伊拉克人心中

早上起来向窗外望去，巴格达的市区一望无垠。广阔的平地铺满着低矮的建筑，矗立在其中的庞大的教堂尤为引人注目。这座教堂是依照侯赛因的特别命令建的。作为在底格里斯河与幼发拉底河流域犹如盛开的花朵一般的人类文明发源地——伊拉克，望着缓缓而流的河水，仿佛看到从人类的古代史至今，以色列人民在巴比伦与古代以色列的战争中被俘，沦落为"巴比伦之囚"① 的场景。

---

① 译者注："巴比伦之囚"，是指公元前 597—前 538 期间，两度被新巴比伦王国国王尼布甲尼撒二世征服的犹太王国，大批民众、工匠、祭司和王室成员被掳往巴比伦，这些人被称为"巴比伦之囚"。

上午 10 点访问了国会议事堂。由于在整修，小小的议事堂看起来有些杂乱。我对他们那种即使明天地球会灭亡，今天也要种上一颗苹果树的姿态尤为印象深刻。站在正门口那寒酸的哨兵，仿佛让我看到在美国最先进的强大火力面前，袒露着一切并等待着的伊拉克人民的处境。

邀请我们的伊拉克国会外交委员长巴萨姆·撒利赫·库贝（Bassam Salih Kubba）迎接了我们，也见到了萨阿敦·哈马迪议长。议长对于我们的访问表示了感谢，并谈到对于两国的关系，尤其是在经济领域，希望可以深化合作发展。同时他也批判了联合国的经济制裁与美国的武器核查。对此我表达了希望伊拉克遵守联合国的规定，从而提高在国际社会的信赖度，随之也可避免战争的危机的立场。同时我也传达了关于反对没有联合国安全保障理事会的决议，单方面向伊拉克进攻的我方声明书。

之后我们去了亚美尼亚防空洞的误炸现场。这里是 1991 年海湾战争时，由于美军的误炸，使得当时在防空洞中避难的 400 余名妇人和孩子惨遭灭亡的现场。写在这里的口号让我心中为之震撼，那便是 "Let Iraq live（放伊拉克一条生路吧）" 的迫切的呼唤。

晚上在伊拉克的街头见到了巴格达大学的学生们。我询问一名从非洲乍得来的留学生，战争临近为何不回去，他便回答说："伊拉克的国民和我们是兄弟，我们要一起战斗。"我又问："难道不怕死吗？"他回答："in shā´ Āllāh（按照神的旨意），我们不是胆小鬼。"对于伊拉克被攻击的主要原因，他们首先提到了巴勒斯坦的问题。一位学习英国文学的叫巴金的同学问道："你们知道大规模杀伤性武器在哪里吗？"然后便意味深长地说："美国不会找到大规模杀伤性武器，因为它们都在伊拉克国民的内心深处。"

突然觉得比起战争，战争过后会是更大的问题。因为将大规模杀伤性武器深埋在伊拉克国民心中的伊拉克战争，必将扩散为中东地区巴勒斯坦与以色列的纷争。美军若开始攻击，必将以压倒性的火力轻易地占领巴格

第一次访问伊拉克，拜会伊拉克议长萨阿敦·哈马迪

达，但真正的问题却在那之后。血债终究要血偿，就像埋下了憎恨，必将生长出憎恨的道理一样，因果报应的规律终将适用。

令人感动的是，来自美、英等国的一些老人也亲临伊拉克参加反战和平运动。我们一行人凑了些钱转交给了他们，并表达了鼓励。我们也见到了当地的和平运动家韩相震。我深深感受到我们国家的反战和平运动也需要更加国际化，因为国家的力量并不仅仅来自刀枪，也可以来自这种 NGO 的力量。

2003 年 3 月 12 日　美国石油资本操纵的战争

在阿拉维国会副议长主办的午餐宴席中，我问道，"战争发生时会不会由于受到萨达姆的独裁镇压的北部库尔德人与南部什叶派不与伊拉克政府合作而导致内战呢？"他们回答道："完全不会有问题，我们都是伊拉克人。"但是伊拉克人民究竟会不会同萨达姆政权一同抵抗美军直至剩下最后一人仍是未知数。相比于朝鲜，内部组织力与统治力、思想武装力都远

与伊拉克国会外交委员长巴萨姆·撒利赫·库贝合影

远的落后，加之若事态恶化，受"in shā´ Āllāh"逃避文化影响的伊拉克人，会认为这都是神的安排，全然没有战斗反抗的念头。

紧接着，我们本想与拉马丹副总统进行面谈，但由于紧急内阁会议没能见到。我们既是被国会层面邀请至此，因此应当满足于见到国会议长、副议长、外交委员长和国会议员等。为了两国之间实质性的经济交流，我们还与交通通讯部长官艾哈迈德、石油部次长哈迪迪进行了面谈。他们对于我们可以在这样困难的时期有勇气访问伊拉克表示了深深的感谢。同时他们也表示了美国石油资本若想开发伊拉克的油田，伊方有意与之合作投资的态度。但若连股份都保障不了，像武装强盗一样全部抢去，伊方将不惜一切代价抵抗到底。他们坚定地表示道："伊拉克是我们的领土，谁都不能代替我们决定我们的命运。我们将守护着伊拉克。全体国民将抗战到底。"

我心里暗暗地下定决心，既然我们的伊拉克访问并不是为了经济上的谋划，而是为了和平性解决问题，因此对于反对战争及战争执行中发生的杀戮及人权践踏也要进行关注并为之战斗。

2003 年 3 月 13 日　为了和平统治下的世界迈出的一步

在会见记者时，有人问道："在主张反战和平时，如何处理与美国间的关系？"我回答道："若是真正的朋友，就有义务在朋友走上歧途的时候拉朋友一把。我虽然尊重韩美之间的同盟关系，但这必须是守护自由与正义的同盟。"

结束记者会见后路过 IPT 组 ① 与参加者们进行了谈话。这是一部讲述从英国与美国历经千辛万苦来到此地做志愿者的爷爷们与婆婆们的电视剧。他们对伊拉克人民共同一致的感受就是伊拉克人民的淳朴善良与温暖。尤其是大部分的市民虽拥有着枪支，却没有发生过哪怕一次的枪击事故，并且深夜在外走动也不需要担心治安问题。相比没有目的的杀人、为了有趣而杀人的美国的病态城市，这里是多么健康而又充满着人情味啊。

听了他们的话，我更加确信了对于伊拉克人民的感觉并非仅仅是我自己主观上的感觉。然而我们在过去，只要提起阿拉伯人就会想到恐怖分子及自杀式爆炸恐怖活动等。简而言之就是，在好莱坞与美国资本统治下的电影与言论的偏见助长的洗脑效果。我再一次切实地感到我们这次来到伊拉克是不枉此行。

尤其是 9 · 11 恐怖活动牺牲者家属集会 "Peace Tomorrow" 访问巴格达，并喊出反战和平的事情让我大为感动。我尊敬这样的美国人，并深深地爱着这个充满着正义与爱的美国。真正的韩美同盟应该成为以这样的精神所驱动的同盟。不知不觉到了要离开伊拉克的时候了。伊拉克议会方面的哈马达尼外交委员副委员长和国会议员们出来送行。他们说将给我们确定与拉马丹副总统及阿齐兹副总理的会谈日程，并拜托我们多停留两

① 译者注：Iraq Peace Team of korea 的缩写，韩国伊拉克和平组织。

日。但我们考虑到此行访问的目的，比起与萨达姆政府人士的见面，更重要的在于见到伊拉克的国民并确认事实，因此我们郑重地推辞掉了。面对他们哪怕是根稻草，也渴望牢牢抓住的眼神，我的心被深深地刺痛了。无论如何，尽快回到韩国，并将攻击伊拉克的不当性与巴格达的实际状况如实告知才是最重要的事情。

二次访问

2003 年 11 月 17 日　伊拉克调查团准备集会

伊拉克调查团准备会议在国会国防委员会的小会议室举行。当我们在整理于伊拉克当地需要会见的人员名单时，传来了日本商社的一名职员在科威特到伊拉克的道路上遭遇恐怖袭击的消息。那条路便是我们将要经过的路。虽然各种情况很不稳定，但我们还是决定明晚动身去科威特。

2003 年 11 月 19 日　科威特的"韩国风"与不安的前夕

从仁川国际机场出发，大约凌晨一点到达了迪拜。韩国驻阿拉伯联合酋长国大使姜宣容前来接机。在等待搭乘前往科威特的飞机的 7 个小时左右的时间中，我们了解到了阿拉伯联合酋长国的现况。据大使所述，由于传统的阿拉伯人对韩国与韩国人的印象非常好，因此最近的生意很火。LG 电子与三星电子都超出了目标出口量，钢铁与轮胎也是供不应求。他们迫切地期望这样良好的氛围，不要因为派兵的问题而被打破。然而若正式开始派遣战斗兵，我国领馆及民间商社在阿拉伯地域经营的商铺的安全将难以保证。

在迪拜酒店休息了 2～3 个小时之后，我们于早上 7 点出发，大约 8 点 54 分到达了科威特机场。朴仁国大使与李钟得中校前来接机。徐熙、济马部队的第一批部队在满 6 个月归国后，这里驻扎着第二批到来的部队。朴仁国大使从 KEDO[①] 成立初期就开始工作，并曾任金大中政权最后

---

① 即 Korea Peninsular Energy Development Organization，朝鲜半岛能源开发组织。

一任国际安保秘书长。

到达科威特大使馆官邸后，发现其旁边紧邻着家庭住宅，对于自杀式炸弹攻击的防御能力非常脆弱。由于发生炸弹恐怖袭击时，会使用私制炸弹，相比较于炸弹碎片，更多的情况下会由于建筑物的玻璃窗碎片造成伤亡，因此正在检讨在玻璃窗上安装保护膜（Safety film）的方案。朴大使说道，过去自愿进行炸弹恐怖袭击的人主要以巴勒斯坦人为主，但近来出身于沙特阿拉伯、也门的人越来越多。这是因为科威特、卡塔尔、阿拉伯联合酋长国等虽然是小国，却得益于原油，人民普遍富裕，但相反沙特阿拉伯的贫富差距严重，因此导致中下层人民对阿富汗基地组织心理上的支持高涨。

2003 年 11 月 19 日　作为伊拉克人的朋友活跃着的徐熙济马部队

在科威特大使馆官邸用了餐。科威特大使馆所在的区域内有约 3000 名左右的朝鲜工人被派遣到这里从事一般的劳务，到现在为止他们还没有试图向我们的大使馆申请政治避难。

路边的指示牌上面写着"God bless American troops（上帝保佑美军）"的口号。从科威特的立场来看，伊拉克只能是敌对的威胁势力。科威特在领导层死的死、逃的逃、面临灭国时，受到美国的"国家再造"之恩，理所当然的是亲美立场。大使馆官邸距大使馆大概 10 分钟左右，但这租来的建筑对恐怖袭击的防御更是脆弱不堪。

用完餐以后，我们在由徐熙、济马部队哨兵组成的空降特战队的护卫下，从科威特出发深入伊拉克的纳西里耶。全程大概 4 小时 30 分钟。警戒兵力由被选拔的 80 名空降特战队队员组成。他们主要负责着济马部队的患者护送、徐熙部队重建时的外围准备、与民事业务关联的重要人士警卫等业务。由于当地对韩国军的态度友好，如果插上太极旗进行车辆巡逻的话，居民们还会向他们招手。

到达科威特的边境后，士兵们的 K-1 步枪与手枪都上了膛。穿过科威

第二次访问伊拉克，在徐熙、济马部队情况室

特的边境，周围的一切变得不同起来，使我想起了走陆路观光金刚山，越过南边分界线进入北边领域的时候，电线塔已没有了从前的样子，房屋破败得不像个家。无数的孩子们像战争孤儿一样在路边向我招手，其中还有将树枝当作枪一样举着的孩子。

到处都可以看到巡逻的美军。到达了纳西里耶（An Nasiriyah）附近的塔尔利尔空军基地，经过了三处的检查站，哨兵都是看起来很稚嫩的美国女兵。

经过检查站之后终于到达了徐熙、济马部队。以徐熙部队千英泽大校为首的军官们排队欢迎了我们。进入帐篷问候过士兵们之后一起吃了晚餐。我问部队平时怎么解决吃饭问题，他们回答，与科威特的侨民业体签了合约，由他们提供早晚饭，午饭则用战斗粮食解决。

吃过饭之后去了情况室听了情况报告。11 月 12 日，在纳西里耶市内发生了对意大利驻军的恐怖袭击，造成了 27 名队员死亡，当时我军的 46 名队员正在市内活动。这里是什叶派的地域，属于相对安全的地方，但还是处于随时有可能发生恐怖袭击威胁的紧张状态。

徐熙部队用挖掘机、铲车、叉车、翻斗车等建设装备开展着重建工作。在此期间完成了 6 所学校、6 间医院、7 个足球场等 38 个建筑的重建工作，并且援助同盟国建设基地，从而在同盟国合作强化方面也作出了贡献。不仅如此，济马部队还通过 17 次的巡回诊疗治疗了 2579 名的伤患，并实施了 92 次防疫。7 月 14 日更是将部队里的临时医院开放，治疗了 3000 名的当地人与 200 余名的同盟军，据说是以居民为对象开展诊疗活动的唯一的医院。

四名议员在临时卷筒帐篷的野战床上挤在一起睡觉。由于时差没能好好休息，睁开眼睛发现是凌晨 2 点。到外面去发现天空中有无数颗星星正在闪闪发亮。昼夜温差很大，晚上的空气不免有些冷飕飕。周围没有任何东西的沙漠仿佛能直通天际，让人不禁想到上帝的存在。但与其说这里是自然景观优美并让人感到亲和，还不如说是个荒凉可怕的地方，除了像伊甸乐园一样的沙漠绿洲之外……如果没有石油，美国会顾得上看一眼这荒凉的沙漠吗？

2003 年 11 月 20 日　连喝水都不能安心的战乱中的孩子们

接受了早起点名。徐熙部队长千英泽大校说他的妹妹是我所在的桂阳区作战 2 洞的洞长。圆光大学出身的李友善大校说是我的粉丝，要求一起拍照。一起合唱爱国歌的时候是非常激动的。全部队员聚在一起说着"希望可以发展韩国与伊拉克间珍贵的友好关系，希望不是作为傲慢的占领军而是真正的朋友……"的问候语，并传达了卢武铉总统、朴宽用议长、金元基议长及金槿泰代表的鼓励。

大部分军人都精神抖擞而且很亲切，有礼貌。环视了一下徐熙、济马部队，尤其是在现代建设的帮助下完成的济马医院尤为不错。大约有 10

名军官护士在医院工作着，其中也有已婚者，她们将孩子托付给婆婆与丈夫，不远万里来到伊拉克的土地。我觉得她们很伟大，也鼓励了她们。还见到了住院的伊拉克患者们，他们都对济马医院以及韩国军队的帮助表示感谢。

纳西里耶警察厅长称，南部伊拉克在侯赛因的政府统治下属于被疏远的地区，因此技术学校及济马医院的入驻帮了很大的忙，但仍对战斗兵派遣持否定态度，希望伊拉克的治安可以交给伊拉克，并支援装备与教育训练。

离开了徐熙、济马部队，我们去了纳西里耶的市内。周边的氛围都很荒凉。光着身子的小孩们在房子的后街胡同里成群结队地来回走，看到美军就伸手要巧克力。那个样子就像"6·25"战争时的我们。这里的孩子见到韩国军最先会要水，然后拿着那个水回去给吃奶的弟弟妹妹们喝。当听到孩子们由于喝脏水，容易染上地方病的时候，我的心觉得好痛。净化水需要电力，由于缺乏电力而无法净化水质、抽取石油，这成了恶性循环。

接着我们访问了纳西里耶技术大学。这里的校长向我们求助道："原本有3000名的学生，但战争破坏了所有的一切，实习器材也都被毁了，什么都没有了。"看起来应该立刻就实习器材与NGO和徐熙部队进行合作。和几位工程师也聊了一下，他们呼吁道："听说韩国军队要去摩苏尔，为什么要抛弃纳西里耶，请你们务必留在这里。"

访问了徐熙部队经营的技术学校，并用战斗粮食充了饥。年轻的士兵们要求拍纪念照片，可能是因为我也上了年纪，觉得军人们可敬可爱。由于对伊拉克居民的态度异常亲切，看起来就像以NGO的思想和当地居民接触。

与阿尔戈几族（音译）副族长见了面。六七个人举着AK枪在警护着。副族长说，经历过南斯拉夫军队、意大利军队、美国军队，但还是韩国军队最棒。对于其原因，他说道是因为没有领土上的野心，也不是来抢石油的。他还赠送给了姜昌熙团长护身用的手枪，表达了极大的好意。

见过副族长之后，在空军基地乘坐黑鹰直升机向巴比伦王国（Babylonia）飞去。为了防止被高射炮袭击，一直保持了低空飞行。这是我人生第一次乘坐直升机，也看到了很多对着直升机招手的当地居民，好像也看到了南部伊拉克反萨达姆情绪的一面。

大概 1 小时 20 分之后我们就到达了巴比伦。这里就是孕育了巴比伦塔、汉谟拉比法典等古代文明的地方。巴比伦城周围有一个驻地。我们到达的时候，部队卫生间因为发现了爆炸物而停止了使用。

为了去巴格达我们又乘坐直升机出发了。在三台美军装甲车前后的护卫下，我们驶向了巴勒斯坦酒店。看到架着机关炮的装甲车的巴格达居民们，带着一种复杂的眼神注视着我们。为了防止自杀式炸弹袭击，巴勒斯坦酒店四处都处于封锁状态，很难找到入口。美军好像对于这个情报不是很了解，说是封锁的路每天都在变化。所有的人都在嘈杂的路上来回乱转，偶尔封锁的道路上还有突发事件发生。所有的人都紧张了起来。在美军下车做起四周警戒的同时，我们和大使馆通话确认了入口，好不容易才安全进入酒店。

在战争开始之前，也就是去年 3 月 10 日我到达巴格达的时候，IPT 曾是我留宿的地方。这里在战争中并未因受轰炸而倒塌，我感到很幸运。我被分到 1230 号房间，刚进到房间我就感觉快要晕倒了。

2013 年 11 月 21 日　因为 RPG 炮弹的攻击暂住在了萨达姆宫

我们开玩笑说，巴勒斯坦酒店这个名字起得好，觉得它不会遭受恐怖袭击。大使馆是入住在巴勒斯坦酒店的第九层。去年 3 月受伊拉克国会邀请访问巴格达的时候，暂住在了美国国防部副部长沃尔福威兹的府邸，又暂住在了曾遭到恐怖袭击的拉希德酒店。拉希德酒店虽然处于美军划的安全区范围内，但也遭受了恐怖袭击。喜来登酒店和巴勒斯坦酒店位于底格里斯河岸附近，处于安全区之外，但是因为巴勒斯坦酒店附近聚集了很多记者，所以普遍认为这里不会被袭击。然而酒店设施破烂不堪，连水都不常有，所以也没法好好洗漱。

每天凌晨 4 点起床，然而由于食物不足时常处于饥饿状态。在阳台望向巴格达的天空，全是灰蒙蒙的颜色，而底格里斯河仍然在安静地流淌。与在平壤最胜台看到的大同江的样子很相似。

民主党韩曾数委员在郑真石委员的房里煮了拉面，叫我过去吃。我吃完拉面，回到房里用 word 整理日程笔记的时候，突然听到了巨大的爆炸声。往对面看去，喜来登酒店的窗户玻璃正在零零散散地掉下。

走廊里面开始嘈杂起来。我还以为只有喜来登酒店遭到了袭击，出去一看才知道我们住的酒店 12 层也受到了恐怖袭击。听说袭击用的武器叫 RPG 大炮。RPG 大炮是装甲车用的毁灭性武器，足以穿透水泥墙。

随行调查团成员李宰贤大校的房间隔壁就遭到了袭击，差点就没命了。

等电梯下楼的时候，看到了一位已经血肉模糊的美国人在美军士兵的搀扶下艰难地行走。后来听说，这个人是美国副总统任 CEO 的哈里伯顿子公司 KBR 的职员。在乱糟糟的情况下，CNN 的记者带头开始蜂拥而至，之后又一个个离开了。

以江创辉团长为首的调查团一行全部聚集起来，开始商量对策。首先我们拜托了美国军方调查，此次的袭击是否是针对我们的调查团。虽然从一些方面来看，这种情况的可能性也是有的，但是大多数人认为，从现在伊拉克恐怖组织的情报收集能力来看，应该还没达到这种程度。在讨论是否要继续留在巴勒斯坦酒店的时候，我们向 CPA（联合军队临时行政处）提交了向安全区内转移的申请。

由于遭到袭击，酒店开始全面封锁，和巴格达副族长见面的事情也就一直搁置了。但是，在韩国伊拉克旅行社代表卡西先生和刘正烈博士的引见下，我们得以和前外务部官员们见了面。卡西先生说："如果韩国的派兵是在联合国的同意之下，我们是欢迎的。"前外交官表示，美国占领巴格达之后，对军队、警察、下级政府官员作出的遣散行为，虽然有很多人不满，但是对于要解除萨达姆威胁这件事情，所有人都是赞同的。在问到伊拉克人们对于萨达姆的评价或是对于他重返的可能性的问题时，所有人都表示萨达姆不可能重返，也对他给了负面的评价。

晚上受 CPA 的邀请，我们把住处转移到了安全区内的萨达姆宫。拿到了 ID 卡以后，回到了分配的房间内。萨达姆宫办公室的旁边就是萨达姆的住处。看到用大理石铺满的建筑和游泳池，我联想到了萨达姆的电影。他那华丽的大理石宫殿和百姓无助的表情及四处倒塌的房子，形成了鲜明的对比。萨达姆私藏的数亿美元、金子等照片也都被展示出来过。萨达姆虽 1979 年成为伊拉克总统，但如果从他任复兴党二把手掌握实权时算起，集权时间已经有 35 年之久。宫殿顶部悬挂着用青铜铸造的巨大的萨达姆将军的头像。这里不是伊拉克总统的办公室，而是萨达姆个人的王宫。

萨达姆的房间被木头胶合板分开了很多个空间，应该是用来招待不同的来访者。在行军床上，我和韩曾数、郑真石委员感到了困意，半睡半醒地想象着，萨达姆看到自己的房间里挤成一团的美军士兵和我们的话，会是什么样的表情……

2013 年 11 月 22 日　　伊拉克的实际主人到底是谁？

我经常在凌晨就被惊醒。出去看看游泳场和周围的风景，依然那么美丽。宫殿的宴会场，被美军和 CPA 职员们当成市场和住处在使用着。听说当时轰炸的时候，是为了把萨达姆宫殿当作办公地使用，特意没有轰炸这里。虽说也有部分美军的误炸事故，但是因为在小范围内用精密的打击，并且比预想更轻而易举地打败伊军，未发生激烈的街道战，所以这里依然保持得比较完好。

我有时会想，让伊拉克国民去参观这个华丽的宫殿，是不是不好。

真的有必要让民众看到，在他们痛苦地生活在水深火热中的时候，萨

与 IGC 议员会谈后合影留念（戴帽子的是哈基姆，左四为沙拉比）

达姆是如何享受生活的画面吗？然后现在也只不过是重新占领了这里，划出了安全区域，比起萨达姆实行更加严密的隔离罢了，只是占领者从萨达姆换成了美军。

我和 CPA 的保尔·布莱尔见了面。他表面上的职责是大使，实际上则是总督。有着在军政部 25 年工作经验的他，比起包容力和亲和力，更多的是专业的反恐专家的实力。一见面没有一句对于昨天恐怖袭击的安慰，直接就问道，说好的 2 亿 6000 万美元的支援什么时候到账。

我则问道，对于 CPA 安排的伊拉克临时管理委员会（IGC①）有什么看法？真的能代表伊拉克人吗？另外，对于伊拉克战后的处理工作有没有移交给联合国的想法？他表示，IGC 在国际上已经得到了认证，而由美军带

① 译者注：Iraqi Governing Council 的缩写，伊拉克临时管理委员会。

领的多国军队则是在联合国的同意之下继续进行战后处理。听到这种早已准备好的官方答案，我好像是见到了美国共和党模范生的感觉。

下一个日程就去了 IGC。不仅办公楼很小，连办公室也破烂不堪，一看就是空壳机构。这种感觉就好像是，我国在被日本强占期间朝鲜总督府旗下的中枢院一样。在 IGC，我们见到了美国政府扶植的艾哈迈德·沙拉比和担任 IGC 议长的什叶派领袖阿卜杜勒·阿齐兹·哈基姆。沙拉比是 20 多年前在约旦引起金融事故的罪魁祸首，早就卷入金钱关系、垄断战后恢复权等诸多非议。哈基姆看到以沙拉比为首的其他议员们的眼神，打开了电视机。

这是为了防止被窃听，他们自己人之间也毫无信任可言。他们拜托道，韩国一定要在伊拉克重建的过程中给予援助。但是当我正式提出韩国派兵问题时，他们则说道，伊拉克的治安问题要交给广大的伊拉克人自己决定。当我问到"如果美国等多国联军撤回部队，伊拉克人是否能自己维持治安"时，他们的回答并没有任何自信。

之后，从沙特阿拉伯大使馆的白允浩中校那里听到沙特相关消息后，我们来到了拉希德酒店。和去年 3 月比起来，这里变得破败萧瑟了许多，就连平日里穿着传统服装健壮的阿拉伯门童也不见了踪影，进到大厅里面好像酒店主人也换了。吃过饭之后来到了酒店对面的国际中心。墙上贴着悬赏萨达姆的通缉令，说是给情报提供者 2500 万美元的赏金。

在这里，我们和伊斯兰派副总裁以及政策委员会议长见了面。副总裁是我在伊拉克见过的人当中，印象最为深刻的。他不仅对美军解散伊拉克政府感到震惊，更认为美军对伊拉克军队及警察的遣散造成了伊拉克治安的动荡。并且还说道，IGC 并不能真正代表伊拉克。另外他建议，如果韩国像美军一样派兵过来的话，会受到和美军一样的待遇，应该得到联合国及周围各国的同意才是正途。并且他表示，如果韩国军队不是以协助美军的身份，而是以帮助伊拉克的身份而来，他们定会鼎力支持。

2003 年 11 月 23 日　　在内部外部皆有冲突纷争的情况下，伊拉克该何去何从？

我们在美军食堂中用了餐。这里丰富的饭菜和徐熙、济马部队匮乏的饭菜形成了鲜明的对比。另外让我感到很开心的是，美军军官大多数都有在韩国工作过的经历。

法务部的金安石事务官等一行人，被派遣到 CPA 帮助司法部的建立和法规系统的恢复。尹英石中校等也要被派遣出去，然而由于导弹袭击，巴格达机场的商用飞机不知何时才能开始运营。

听了 CJTF（联合特遣部队：Combined Joint Task Force）7C7 工兵部作战参谋次长李场元上校的报告，以及英军少将皮革里斯副司令的简报。

桑切斯司令官对韩国调查团希望将访问伊拉克的日程延长至 12 月的请求置之不理，并且对调查团"贸然行事"极为不满，因此没有与我们面谈。英军少将皮革里斯则表示，希望可以以韩国军队为主组建北部摩苏尔地区的联合军。在我们询问如果我们负责南部纳西里亚地方如何的时候，他们则委婉地表示，南部地区相对治安较好，对联合军队也无抵触心理，不想将它让给我们。

午饭后，我们乘坐两台黑鹰直升机向基尔库克驶去。为了安全，另外派了一台飞机跟着我们。每次乘坐直升机，我都担心会不会有导弹袭击而特别紧张。驾驶员将飞行高度提高到了和国内航线一样的高度，好像是意识到了导弹和火箭炮的威胁。人的命天注定，如果我们死了，派兵的事情也就只能搁浅。但不管怎么说，我现在做的事情是有益于大多数人的，心里默默地安慰着自己。这种对生命安全的担心，一直延续到在迪拜乘坐大韩航空飞机的时候。

基尔库克是美军负责的地区，进攻伊拉克时，C17 运输机空投了 1000 多名士兵占领了这里，从那之后，一直驻扎在这里。我们见到了基尔库克州州长，他出身于库尔德州，现在在美军扶植的政府内任职。和他的交谈中，我感到他明显是偏向于美军势力。州长对于联合军队打垮了萨达姆政权表示万分的感谢。当我问道，是否有将库尔德州分出去独立管理的可能性时，他则断然否定，并表示他首先是基尔库克人，然后才是库尔德州人，为了维持种族之间的和平，这种可能性是绝对不存在的。

虽然对于派遣治安维持部队表示欢迎，但同时也表示，希望美军通过和 IGC 的协调，明天即 6 月 30 日之后将政权交还给伊拉克人自己。

为我们指引领路的美军士兵中有一位韩国侨胞李苏日中士，小时候被领养到美国，高中之后成为一名职业军人。他曾在这里的法务队工作，但是因为不能忘记亲生父母和祖国，回到韩国找到了自己的生父。这是多么让人羡慕的事情，也给了我很多激励。

晚上我们乘坐黑鹰直升机又出发去了摩苏尔。每次乘坐直升机，我都感觉导弹在我身边飞，脚下就开始冒冷汗。在抵达摩苏尔上空的时候，这里的路灯和建筑的灯光很是耀眼，并不比我们国家中小城市差。

2003 年 11 月 24 日　错误的领导者酿成的悲剧

在尼内巴酒店里醒来，清晨诵读古兰经的声音从沙漠中轻轻地传开。《朝鲜王朝实录》中也曾记载，世宗大王在听到伊斯兰长老诵读古兰经的声音时，陷入伤感。这略带悲伤的音调和旋律好像和大韩民族的精神相通一般。

从沙漠的山丘中升起的太阳异常的刺眼和炙热。底格里斯河虽然遭受过波斯等无数的侵略，美索不达米亚平原仍然带着它数千年历史的痕迹安静地流淌着。

副师长赫尔米克的翻译官萨迪，虽然在美国纽约出生，但是父母却是巴勒斯坦人。

我说，美国如果想在中东问题上彻底成功，根本上是要解决巴勒斯坦问题，他非常同意。他还说，两年前访问以色列时，在特拉维夫机场接受检查，虽然拿出了美国护照，但是工作人员连他父母、祖父母的名字也都询问了一遍，书包和衣服全部检查一遍，接受了将近 40 分钟的检查。911

事件之后，阿拉伯国家的人在美国的生活日渐艰难，他也是为了逃避才到此处做翻译的。他是一个让人印象非常深刻，也很有人格魅力的人，我们聊了许多，还互相交换了邮箱地址。

在饭店里面，连为我们服务的服务员也是隶属于 KBR 的菲律宾小姐。在这儿，无论走到哪里都是 KBR。饭店、卫生间、淋浴室、集装箱式半挂车，都来自哈里伯顿的子公司 KBR，只因为他们通过私订合同独占了战后恢复项目。

和赫尔米克将军一起吃完饭之后，去了社会俱乐部（social club）和医院。赫尔米克又教我坐公交又帮我引路，是一个很热情的朋友。他为了纪念我们这次的见面还特意送给我们纪念币。我对他开玩笑说，"有你对地区居民的这种认真负责的工作态度，就算你从军队退役了，去上议院也能当选啦。"即使是昨天晚上，发生了令人扼腕的美军士兵被斩首事件，他也没有表露出任何的情绪，也没有询问我们的看法。

之后我们和美军介绍的宗教人士见了面，也可以说他是一名政府人员。作为美军下属的随军神父，他负责对摩苏尔地区 1100 多名清真寺人员进行监视和说教，让他们不要反美。

我问他，对派兵的事情如何看待，他说这里的确需要联合军队的帮助，但是他避开了对韩国派兵的回答。座谈会结束美军离开之后，他才说出反对外国派兵的真实想法，只是希望能够向伊拉克军队和警察提供帮助，直到他们能自主解决治安问题。

接下来我们去了伊本·西那医院。伊本·西那① 并不是眼中发光可以看到世间万物的人，而是发现了"人们可以通过各种物质反射的光而看到事物的原理"的人。这里医院的设施破旧不堪。我们一行人很是愤怒，因

---

① 伊本·西那（980—1037），是 11 世纪中亚的大医学家、诗人、哲学家、自然科学家，世界医学之父。

为就是现在荒置的政治体制才导致了如此简陋恶劣的医疗环境。

我们还访问了底格里斯河流域的波士顿军团。浩基斯上校作为首长，据说曾经在议政部工作过。在这里，反抗势力和强盗们偷走输油管道和车辆，并且简单的通过钱去雇佣人进行恐怖袭击的情况很普遍。

重新坐上直升机向巴格达飞去。我们乘坐的直升机保持高空飞行，另外两台直升机保持低空飞行，这样为了保护我们免遭导弹袭击。他们都说，美军也是费了很大精力在为我们的安全考虑。

从直升机上下来，看到底格里斯河附近数百里的农田。在伊拉克就算没有石油，靠着底格里斯河、幼发拉底河的滋润，也是完全可以过着富足生活，却因为领导者的错误，国家掉入了无底的深渊。

到达巴格达后，在萨达姆宫殿度过了最后一晚。

2003 年 11 月 25 日　不是侵略者而是真正的朋友

今天是在巴格达的最后一天。清晨起来在萨达姆宫殿里散步，感受着在整整 35 年的萨达姆专制下数万伊拉克民众所经历的生活与哀痛。民主主义并不是轻易就能得到的。为什么在日本天皇向美军宣布投降时，金九[①]先生会失声痛哭捶胸顿足？正是因为，不能以自己的力量去获得解放，而是由大国任意摆布时，只能成为大国的牺牲品。正如金九先生所担忧的，不是靠自己力量解放的朝鲜半岛，南北不能得到统一，亲日残余没有被完全扫除，一直到现在还在痛苦地呻吟。

很晚才接到要和桑切斯司令官见面的指令。本来定在上午，但是过了约定时间也没能见上面，我们决定取消会见。整个调查团没有任何人感到遗憾，都觉得没有必要低三下四求得一见。

随后拜访了在巴格达生活的侨胞朴常华。他就是今年初，帮我制造了访问伊拉克机会的人。他在 1990 年初开始以建筑工人的身份来到巴格达，

---

① 译者注：金九（1876—1949），韩国独立运动家，被誉为"韩国国父"。

后来和当地女子结婚，最后长期留在了这里。我也是从朴常华那里开始了解到巴格达的现状。

最后在萨达姆宫吃过饭，向机场出发了。此间还收到了驻巴格达大使孙石柱的电报，孙大使是主动请缨来到如此危险的巴格达做外交官的。

我们和澳大利亚军队的休假兵一起乘坐了运输机。为了避免导弹袭击，进行了战术飞行。战术飞行就是在 100 米以内的高度高速飞行，并且左右方向改变以人字形飞行的方法。

如果是脾胃比较弱的人，就会开始眩晕和呕吐。飞行高度过高会很容易成为攻击对象，但是就算高度较低也是有一定高度，也可能被攻击，所以是一会儿低空飞行，一会儿又突然垂直上升。就这样，我们的耳朵开始嗡嗡作响。因为飞机垂直上升被云彩遮挡，我们已经看不到窗外，只知道我们在向科威特飞去。

高度下降后，可以看到荒凉的沙漠。就是在天上，也能看到，面对着海湾的伊拉克前面横着一个科威特。驻科威特大使朴冬日出来迎接了我们。对这段时间一直任劳任怨地做着 CPA 和 CJTF 之间的联络纽带，认真工作的李中德中校，鼓励安慰了片刻，便匆匆作别了。我在科威特机场给我的妻子打了个电话。21 号遭到恐怖袭击的时候，她说："不能因为中间遭到了恐怖袭击就回来，你们在做派兵这么重大的决定，不能自己变成胆小鬼跑回来。"听到这些话的其他调查团人员都说，这是"夫唱妇随"。妻子嘴上阻止我因害怕跑回国，但心里却是万分担心我的安危。听到我安全抵达科威特后，妻子万分高兴。

在科威特机场坐上了去迪拜的飞机。在我旁边坐着一个名叫哈迪的科威特青年，毕业于得克萨斯州立大学，现在在科威特石油公司工作。他对于在阿拉伯国家中实行美国式的民主表示怀疑，但认同阿拉伯问题的核心是巴勒斯坦问题。哈迪说，美国的 CNN 等媒体都被犹太人掌控，导致美国人不能从真正公平的角度去看待现在的事态，并且 911 事件之后，他也感到了美国对阿拉伯人明显的差别化对待。我认为这的确是美国人应该听到的话。

终于到了迪拜机场。江山永大使在机场迎接了我们。迪拜的城市无比的繁华。石油和金钱也是城市的一景。同样是阿拉伯国家，因为领导者和政治制度的不同导致了如此天差地别的差异。在韩餐馆吃到的泡菜汤和大酱汤莫名地让我们感动，也好像终于又回到了韩国。

在饭店还见到了斗山重工业迪拜支社长等一行人。他们说，正在促成价值 30 亿美元的淡水设备项目。我们拜托道，这次一定要为韩国派兵创造一个稳定的经济环境，因为我们韩国人和伊拉克、阿拉伯在精神上有共通之处，美军绝对做不了的事情我们可以做到……

2013 年 11 月 27 日　作为世界公民，要让和平之花盛开

仅 9 天的伊拉克访问，就调查本身来说，就有很多受限制的地方。除了南部纳西里亚，巴比伦、巴格达、摩苏尔、基尔库克等地方都是处于美军掌控之下，只能和他们推荐的人见面，没有武装力量的保护我们也无法外出。但是即使是在有限的时间里和有限的人见面，我们也尽了最大的努力去更深地挖掘他们字里行间的深意，让在我们国家的上司、职员、教民都能完整地理解这些对话，特别是《中央日报》中东记者徐正民的评论给予了我们很多帮助，但是最具可信度的资料应该是 CPA 发放的、英国民间调查组织"全球风险战略（Global Risk Strategy）"做的大约以 1000 名伊拉克人为对象的调查报告。我认为，这份报告是美军信任的英国社会团体做的调查，就算是对于保守的人来说，也是有充足的说服力的。

调查最后的结论是"Return the UN to Iraq immediately in a legitimate multinational peacekeeping role"（为了将多国军队维持和平的职责正当化，应该立刻归附联合国）及"If the UN doesn't reenter Iraq immediately, the CPA mission here will likely fail in long run as insurgents capitalize on the inability of the international community to compromise（如果联合国不能立刻进入到伊

拉克，现在的 CPA 将会因无法对抗反对势力而进入到混乱状态）"。

这个结论对于不同的人不一定都适用。虽然美国进攻伊拉克的时候，缺乏世界各国和联合国的支持，战后占领时国际上的名义和支持也很脆弱，但是如果不及时解决这个问题，不仅萨达姆的残存势力，连伊斯兰主义者的恐怖袭击也会无法得到有效遏制。

那么为什么美国会拒绝向联合国移交权力的要求呢？第一，布什政府很难公开承认他们的进攻战略是错误的。第二，如果战后恢复工作移交给联合国，那么美国企业 KBR 等的垄断合约就无法继续进行了。另外，石油开发的事情也只能停止。但是我认为，这个事情并不是美国、英国在没有国际社会同意情况下，一方独裁能够决定的事情。

晚上，我和伊拉克和平组的韩常青一起将伊拉克 14 岁少女阿玛、巴格达大学教授利亚德、伊拉克英文报纸记者沙拉姆邀请到了开放国家党的九名初选议员聚会上。我们边吃边聊，加深理解，还听取了韩常青对当地情况的报告。

伊拉克所有的大陆都是被包围起来，只有通过唯一一个乌姆盖萨尔港口才能直达海湾。所以还是有很多伊拉克人一眼大海的样子都没见过。我们一行人决定去月尾岛走走。阿玛和炫珠非常喜欢吉学均助理的女儿叶丽。沙拉木和阿玛说是第一次离开伊拉克，也是第一次见到大海和焰火，都玩得非常开心。叶丽还担心阿玛看到焰火会不会想起在巴格达遭到的恐怖袭击，真是一个思虑周全的孩子。

他们说在伊拉克虾是很贵的料理，所以我们带他们去吃了大王虾料理。他们认为，现在伊拉克人用自己的力量很难去对抗现在的局势。我深深地感受到，能够真正帮助伊拉克重建的是友军，而不是侵略军，这才是他们需要的。

1. 与记者一起在伊拉克街头现场考察
2. 在当地新闻中心会见记者
3. 访问伊拉克摩苏尔医院
4. 向 IPT（伊拉克和平组织）捐款

5. 国会伊拉克调查团和济马
部队护理军官合影
6. 国会伊拉克调查团向阿尔
戈几（音译）部落赠送足
球等礼物后合影留念
7. 国会伊拉克调查团搭乘直
升机前往基尔库克

国民统一是最基本原则

　　和离婚了的人再复合是很难的事情，更别说不是和平离婚，而是互相打架导致的离婚。离婚之后，免不了对对方留下创伤。想要再和其他的人一起创建新的关系，更是难上加难。因为周围会有各种反对的声音出现。

　　有这样一句话："改革势力亡于分裂，保守势力亡于腐败。"反过来说，改革势力强调理念和路线容易导致分裂，重要的是谁能阻止分裂的源头，使其走向统一的道路。

　　卢武铉总统拒绝金泳三的三党合并政策，而在岭南地区倾注全部心血以确保民主改革势力不像焰火一样稍纵即逝。他强调道，没有助长过历史上任何一次分裂。卢武铉、金大中两位总统去世之后，给我们留下了什么作业呢？就是不能分裂。去世的老人们，最讨厌的就是儿女们为了分割财产而大打出手。祖辈们盼望的是，继承先辈的传统，并且继续发展下去。

　　没有分裂的统一，并不只是在野党的统一，不只是我们自己的统一，不只是把对方当作敌人的统一。重要的是，要跨越执政党和在野党，统一价值、能源以及主导势力。把国民分帮分派"把我们的人召集起来"，这种统一我是强烈反对的，我认为我们需要的是全体人民都认同的国民统一。

现在我们党和民主党历尽艰难终于统一了。在民主党分裂，我们党创立的时候，我和任重时、吴常浩议员就一起强烈主张要建立没有分裂的政党。但是在刘世民改革党、大国家党中退党的 5 个兄弟，以"千辛郑"为首的民主党一部分人都倾向于排除了民主党老主流们的改革新党。在民主党内部，朴常川议员是最有逻辑的一位。

我和朴常川议员，在我们党创建之时也激烈地争论过，在此 4 年之后和民主党统一时，也就相同的主题产生了争论。

下面是我整理出的一部分当时的考虑和想法。

2003 年 8 月 28 日　在新千年民主党党务会会场

上午 9 点，党务会议开始。这是一段很难熬的时间。一直到晚上 9 点还在激烈地讨论。刘永泰议员和金泰朗议员有很大的争议。大选时，从民主党退党，投入郑梦准议员怀抱的人们，变成了民主党正统会议的主体。之前想，尽可能不要说话，但是最终还是没忍住发了言。

"我认为，对于主张候选单一化的各位来说，为了候选单一化所做的行为，甚至是退党等行为，无论如何，都是为了大选胜利而做的忠诚的行为。但是从民主党正统性的讨论视角重新考虑一下，民主党的正统性到底是什么？是金大中总统推动的反独裁民主化运动和改革、朝鲜半岛和解及和平政策。正是因为这些，我才参加了民主党。

正统性体现在思想和哲学上，并不是现实性的法统。民主党是有 50 年历史的党派，虽然党派的名字曾数次变更，新韩民主党、平民党、新民主联合、统一民主党、新政治国民会议、新千年民主党等等。

上次大选时，继承民主党正统性的是韩华贾、郑东泳、卢武铉等人。郑梦准议员并没有继承我们党的正统性。他的哲学或者政治行为到底和民主党有什么关系？我不是对主张候选单一化的各位，对候选单一化这个事情本身进行批判。

问题是到底通过谁去进行候选单一化。

抛弃了继承民主化运动正统性在公民大选中胜出的卢武铉，选择富二代郑梦准议员的"国民整合21（简称为整合21）"，是在把我们党连根拔起全部送出去啊！候选单一化固然好，但是并不是一定要在我们党的候选上进行。抛开卢武铉的个人好恶，从强调老主流、正统聚会的民主党的正统性的观点上来看，也是如此啊！"

我刚说完，偌大的会议场异常安静。"既然这样，就一起也说一说朴常川议员的理论吧。朴常川议员对于新主流的新党争论是这样的。改革新党是和刘新民等左派运动圈结合，向变革型政党发展的。那么，就背叛了民主党的精神。向激进型政党转型的话，总统选举一定会失败。"

朴委员认为，现代社会当中，阶级政党一定失败，国民统一政党才是世界性的趋势。我也同意这个观点。英国的劳动党托尼·布莱尔兼容了保守党的撒切尔主义而达成了集权胜利。过去的产业社会当中，以劳动者、资本家的阶级对立为前提的保守党和劳动党的结构，在复杂的现代社会，特别是韩国社会中，是不适用的。为了在内阁中贯彻少数意见，可以追求劳动党等使命型政党，但是在我们的社会中，走向使命型政党会导致集权被抛弃的情况。

但是大国家党或者民主党，都是在指向全体国民统一的政党。类似金文数、李在无、郑行根等人，存在同一党派里。金英寸议员和调查了他的崔英希、安常数议员也是同一党派。我们也一样，有和我一样是学生运动出身的，也有是检察官出身的。从地区来看，昌源地区劳动者出身的人可以通过公众推举。所以我们是统一性政党。而且，刘希民这样的人也会进来，要一起建立包含各种社会阶层的综合性统一政党。

成为第一大政党，做我们国家坚实的基石。现在外面一些进行改革的政党，在行动上排他，却说自己在建立国民统一性政党，这样只能是故步自封。问题是，我们民主党要成为真正的主体。不管谁说什么，从国会议员人数、党派的历史、自己受支持的基础等来看的话，都是我们主导新党的势力。这样民主党的问题也就解决了。

但是无论展开什么样的争论，也是两条平行线而已。因为互不信任的鸿沟已经出现。最开始，新主流的人类创新论、改革新党论等抓住了重点。这的确是难事。但是，互相骂着粗鲁的话，接近 10 个小时了仍在不停地认真争论，这件事情本身就已经可以说是成果了。

党务会议最后延期到了 9 月 4 日。和吴常浩等痛饮到了凌晨 3 点。

最后，因为在党务会议中突发的李民静议员头发被抓事件，民主党一部分势力被脱党处理。另外我们党正式创建，将我们党和旧民主党正式区分开来。这件事，发展成了弹劾事件，这是我们党的胜利和旧民主党的痛楚。

在这之后，一直进行的再补选的失败，卢武铉总统的国民支持度下降，以及我们党的支持度骤降等情况下，又开始有了重新统一的讨论。我作为当时我们党最后的事务总长提到，我们不能再重蹈覆辙，犯和之前一样的错误。所以，又和持有清除亲卢势力想法的朴常川议员产生了争论。

下面是我当时的想法和心情。

给统一新党同志们真诚的呼吁书

尊敬的民主党，

六月抗争 20 周年纪念日快到了。决定将来 10 年大韩民国何去何从的重要时刻也即将来临。但是我们仍然承受着 50 多年分裂时期的苦痛，没有让公民安心地支持民主化改革、南北韩和解的稳定政治体制，就连金大中总统都拖着年迈的身体带着必死的信念，呼吁着大统一。所有的人都在说着大统一。6 月 10 日前后，大统一的氛围即将成熟。

但是，朴常川民主党代表提出的小统一理论、阶段性统一理论、国情运营失败者清除理论等，我担心会成为大统一路上的障碍。虽然某些程度上看，朴代表的理论也有道理。但是朴代表的理论，不是能促成大选胜利的理论，而是作为强化国会议员选举既得权的理论，受到批判的可能性比较大。

2007年2月28日，大联合新党第一次推进联席会议

第一，朴代表强调，比起以基干党员、真正党员为基础的欧洲式使命型政党，我们国家的政党形态和以支持者为中心的美国式国民政党更为接近。这是民主党党务会时，我们党创立清除改革党理论时的观点。我当然也是一直在强调，在我们国家的历史、政治、文化背景下，建立以支持者为中心的国民政党是妥当的。美国民主党的情况也是如此，对于伊拉克战争、FTA等毁誉参半，有很多不同的派别纷争。如果把这些人都清除了，那么上次的选举中，民主党是不可能在议会上占据绝对控制性席位的。

但是最近再看朴代表的理论就会发现，他提出的特定势力清除论，实际上是大国家党早期强调特定势力清除论的一部分人的观点再现。强调理念和政策，沿袭了减法政治。考虑到当时没有分裂的统一新党论和改革新党论的对立，就可以判断出这一点。民主党和中道改革统一新党以及我们党的大多数人都认为，如果中道改革势力可以成为实现大统一的中心势力的话，那么少数不同的意见，反而能让政策性的东西变得更加丰富。

第二，朴常川代表的特定势力清除论或者阶段性联合论揽下了国政运行失败的责任，也为下届大选中不可能胜利埋下了伏笔。这站在民主党的立场是可以充分理解的。

但是从根本上来说，大总统选举与其说是对过去的评价，不如说是对于未来的选择。不是卢武铉大总统重新出马的大选。大统合新党的大选候补完全是按国民竞选的方式选出。关于国政运营失败的争论在大选候补竞选过程中取决于国民的判断。还有在大选候补公约确定过程中，参与政府的政策中继承部分和变化的部分也会得到整理。

第三，这次大选，将金大中国民议政府5年和卢武铉参与政府5年当作丢失的、抢去的10年，是一场再次企图恢复官商勾结和守旧冷战时代的势力和尽管有很多不足，却捅破50年冷战高墙促进南北关系和解、致力于透明廉洁政治、恢复市民经济新势力的对决。卢武铉参与政府执政时，继承了金大中时期努力致力于缓和南北关系、回收战时作战指挥权、缔结韩美FTA、廉洁政府、不花钱的选举、撤除权位主义等举措。当然需要反省和变革的因素也有很多，首要的是消除两极化、恢复中产阶层和市民经济、废除私教育、完善房地产政策等方面，但是这次选举是金大中、卢武铉的支持势力和大国民党势力的一次对决。虽然我们一直强调差异，但国民的眼里总认为我们是同一势力。更何况，是我们的支持者在致力于克服细小差异，实现大的统一。

第四，朴常川代表的候补单一化逻辑有很多不足。回顾过去经历的两次大选，出现了金大中、金泳三候补的支持者联合打压卢泰愚候补的情况，以及卢武铉、郑梦准候补的支持者联合起来打压李会昌候补的情况。当时候补单一化令国民压力很大，一旦失败就无法再夺回政权，一旦成功，就可一直掌握大权。但是现在的情况是，即使将范玉权候补的支持都联合起来也不及李明博、朴槿惠候补的一半。我们应当尽早建立起候补者

2007年7月26日，仁川市大联合民主新党创党大会

们可以起飞的大联合新党的跑道。通过小联合建立起小跑道，可以供支持率不到5%的轻型飞机起飞，但是支持率超过20%以上的大型客机却无法升空。

为确保总选既得利益而小范围组织起来的，以孙学圭、郑东泳、文国铉、韩英淑、李海瓒、邱美爱为首的大选候补者们却没有大联合的可能。这种小范围结合的方式，和大选相比，总选时更容易招来批判。我们的支持者们在现在的情况下，冷静观察着所有政治人的一举一动。放弃了大选的政治势力，在总选中也得不到支持。

尊敬的民主党、联合新党同志们！

首先，作为现在开放国民党当政者中一员，对我们不足和不周的地方深表歉意。

我读了金孝石代表的文章后反省了很多，同时读金成勇议员的文章时也有很多共鸣。

我们时间不多了，应该一起着手准备。朴常川代表的特定势力清除论被撤回的话，应即刻摆放大联合的桌子，构建大联合新党建党筹备委员会。这次大联合新党不是我们政治人个人的政治生涯问题。掌握地方政权70%的大国民党，如果连中央政权和议会政权都支配的话，就可解除推翻牵制和抗衡的民主主义危机。

50年冷战的高墙已被推翻，通过南北和解，联合朝鲜有竞争力的劳动力，那么夹在中国和日本间的韩国就有可能有新的飞跃；否则因为南北分裂对决，韩国经济社会将停滞不前。现在我们就站在了这个分叉口。和平、民主、改革，联合起支持我们的所有国民未来势力，来取得大选的胜利吧。我呼吁各位同志为了大胜团结起来。

国会议员　宋永吉

2007年6月2日

在这样的努力下，最终说服了主张亲卢势力清除论的小联合论者，组建起不解散开放国民党，吸收联合其他势力的大联合民主新党。这个过程中孙学圭的团结起了决定性的作用。

因此我在大选竞选中支持了孙学圭候补。

2007年8月18日，开放国民党大议员大会召开。虽然有些小风波，但还是以绝对性的优势通过了大联合决议。新的权力形成后，亲卫政党建立后势力又被削弱，我很担心会不会成为泡影政党。开放国民党创党时也曾遇到过类似的情况，但依靠着东西汇合，全国政党的目标执行下来了。我当然也是积极参与了此事整3年零4个月，经历9次更换领导班子等不稳定状态，最终才落下幕来。

从一败涂地的负担中挣脱出来，以白衣从军的姿势争取大联合，此情况下最小的党却通过正式机构决议，实现了吸收联合并党。我认为这真的是很幸运的事情。

最终，大选当前，参与候补竞选的郑东泳、孙学圭、李海瓒、韩英淑、柳时敏、千正培、金斗官参与进来，实现了大联合。大选失败以后，我对李海瓒、柳时敏、金斗官等退党的事情感到十分惋惜。

现在两个大总统去世之后，一部分势力还会提起岭南新党。没有名分的新党创党时，无数亲卢势力表示忧虑，提出批判，不能再犯同样的错误。

为此，民主党需要革新，需要参与进来不断革新、促进发展，不能以沉寂封闭的面目示人，因为它不是民主党特定某人或者势力的独占品。大韩民国政治形势下，民主主义应是支撑的碉堡和支柱，一起参与的支柱必须整整齐齐地树立起来。

致力于恢复经济的 17 大国会

共同改革

2005 年召开了开放国民党全党大会。开放国民党建党以后完成了总选，郑东泳议长和金根泰院内代表进入内阁。卢武铉大总统还将自己的对手也安排到内阁，这被解释为一种包容政策，但是我觉得执行这种政策还为时尚早。

我认为，"党内双雄"郑东泳、金槿泰至少花上一年处理改革立法等党内事务，奠定我党的基础后再进入内阁也为时不晚。由于郑东泳、金槿泰入内阁，出现了党内职务的空缺。全党大会上，得票率位居第二（仅次于郑东泳）的辛基南替代郑东泳，成为新议长；千正培则补上了金槿泰入阁后的空缺，成为新任党内代表。两人的能力远不如郑东泳、金槿泰，开放国民党的领导力越来越脆弱。

李海瓒议员担任院内代表时，未能灵活利用 151 个在野党席位，大多数人感到惋惜。无经纶济世之才的千正培成了院内代表，议会机构构成协商时，竟然将法务委员长的位子让给大国家党，这成了推进改革立法的绊脚石。试图进行第四次立法改革，然而却未能善始善终。违反选举法，以及康锦实法务部长官同意追捕大国家党议员朴常月，由于领导力不足产生的一系列事件导致我们党的支持率骤降。

我和金永春、李忠杰、于尚浩、林钟石议员一起商议，在2005年全党大会中以最高委员的身份参选，所有人都同意我为"386世代"的唯一候选者。崔在成委员虽然一直在努力为我筹划，但是此次选举并不容易。

当时党内最大的派别有郑东泳派和金槿泰派，以及亲卢组织。选举实行一人两票制。要破坏各个派别的合纵连横，还要得到一些年轻议员的支持，去获得胜利，绝不是一件容易的事情。郑东泳派事实上已经是默认支持郑里汉候选者的。金槿泰派、张英达以及亲卢派都反对郑东泳派，支持金斗官候选者。除了这些人，我和韩明书、金原英候选者，则是以单独的身份参选，并没有派别支持。

我主张的是"共同的改革"，反对占着改革的名分，实际上不给予对方参与改革机会的这种改革方式。刘仁泰议员表示："独霸麦克风与电视镜头的人是改革的绊脚石，只有懂得与各位议员同仁们分享机会的人，才是真正的改革者。"意思是说真正的改革者应该顾全大局，引导大家共同参与。

代表性的事件是为废除国家安保法召开的长达240小时的全体议员大会。这次议员大会本不是由执政党议员代表召集的，但是以"全体议员"的名义开始了国会静坐抗议。执政党面临着国会静坐抗议的非常态事件。主张废除国家安保法的行为令保守势力甚至中立势力均感到不安，因此有必要努力安抚说服他们。

林钟石议员和我等人主张废除国家安保法，韩国国内的保守势力便会将我们贴上"亲北左派"的标签予以孤立。然而，如果国防部长官出身的赵盛泰议员和安全改革派代表柳在健议员等加入进来，情况就会大不一样。因为即使废除国家安保法，刑法中仍然有间谍罪等相应的罪刑，总体局面不会失控，因此舆论也得以平复。可见，顾全大局，最大限度地争取

2005 年，开放国民党全党大会上，我作为"386 世代"的唯一候选者参选（从左到右依次为禹相虎、任钟皙、宋永吉、金英春、李钟杰）

支持力量非常重要。

再举个例子，某中队在前线埋伏待敌，中队长下令，敌人没有进入射程之内不准射击。但是，中队长的命令甚至还没有下达，一部分士兵便已经根据其自身判断开始射击了，同时，他们还指责其他没有开火的士兵是懦夫。"兵临城下了还无动于衷"，这岂不是太荒唐了吗？

这正是所谓的最大化主义误区的例证。当时几乎所有人都在指责时任议长金元基没有提呈废除国家安保法，但现在当他们这些人成为在野党后，又开始向提呈了的金兴武议长发难。我当时是充分理解金元基议长的，因为他当时没能提呈是不可避免的。

国家安保法的问题自然会随着朝核问题的解决和朝美关系正常化的进程得以解决。如果当时我是执政议员，我会采取非常积极的态度与各方沟

通，比如删除国家安保法第 7 条中的
赞扬鼓舞罪 ①、不告知罪等，或者在
设置一些严格条件的前提下采取折中
方案。

当时李江来议员与崔岩熙议员提
议了一套折中方案，虽然我认为这套折
中方案不成熟很难实施，但是，如果执
政党当时积极地与各方议员沟通商讨，
而不是和大国家党推推搡搡地玩起了猫
和老鼠的游戏，我相信一定会有一套更
好的方案出台。柳时敏议员表示，如果
李议员和崔议员提出的折中案在全体议

2005 年 4 月 2 日，在开放国民党全党
大会上演讲

会中通过，该党将有分裂的危险。与此同时，千正培议员没有参与表决，算
是默认了柳时敏议员的观点。最终，关于国家安保法废除与否的讨论不过是
一场闹剧，宣告泡汤。

我通过这件事有了刻骨切肤的体会，于是在最高委员选举过程中提出
"共同努力的改革、有责任感的改革"的主张。1998 年总统大选之时，为了
应对其反对派柳时敏议员，金大中也曾经主张和卢武铉一起努力进行正统性
改革。在议员同仁们的共同出谋划策下，作为"386 世代"的唯一候选者参
加选举，我当真可以放下对当权者的指责与批判，而把更多精力放在图谋发
展与飞跃上吗？答案是令人遗憾的。

最终，我以 1500 票止步于第 6 位的排名，明明落选了还要收拾起沮
丧的心情去祝贺当选者，这需要极大的内功，我仍然向文熙尚议员与当选

---

① 任何人在明知其行为可能危害国家存续、国家安全或民主基本秩序的情况下，赞扬、鼓舞、宣
传反国家团体或其成员、接受反国家团体命令者。

者柳时敏议员表示了衷心的祝贺。

虽然这次选举以落选告终，但毕竟是第一次走上了全国性选举的舞台，而且在选举的过程中，听党内同仁分享他们的故事，奔走于各地听取民心民声，让我生出更多的爱党之情与责任感。因此，我作为事务总长与郑世均代表一起，致力于各党派的大联合并坚持反对开放国民党的解体。

国会法第 24 条规定，国会议员出任时需要进行以下宣誓：

"我郑重承诺，遵守国家宪法，为公民的自由与福祉、国家的和平统一做出应有努力，以国家利益为重，遵照良心诚实履行国会议员的义务。在国民面前，特此庄严宣誓。"

自从成为党的指导层，我需要在全国范围内活动，对就任时宣誓的话有了更深的体会，这种体会来自某种全局观，不再仅仅局限于某个区域，而是为了国家利益、全体国民利益与祖国的和平统一的全局性觉悟。现在想来，此次落选，反而为我 2008 年当选为统一民主党最高委员奠定了基础。

SK 索维雷根事件 [①] 与证券交易法修订

对于企业的敌对性收购合并 M&A 的意见，众说纷纭。我认为，同政治权利一样，对于企业的经营权来说，如果投资者阻断企业发展的机会，对于企业经营层结构改善与价值增加将没有任何帮助。当然，对于投机资本的野蛮进攻，需要采取必要的措施捍卫企业经营权。像美国的埃克

---

① 译者注：SK 索维雷根事件，2003 年，受金融危机进一步影响的韩国 SK 集团爆出一系列问题，其中包括旗下 SK 商社假账丑闻，SoveSK 商社假账事件后，一家后台在美国但总部设在摩纳哥的小型基金管理公司索维雷根（sovereign）通过旗下的 crest 证券，对 SK 株式会社股票大举收购。索维雷根曾要求清算子公司、更换管理层、修订董事会和公司章程，以及提出企业支配构造的改善提案，试图进行经营干涉。

松·弗洛里奥修正案 ① 一样，对于战略性产业，对国外资本经营权的支配进行限定，一定程度上来说是必要的。

最近由大国家党单方通过的舆论关系法中关于外国资本参与电视广播和综合性报道媒体的投资问题，引起轩然大波。这一争议在韩美 FTA 协定签署过程中也曾经发生。

2004 年，国内金融界受到巨大冲击。美国系私募基金索维雷根拥有了 SK 株式会社 8.6% 的股份并声称将要参与经营管理。索维雷根方面表示"将改善 SK 的管理结构"，令 SK 方面哑然，当时崔泰源总裁对 SK 的持股比例只有 0.72%。

随后索维雷根增持 SK 股票达 14.99%，并正式要求崔泰源总裁递交辞呈，打响了索维雷根与崔泰源总裁对 SK 经营权的争夺战。最终崔总裁为了捍卫经营权，截止到 2005 年止增持 SK 株式会社股票达 253,648 股，约 133 亿韩元。以上便是所谓的 SK 索维雷根事件，作为海外资本试图对韩国财团实施敌对性并购的第一个事件在金融界留下印记。

2004 年 7 月 20 日，索维雷根正式宣布放弃对 SK 的经营参与，于是持续两年的 SK 集团经营权纷争暂告一段落。这个过程中，索维雷根通过抛售或分配 SK 股票，获取了高达 8500 亿韩元的股票溢价。

一般来讲，对于索维雷根事件的态度是否定的，外国的投机资本纠

---

① 译者注：埃克松－弗洛里奥修正案（Exon Florio）是《1988 年综合贸易与竞争力法》的修正案，它授权美国总统对外国在美国进行的企业购并或控股的"国家安全"影响进行调查。具体调查由美国财政部外国直接投资委员会（CFIUS）进行，一旦该委员会对某项交易做出对国家安全有"潜在威胁"的判断，总统有权中止该项交易，而外方不能寻求司法复审，由此带来的损失可能无法得到补偿。在埃克松－弗洛里奥修正案中，如果满足以下条件：1. 有可信的证据表明该行为导致的外资实体进行的控制威胁到美国的国家安全。2. 除了国际经济紧急权力法案，没有其他联邦法规提供有效与恰当的典据来保护国家安全。总统可以终止或禁止类似的收购、并购或接管，或者在交易完成的情况下要求撤销投资。埃克松－弗洛里奥修正案没有对"国家安全"做出定义，但是罗列出一些特定的要素，包括用于满足国防需求的国内产品的生产能力，总统或其委派者将据此决定外国采购对国家安全产生的影响，这使得美国政府的自由裁量权非常大。

缠不休地攻击国内首屈一指的大集团企业，并最终连税金都不用交便携走8000多亿，这引起大家的愤愤不平。同样的案例还有美国 LONE STAR 私募基金抛售韩国外汇银行股票引起的纷争，甚至令财政部官员都感到难堪。

随着市民团体的意见分为两派，对资本的国籍性问题引起纷争。发起小股东散户运动的一派主张，官方金融、官企错综复杂的经济结构扭曲是金融危机的原因，增加股票市场的透明度、健全市场管理体制是根本解决之道，外国资本的敌对性并购对于企业管理结构可以起到积极的提升作用。与此相反的一派则认为，企业管理结构改善的说法将为投机资本提供正当化的借口，同时提出应当肯定大财团的积极作用，并提倡有必要进行社会性的妥协，即应当要求财团在扩大投资捍卫经营权的同时，扩大社会责任的执行。

银行资本与产业资本的纷争，随着大国家党通过的金融公司法渐渐落下帷幕，但是与此类似的纷争依然存在，仿佛是朴正熙时代民族民主主义在当今经济领域的再现。

现在来看一看另一方对索维雷根事件所持的肯定态度。他们认为，大家应该深刻认识到，索维雷根之所以能够攫取大量股市溢价抽身根源在于 SK 脆弱经营结构带来的极低股值。

2003 年 3 月，索维雷根开始收购 SK 股票时，SK 的股价总值仅为1.1 万亿韩元，后来 SK 所持有的 SK 通讯的 20% 股票的股值都达到 2.2万亿韩元。可以说股价的上升与索维雷根可能掌握 SK 经营权不无关系，或者说即使索维雷根不能掌握经营权，SK 在经营权捍卫过程中必然会优化内部结构，这些都为股价上涨打了强心针。或许从一开始，索维雷根的如意算盘便是通过攻击 SK 的经营权拉升股价，然后吸金从 SK 全身而退。

韩国国内将索维雷根攫走大量股票溢价的行为称为"吃逃（eat and run）"，被指责为国家财富的外流，甚至连税金都逃了。但是，我们有必要来看一看有谁是因为索维雷根真正遭受损失的。在过去的两年四个月里，相比于一般股价平均 2.5 倍的上升率，SK 股价上升了 5.2 倍。股票溢价 270% 对应的 3.3 万亿韩元中，大约占比 15% 的 5000 亿韩元归索维雷根所有，但剩下的 2.8 万亿韩元溢价则归于占比 85% 的所有者们。

外国资本在国内市场引起的激烈竞争，将红利带给了持股的多数。但是，由此种竞争引起的租赁市场缩小的费用却全部由金融界和劳动阶层的少数既得利益群体承担了，这引起他们的强烈批判。因为外国资本的介入，大财团可能会面临经营权方面的威胁，对于劳动阶层来说，外国资本的介入可能会促进企业间的合并裁员等。而政界则随着外国资本的介入需要提供劳资方面的支持，甚至面临一定的政治敏感性，因此也往往会倾向于夸大外国资本进入后的影响。索维雷根登陆时是否通过劳资厅默许的政治联盟，将进步党与保守党统一成一个声音，即不要向外国资本发难。或者从另一方面说，沾了外国资本的光而得到理想溢价的"大多数"因为缺失组织性从而保持沉默。

但是，情况并不仅仅止于此。对于外国资本的指责声不绝于耳，如短视主义、缺乏长期战略投资、由外国资本入侵引起国内企业疲于防卫而引起的投资力下降、国家财富外流等等。

那么，李明博政府接受财团的要求颁发了实际上禁止敌对性并购的条款，果真是正确的选择吗？虽然对于国家战略产业在法律上进行一定的限定和保护是必要的，但是，对于所有产业都使用一般性限定，实际上阻断了敌对性并购之路，这是所谓的消除"外国资本的政治性功能"。外国资本对那些固守既得利益、反对市场改革的利益集团来说，可以称之为"天敌"。

结合上述两方面的内容，我提出韩国需要像美国一样，在证券交易法修订案中容许最小化的敌对性并购行为，但需要加入事先公示环节，确保不出现意外的经营权变更等。但是，根据当时的法律，无法得知索维雷根的购入目标。因为证券交易法中规定持股 5% 的股东没有义务公布购入目标。

我所提出的证券交易法修订案的核心为，参与经营的各股东需要明确亮出各自的底牌。虽然目前要求持股 5% 的情况，在持股事实 5 天之内进行公示便可以，但是将来需要明确，是纯粹的财务投资，还是需要参与经营管理。总之，为了避免第二次 SK 索维雷根事件的发生，需要未雨绸缪。另外，还包含敌对性并购情况发生时，在正当理由下强化防御权的若干内容，如公开交易阶段允许发售新股等措施。

当时我与财经委的议员们围绕方案的急迫性一再催促法案通过，但因为朝野两党围绕伊拉克派兵等问题出现的分歧与对峙，直到 12 月 31 日夜里，修订案才得以通过。这个过程中，金石东财政部长官给予了大力支持，作为我来讲，法案通过这件事情本身已让我深感幸运了。

令证券协会会长吃惊：“386 世代”议员发起的“国内企业持股运动”

股市被称为“资本主义之花”，株式会社的能量非常大，这是一种可以分散危机、大量融资的体制。如果想增加韩国国民收入，不仅要增加工资所得，还要增加资产收益。资产收益分为不动产收益与金融收益，韩国国民的资产分配多侧重于不动产，不动产的分配结构也像封建体制一样集中在少数人手中。

韩国的金融总资产为 9239 万亿韩元，其中私人资产约为 1835 万亿韩元。然而从韩国国民的资产占比来看，不动产占 83%，金融资产占 17%，这一局面与美国、日本等国家的情况是相反的，股市等金融资产的比重相对较脆弱。我认为有必要一定程度上提高对股市的所有比，因此必须采取措施，通过证券交易法修订案和金融监督机制的强化来提高股市交易的透明性与公正性。还需要减少非专业的个人操作，激活专业的第三方间接投资市场，从而将股市损失最小化。因此财经委出台了一系列针对间接投资资产运营业的法律法案，目前实行的是资本市场综合法。根据资本市场综合法规定，储蓄是基金普及化，个人零散的直接短期投资形态将逐渐转向委托专业机构的储蓄式基金投资模式，并实现了投资习惯和文化上的转变。这无疑影响着韩国证券市场的体制强化。

促进证券交易法修订案的同时，对于如何振兴民族企业我进行了深入的思考与探索，最后由我和开放国民党众议员一起发起了国内企业持股运动。证券协会会长黄建浩，三星、现代、大信证券社长，"国家发展新探索"项目的会员等出席了国内企业持股运动的开幕式。2004 年 11 月，当时的股市指数为 860 点。

经过了粉饰财务数据、虚假公示等问题啃噬的股市，如何重新找回股民的投资信心，通过股市市场实现对企业的长期投资，成为首当其冲的重要课题。特别是在 SK 国际的假账事件后，股市投资信心受到重创，站在国会的角度，亦是有心救市。

2004 年 11 月，我与金步简、崔在行、金炫美、江基亭等 6 名开放国民党党员投资 100 万韩元加入储蓄式基金，3 年之后平均收益高达 145%，这是一个非常令人吃惊的数字。

我对国内的民族企业充满了信心，非常想进行股市上的投资，但无奈囊中羞涩，只是针对现代汽车、三星电子、NHN[①]、AMORE 塑料分别购进了 10 股、2 股、30 股、10 股，虽然数量很少，但收益维持在 30% 左右，可见韩国的企业价值非常有发展空间。

外国人在我国上市的股票比重一度超过 40%，截止 2009 年 7 月，约占股票市场的 30%。对于外国人持股也无法设定上限。为了发展我国国内企业，需要广泛的股市投资。卢武铉总统本人也非常鼓励股市投资，并且亲自参与其中。现在股市指数已超过了 1700 点，随着国内企业结构的不断完善与调整，股市指数有可能突破 2000 点，朝核问题、南北关系如果能够得到妥善解决，今后韩国企业对股市的评价越来越高。

---

① 目前韩国国内股价最高的游戏集团。2001 年由 Naver 和 Hangame 两家公司合并而成。

开放国民党时期通过修订基金管理法等实现的股市投资回报率上升、储蓄式基金普遍化，被黄建浩会长一一看在眼里。他表示，没想到开放国民党出身的议员们对于股市的问题持开放态度，与此形成鲜明对比的是，大国家党反而畏手畏脚，在提高股市活力方面态度消极，这改变了他长期以来对开放国民党先入为主的偏见。

外汇资产运营与金价上升的预测

一盎司黄金的价格超过了 1000 美元，随着美元持续走低，预计黄金价格将持续上涨。第一次世界大战之前，全世界主要贸易国家的货币直接与黄金挂钩，按照金本位制度兑换。金本位制度下，贸易不均衡不可能持续存在，其本身具备自我调节功能。

金本位制度下由于杠杆作用的限制，政府预算赤字是可防止的，但现在李明博政府执行减税与增发国债并行的政策，却全然不知债务的可怕性。

"布雷顿森林体系（Bretton Woods System）"是指二战后以美元为中心的国际货币体系。1944 年 7 月，西方主要国家的代表在联合国国际货币金融会议上确立了该体系，因为此次会议是在美国新罕布什尔州布雷顿森林举行的，所以称之为"布雷顿森林体系"。在布雷顿森林体系下，设立了国际货币基金组织（IMF）与国际复兴与开发银行（IBRD），布雷顿森林体系是以美元和黄金为基础的金汇兑本位制。其实质是建立一种以美元为中心的国际货币体系，基本内容包括美元与黄金挂钩、其他国家的货币与美元挂钩以及实行固定汇率制度、特别提款权 SDR（Special Drawing Rights）的设立等。

后来，越南战争引起了美国国际收支赤字，一部分国家要求停止美元兑换黄金。1971 年 8 月，尼克松总统宣布停止美元兑换黄金，意味着布雷顿森林体系完全崩溃。随着美国国际贸易规模的扩大，为摆脱黄金保有量的限制，提高主要通货和清算手段的流通性供给，开始大量发行美元。

受最近金融危机的影响，大量美元供给引起的美元贬值与黄金价格上涨，似乎是可以预见的。我曾指出，在 2500 亿美元的外汇资产运营中，黄金保有量比率之低呈现前所未有的态势，并提出提高黄金储备率的建议。但韩国银行总裁李胜泰并没有采纳我的意见。布雷顿森林体系建立时规定一盎司黄金兑换 35 美金，一盎司相当于 31 克。

根据该规定，一盎司黄金本相当于 35 美金，在 1997 年 IMF 经济危机时，一盎司黄金相当于 330.98 美金；2005 年 10 月 6 日，我提出国政监察方面的问题时，一盎司黄金相当于 471.8 美金；2006 年 4 月 21 日，当我在财经委建议应当提高黄金保有量比率的必要性时，这个数字上升到 632.5 美金；2008 年 12 月 17 日，议政会议时这个数字持续上升为 865 美金；2009 年 10 月 16 日，该数字为 1052.8，竟然突破了 1000 美金。

这期间，我们的外汇当局一度持消极应对的态度，外汇储备构成过于单一。2005 年我提出这个问题时，86% 为美金债券、13% 为美金预备金，黄金仅相当于 0.7 亿美元的规模。与此相反，德国的黄金保有量在 2000 年时相当于 306.1 亿美元，在全部外汇储备中占 35%，2005 年 6 月，这一比率上升为 50.6%。法国的情况也与此类似，黄金保有量在外汇储备中的占率从 41.9%（266.9 亿美元规模）上升为 55.5%（407.3 亿美元规模），意大利则是由 45.8%（216.3 亿美元规模）上升为 56.9%（344.6 亿美元规模）。

即使如此，韩国银行总裁李胜泰表示黄金问题是金本位制度的产物，现在可以不必考虑。尽管我通过国政监察委员会提出质疑，但外汇当局依然采取了消极应对的态度。更让我感到惋惜的是，在质疑过程中，黄金价格仍一路攀升，比起 2005 年甚至上涨了两倍，由此付出了巨大的机会成本。

韩国在 2009 年上半年还保有 14.3 吨黄金，占世界黄金保有量的第 56 位。原来是 10 吨左右，1997 年发起的黄金储备运动中从民间收集的黄金卖掉了大约 250 吨，最后剩了 4 吨左右，和原来的 10 吨，一起构成 2009

年上半年的保有量。2009 年 6 月末，黄金保有量的比重仅为 0.2%，而世界金融委员会针对 103 个国家的调查显示，平均比率为 10.1%，我们的差距竟然超过 50 倍。

世界各国的中央银行都在根据国家需要积极调整外汇储备量，特别是中国，2003 年 6 月黄金储备量为 600 吨，六年间增加了 454 吨，预计今后将进一步正式增加黄金保有量。

韩国国内外汇储备的大多数为美元债券，我们必须认识到，黄金在应对美元贬值及各种经济危机方面具有独特优势，拥有一定程度的黄金储备量是非常必要的。

麦克阿瑟铜像与姜祯求

李明博政府上台以来，几乎所有的极右翼团体都开展了气势汹汹的示威，甚至有些新兴团体像占领军一样来者不善，还要求企业员工一起加入示威队伍。过去十年间，民主政府的成果几乎在一夜之间被否认，要求对李承晚总统重新评价并奉为"国父"及追忆朴正熙的热潮涌动。

2005 年卢武铉政府一上台，一部分极端的市民团体便在仁川自由公园集结游行示威，要求拆除麦克阿瑟铜像。同年 5 月 10 日，民族联邦制统一推进会议长金秀南等 10 余名仁川地区的在野党元老，开始提呈要求拆除麦克阿瑟铜像。他们表示，"麦克阿瑟仁川登陆不是为了我们国家与民族，而是为了满足美国的侵略行为"，麦克阿瑟将军不过是个促使朝鲜分裂的占领军首领，不能看作是自由民主主义的守护者。他们主张拆除美帝国主义美国佬的铜像，并纠正长期以来被歪曲的历史，甚至还到仁川市厅开始了长达 67 天的静坐示威。

麦克阿瑟铜像是 1957 年 9 月 15 日纪念仁川登陆 7 周年时，由韩国李承晚政府、新闻界和社会团体共同建立的，麦克阿瑟也一直被韩国人当作

"拯救大韩民国的英雄"来崇拜。但自从 2002 年 6 月两名女中学生被美军装甲车轧死，而肇事美军被判无罪后，韩国社会反美情绪开始高涨。对于麦克阿瑟的重新评价工作随之开展。

与上述一系列活动相对应，东国大学姜祯求[①]教授认为麦克阿瑟是具有占领意图的始作俑者，是主张向朝鲜半岛投下 26 枚核弹的人，是未得到联合国认可便穿越三八线的非法行为者，是仁川登陆后滥杀无辜的责任人。姜教授首先介绍了相关历史，"麦克阿瑟仁川登陆后，对于不同意使用英语作为通用语言、抵抗占领政策的韩国人，全部处以死刑或极刑"。同时姜教授强调麦克阿瑟没有得到联合国认可便穿越三八线北上作战的行为是一种侵略行为，并说明如果没有联合国的阻止，麦克阿瑟可能已经将朝鲜半岛变成了核弹爆炸基地。

对于上述言论，保守派进行了激烈的反驳。仁川地区"黄海道民会"[②]表示，如果没有由麦克阿瑟将军指挥的仁川登陆战，不可能有今天韩国的繁荣。如果这样评价拯救韩国的恩人，将被国际社会指责为卑鄙的民族。"没有仁川登陆，韩国就会共产化，现在要求拆除铜像的都是左翼团体"，一名反对拆除铜像的退伍老兵金基哲表示。保守派甚至发表了电视讲话，声称"如推倒麦克阿瑟铜像，金日成铜像就会被树立起来"，"维护铜像就等于维护韩美同盟与自由民主，意义不亚于第二次仁川登陆战"。

当时卢武铉总统和开放国民党的领导层无法采取快速明确的反应，态

---

① 译者注：韩国东国大学教授姜祯求因公开发表关于朝鲜战争的"不适当"议论而被韩国法院判刑，这位教授认为"中国参加朝鲜战争是'保家'性质的防御战争"。在京畿道水源市仁溪洞，韩国京畿文化财团举行了由京畿民主言论市民运动联合主办的言论教室，姜祯求教授应邀以"论韩国媒体"为题发表演讲，其中阐述了以下主张："中国在美国仁川登陆后一再发表声明说，若美军北上，就介入战争，站在中国立场，因为'假想敌'已经攻进了平壤家门口，所以才为'保家'介入战争。"根据韩国《国家安保法》的规定，姜祯求的观点已经触犯刑律，5 月 26 日，被韩国首尔中央地方法院判处有期徒刑 2 年、缓刑 3 年，其东国大学教授的职位也被解除。

② 韩国保守右翼团体。

度不明。后来某常委委员在 9 月 12 日的会议中，明确表示，"对于要求拆除麦克阿瑟将军铜像的一方，应充分尊重和评价其民族纯粹性，我个人表示真心理解。与此同时，要关注试图通过拆除铜像从而阻碍南北合作与统一的势力"。当然，这一番发言也可以作为今后被人指责开放国民党是亲北派的把柄，当在野党听到执政党内部发出这种声音，不知该有多么愤怒。

然而，卢武铉总统 8 月 23 日在地方新闻会议上明确表示反对拆除铜像的立场。而且他在联合国高峰会议期间曾访问美国，在与驻美韩胞开恳谈会时，表示"麦克阿瑟将军、美军的仁川登陆以及麦克阿瑟将军铜像，都是我们的历史。不能以推倒铜像的方式处理韩美关系，而应该让铜像矗立在那里见证历史。对于历史的认识与评价不同，不能因此强加给他国人民"。

与此同时，以美国下议院国际关系委员会委员长为代表的 5 名议员通过韩国驻华盛顿大使馆向卢武铉总统递交了反对拆除麦克阿瑟将军铜像的书信。他们在信函中写道，"我们对近期韩国国内围绕麦克阿瑟将军铜像问题展开的纷争深表遗憾，如果拆除铜像，不如将其运送回美国。如果没有麦克阿瑟将军的仁川登陆，就没有今天的韩国。"铜像的去留问题是关系到韩美两国关系、韩美两国民众感情的大事，作为执政党的开放国民党应当明确态度。

当时我在开放国民党全体大会选举中落马，没能进入指导层参与意见，感到非常遗憾。围绕麦克阿瑟将军铜像，为何会出现如此大的争议？对于麦克阿瑟本人的评价意见也大相径庭。作为我个人来讲，在其曾经打算将核弹投向朝鲜半岛的问题上持批判态度，不管何种情况，使用核武器都是一种犯罪行为。杜鲁门总统也是因为该问题卸了麦将军的职，但同时应该认可他在帮助韩国抵御朝鲜共党势力并收复首尔的功劳。历史评价的问题与铜像的去留问题不应混为一谈。

目前看来，韩国大多数民众是不同意拆除铜像的，如果强行拆除便是不顾民意的行为。进一步说，多亏了麦克阿瑟将军仁川登陆的阻碍，朝鲜半岛才没有被社会主义朝鲜统一。不论如何，铜像是历史的见证，不应该被抹杀。

无独有偶，与此相同的还有三田渡碑事件。三田渡碑即大清皇帝功德碑，是丙子之乱以后，清朝皇帝皇太极在朝鲜王朝首都汉阳附近建立的石碑。其遗址在首尔特别市松坡区的三田渡，故又以其所在地的地名而被称为"三田渡碑"。此碑被韩国人当作"耻辱碑"看待，亦被称作"三田渡耻辱碑"。

1636年，清朝的皇太极入侵朝鲜，击败朝鲜军队。朝鲜仁祖前往南汉山城避难。后来仁祖被迫向清朝投降，愿为清朝的藩属国，史称"丙子之乱"。次年，皇太极要求朝鲜建立一座功德碑，以颂扬清朝皇帝的功绩。在清朝的压力下，仁祖被迫同意，大清皇帝功德碑于1639年被竖立于当年皇太极受降的三田渡地区。

1895年，清朝在甲午战争中被日本打败。清、日签订了《马关条约》，承认朝鲜与清朝脱离宗藩关系。此后，开化党掌权者拆毁了迎恩门，并推倒了三田渡碑，此碑被埋入地下。1931年该碑被掘出，1956年，韩国的文化部部长和教育部部长认为此碑是民族耻辱的象征，再次将其埋入地下。1963年，因洪水的肆虐，三田渡碑再度出现在人们眼前。我认同将三田渡碑保存下来的做法，此碑作为文化遗产和民族耻辱的象征应该被铭记。

另外，立在忠清南道扶余国立博物馆的院子里的《唐刘仁愿纪功碑》是为了纪念唐朝大将刘仁愿率军消灭百济的碑文，虽然这块石碑后来被取消了文物称号，但历史不会随着称号一起被取消。另有忠清南道扶余郡定林寺五层石塔，俗称平济塔，字面意思为平定百济，是唐朝大将苏定方为纪念平定百济的功绩而建，距今已有1300多年的历史。以史为鉴是一个永恒的话题。

姜祯求事件是一样的。姜祯求教授认为"朝鲜战争是朝鲜实施的统一战争",这本身在学术上不存在问题。然而问题在于意识上将朝鲜以武力统一朝鲜半岛的行为看作是应当的行为,并将麦克阿瑟仁川登陆与美军介入看作是阻碍民族统一的势力,从而加以批判。

诚然,我反对因姜祯求教授学术上的观点而逮捕他,对于他的观点中无法令人认同的部分,应明确地表明立场。但是,开放国民党指导层、卢武铉总统、当时的法务部长官都未能明确表示其立场,因此授人以柄。①

---

① 译者注,事件背景:警方和检方认为姜祯求多次发表"利敌言论",一直坚持与韩国社会主流认识相悖的亲朝鲜立场,根据《国家保安法》应予以"拘留调查",并将调查组的意见上报法务部。但令他们意外的是,法务部长官千正培驳回了检察厅的意见,并行使指挥权要求检方"不拘留调查"。在给总检察长金钟彬的《调查指挥》书面指示中,千正培称宪法保障国民的人身自由,《刑事诉讼法》秉承宪法精神,规定只对可能毁灭证据或潜逃的嫌疑人予以拘留调查。这一原则也应适用于国家安全案件,不能受社会舆论倾向的影响。就具体个案,法务部长官驳回检察厅意见,依据《检察厅法》指挥监督权的规定向总检察长行使指挥权,在韩国法律史上尚属首次。法务部长官的这一决定在政界和法律界引发巨大争议,一些检察官和保守团体当即提出了强烈批评。两日后,总检察长金钟彬向总统府提交了辞呈以示抗议,他表示对法务部长官行使指挥权感到非常遗憾。总检察长辞职使"姜祯求风波"从朝鲜战争性质的学术争论,进一步扩散到司法处理措施和检察独立性的法律争议上来。在野的大国家党主张,法务部长官千正培应与总检察长金钟彬一道提交辞呈。大国家党发言人评论称:"政府以学术言论和表达自由为由庇护违反《国家保安法》的姜祯求,破坏了检察机关的政治中立,损害了检察机关的职能。法务部的行动意图很明显,就是要使执政党一直主张废除的《国家保安法》提前成为一张废纸。"而执政的开放国民党认为:"应该早日废除与半岛缓和局势、和解气氛不符的《国家保安法》,法务部长官在法定权限内正当行使职权,呼吁千正培辞职的言论是毫无道理的。"后来,总统卢武铉听取了千正培对金钟彬提交辞呈经过的汇报,并指示,"不要动摇,长官应该全面主导并妥善处理这一事件。"从而明确表明了对千正培的信任和支持。稍后青瓦台正式宣布,"总统决定受理金钟彬的辞呈,金钟彬辞职的做法令人遗憾,不正确、不妥当,不利于维护检察权的独立和威严。"就大国家党要求罢免千正培一事,青瓦台表示,法务部长官的去留问题根本不能成为考虑的对象,主张法务部长官行使指挥权侵犯检方独立的说法,从行政及法律角度来看都是不符合逻辑的。此间专家认为,韩国总检察长金钟彬表面上是因为五十多年前的朝鲜战争性质和司法处理措施争论而辞职的,但实质上这是一起围绕《国家保安法》存废问题,朝野政党以及社会各界间意见大相径庭导致的政治事件。

上次我与金大中前总统会面时，他也曾表示过，"开放国民党曾一度被部分保守团体认定为亲左派政党，转变该形象的契机正是麦克阿瑟铜像事件与姜祯求事件，本应该快速反应明确行动，却展现给公众一副犹犹豫豫、畏手畏脚的形象。"

小加利福尼亚项目

我大学时的英文水平非常一般，参加了很多学生运动，也没有时间好好学习英语。由于对英语没有信心，所以在外语考试时选择了高中时学习过的法语。

我再次进行英文学习的契机，是在 2000 年成为国会议员后，作为韩国代表前往蒙古乌兰巴托出席联合国人权委员会会议。当时蒙古国的同声传译没有发挥真正的作用，更让我吃惊的是，朝鲜代表团的代表们竟然说着一口流利的英文，而韩国的国会议员们的英文表现却非常令人尴尬。

蒙古之行刺激着我发奋学习英语，与此同时我报考了广播通讯大学的汉语学习班，因为我相信克服语言障碍将是提升竞争力的捷径。从《纽约时报》到《人民日报》，我坚持每天读听说，哪怕只是学习一个句子，时间不允许的情况下，我也至少要大体浏览一下题目。经过一番努力，我终于可以用英语自由表达，在多次国际会议中甚至直接用英文演讲，还有两次在斯坦福大学与韩国荣誉团体中心交流时，我可以做到脱稿用英文进行主题发言。然而，对我来说听力还是有些困难。

如今，为了下一代的发展，全国范围内掀起英语热，从留学潮到短期海外语言班，甚至为了陪孩子到国外读书学习英语，诞生了很多"候鸟夫妻"。①

---

① 译者注：韩国有很多家庭由妈妈带着孩子们在北美读书，而爸爸就在韩国工作挣钱以供养一家人。每年只有在爸爸放年假的时候，才有机会飞去北美与老婆孩子团聚，就像自然界中的候鸟一样，因此有了"候鸟夫妻""候鸟爸爸"的称呼。

2005年9月，与驻韩美军商工会议所前会长杰弗瑞·琼斯及韩正琳教授就韩国的英语教育问题座谈

先不说经济上不允许，就是作为国会议员的身份，我也无法送子女出国留学。我的女儿和儿子都是在本地读的小学初中高中，于是我也开始担忧他们是否可以接受到良好的基础英语教育。由于对这个问题特别关注，我走访了很多学校，包括京畿道坡州英语村、安山英语村、松波英语学校和领训小学。不仅如此，我还和很多英语国家人士和外语学院教授等探讨韩国英语教育的若干问题，试图在这方面寻找新的突破。驻韩美国工商会议所前会长提道："语言需要在脑细胞活跃期集中训练，就像年少时学会了骑自行车，年老时也不会忘记一样，语言也应该在年少时多学多练才能成为自己的终生技能。"我同样希望现在的英语教育能够有所改变，语言学习应该是鲜活的，而不是考核那些连英语母语国家的人都不懂的语法和文法。

我曾经向卢武铉总统建言，如果对五万余户家庭的"候鸟爸爸"现象放任不管，将来会滋生一系列社会问题。我的提议是，"即使到了美国，如果不读不说不写不练，英语也不会自己长翅膀飞出来。因此，还不如在韩国营造和美国一致的语言学习氛围"。

卢武铉总统欣然接受了我的提议，并令青瓦台和议员室长官、秘书官一起调研，决定将济州岛打造成为英语试点城市。2009 年 6 月 19 日，在济州岛西归浦举行了启动仪式。我和西归浦当地的金载润议员一起出席了开幕式，我作为此项目的最初提案者，被济州岛金知事泰焕先生授予名誉济州岛民证书。

2007 年 4 月 23 日，**名誉济州岛岛民委任证书**

开始这个项目时，韩国参加托福考试的人数世界排名第一，但是平均分数排名在世界第 103 位，在亚洲的排名也被印度和巴基斯坦甩在后面，排名第 18 位。另外，海外留学和研修的人员增加，大量外汇支出，也是造成本国服务业赤字的主要原因之一，而教育消费结构则呈现畸形，投入是产出的 20 倍。

教育是一种知识上的基础建设。韩国具备东北亚中心的优越地理位置，应该将我们打造成融合英语、汉语、日语、俄语的名副其实的中心国家。在世界各地，分散着我们 80 万的旅日同胞、50 万高丽人、200 万朝鲜族、200 万旅美同胞，应将这些力量团结起来，共同致力于将朝鲜半岛建设成为大陆与海洋文明融合发展之地。

语言不仅局限于英语。我在伊拉克人质事件时曾经作为特派员出访，时任外交通商部长官的潘基文告知我，缺乏驻阿拉伯国家的懂阿拉伯语的外交人才。而前几任驻外大使懂不懂当地语言，成为限制其活动范围和能力的一项重要因素。看看前几任懂韩国语的驻韩大使和现任驻韩大使的差别，便明白了。

韩国的传教士在阿富汗被塔利班当作人质时，我通过当地电台发表电视讲话，要求塔利班释放人质。阿富汗使用的语言有普什图语、达利语，不使用阿拉伯语。当时韩国国内仅有国政院的一名职员精通普什图语、达利语。后来我作为信息委员，向各地国政院强调要培养语言、文化、历史的专家人才。我们要向芬兰等北欧国家看齐，他们出色的语言能力促进其发展成为整个欧洲的物流中心，是时候发挥语言的重要作用了。

为什么签订韩美 FTA？

某天，正在读高中的女儿问我："爸爸，我们学校的历史老师说韩美 FTA 自由贸易协定是第二个乙巳保护条约 ①，那你为什么还要赞成韩美 FTA 呢？"事实上，议员同仁中也有人将签订韩美 FTA 看作是"丧权辱国"的行为。

大国家党虽然认为总统在任期间最大的贡献是韩美 FTA 的签订，但是开放国民党内部的反对呼声很高。金勤泰、千正培、林宗仁等议员反对韩美 FTA，甚至在国会议事厅前静坐抗议。

我同时作为开放国民党韩美 FTA 特别委员会的委员长和国会 FTA 特别委员会干事，负责监督并协助韩美 FTA 的整个签订过程。

---

① 译者注：乙巳保护条约即乙巳条约。《乙巳条约》，本名《第二次日韩协约》或《韩日协商条约》，又称日韩保护协约、乙巳勒约、五条约等，是日本帝国与大韩帝国在 1905 年（按干支纪年为乙巳年）11 月 17 日于韩国首都汉城（今首尔）签订的不平等条约。这个条约剥夺了韩国的外交权，日本根据该条约设置韩国统监府以控制韩国，标志着韩国沦为日本的保护国，变成日本事实上的殖民地。

当世界贸易组织（WTO）主导下的全球贸易投资自由化谈判（多哈会谈）陷入停滞状态，贸易投资自由化与规则制定的主要战场便转为各种层次的FTA。当然也有一些反全球化的激进阵营对美国主导的FTA持批判态度。有人认为，FTA应该从"自由贸易（Free Trade）"向"公平贸易（Fair Trade）"转变。也有人认为，如果被美国的战略牵着鼻子走，国内的整个产业将面临危机。

然而，世界贸易额的55%已经在FTA缔结国之间实现，并且呈持续增长的态势。韩国也已经与智利、新加坡签订了自由贸易协定。虽然FTA是由美国发起，但对于韩国这样一个对外贸易依存度超过90%的制造业国家来说，不与FTA市场疏离是在世界经济竞争中存活下来的可行之道。与其因为FTA是"美国货"便加以排斥，不如来点实用主义。不仅不应该排斥FTA，反而应该通过韩美FTA、韩欧FTA的签订率先占领FTA市场，加快进军世界市场的步伐。

我认为韩美FTA不是一个选择问题，而是一个不得不突破的战略性课题。围绕这个话题，我与通商交涉本部长金炫重、协商代表金忠勋等人进行多次磋商交流。另外，围绕是否应推进韩美FTA的问题，民主劳动党申尚亭议员、卢辉赞议员，前青瓦台秘书官郑太仁，大学教授李海英等人在电视节目中也进行了热烈的讨论。

在推进韩美FTA的过程中，也不是万事大吉高枕无忧。但是，为了实现更大的战略意义，只能舍小存大了。况且没有必要害怕美国，我将韩美FTA用一句话表述为"与美国单挑"的时代来临了，必须统合韩美两个市场，推倒关税壁垒，实现自由竞争。韩国占据制造业方面的优势，但劣势在于电影产业、金融服务、制药产业、牛肉等领域。

上述的挑战即使在WTO贸易秩序下同样是存在的，因此韩美FTA的问题不是一个可以不可以回避的问题，而是一个如何培养竞争力寻求突破的问题。我曾经从产资部出身的一个朋友那里听到一段小插曲。20世纪

2006 年 8 月 28 日，开放国民党韩美 FTA 特别委员会意见征集交接仪式

70 年代末对国外进口食品实行开放政策时，在 "12·12" 军事政变中上台的新军部竟然如临大敌一般召集相关事务官们开会，声称这是令国家财富外流的行为，甚至出动了警备力量予以追究责任。20 世纪 70 年代，如果有亲戚朋友出国带回来美国产的照相机、巧克力之类的礼物，都是非常贵重非常稀罕的。不像现在，韩国的巧克力、辛拉面等食品在全球范围内实现了令人刮目相看的增长。

北美自由贸易协议（NAFTA）缔结之后，美国先后与 25 个国家签订了 FTA，其中韩国是缔结国中工业化程度最高的。韩美 FTA 将打通连接亚细亚地区和美国市场的直接通道，也成为吸引日本、中国大陆与中国台湾等企业在韩直接投资的契机。韩欧 FTA 的签订将成为另一个强力杠杆，令韩国可能成为实际上的 FTA 中心国。

尤其是开城工业园区产品的原产地认证，对于韩美 FTA 与朝鲜半岛的和平具有重要意义，我希望在这方面倾注更多努力。韩国很多中小企业仍

2007 年 1 月，举行与美国首席代表温迪·卡特勒的恳谈会，赠送开城工业园生产的手表

然是劳动密集型，因此 20 世纪 90 年代开始向中国、东南亚等转移劳动密集型投资，把技术性问题留在国内解决。

对于韩国中小企业面临的用工难、用地难问题，开城工业园区提供了解决办法。在那里月人均工资只有 57.5 美金（包含了社会保险 7.5 美金），每平方米土地价格 4.5 万韩元，离首尔距离不到 60 公里。而且那里的工人不存在罢工现象，语言相通，纪律性强且技能娴熟。在中国，劳动力已经失去价格优势，对于不得不舍近求远向东南亚和南非转移的韩国中小企业来说，开城工业园区无疑是旱中甘霖、雪中送炭。

同时，还有利于加速南北和解和降低统一成本，韩国正面临的经济上和政治上的问题似乎都可以在这里寻求解决方案。因此我没有理由不重点关注开城工业园区，没有理由不要求开城工业园区产品获得原产地认证。

我带领韩美 FTA 特别委员会的成员们和记者团开赴开城工业园区，与北边召开了讨论会，并就促进原产地认证召开了记者招待会。当时朝鲜的相关人士对工业园原产地认证表现出极大的兴趣与关心，认真阅读了相关条款，试图逐条解读韩美 FTA 与自身的利害关系。看到他们的积极态度，我非常欣慰，期待他们能够尽快吸收世界贸易通行的做法，尽快融入国际经济社会中来。

我向美国 FTA 首席代表 Wendy Cutler 赠送了开城工业园区内生产的手表作为礼物，并申明了开城工业园的重要意义和该礼物的特殊含义。因为这个礼物中包含了朝鲜半岛南部人民的技术力与朝鲜半岛北部人民的劳动，是双方汗水的共同结晶。我希望美国人可以尽快买到该产品，再一次敦促和呼吁开城工业园区产品原产地认证问题的解决。

FTA 从抽象走向具体

韩国与智利签订 FTA 时，曾经引起农民的大规模示威和农村出身的国会议员的强烈反对，因此签订标准处于较低水平。现在，关于韩美 FTA，国会中关于标准的讨论亦处于中断状态，2010 年初全国再次因为 FTA 标准的问题变得沸腾起来。

现在回忆起来，即使同一个政党内部反对之声也不绝于耳，为了坚守韩美 FTA 的进程，我真是度过了一段非常艰难的岁月。

当时我参加众多的议政活动，而且几乎每天都有新的政务需要处理，不可能所有的精力都集中到 FTA 一项上面。加之 FTA 是一项非常庞大复杂的工程，仅凭个人之力将其完全吃透着实非常艰难。另外，作为立法部门的国会不得不依托行政部门，党内又没有得力的支援，在这种情况下，我不得不东奔西走。

在我 10 年的议政生涯中，在众多的议题中，我似乎投入到韩美 FTA 问题上的时间与精力最多。尤其是 2006 年 8 月，几乎整个月都在为收集 FTA 分类意见奔走。其中，召集党政、相关业界人士、学界、市民团体等

各方代表，通过座谈会的形式收集
了代表性意见。随后将场外概念性
和理念性的纷争搬到国会内部分门
别类召开座谈会，逐一讨论和整理。

　　但是协商进程并不如想象中顺
利，在协商进入尾声阶段时，赞成
和反对的意见依然旗鼓相当，比起
详细的调查研究，政治上的倾向更明
显，甚至出现了毫无事实根据的各
项传闻。由于针对 FTA 的各种歪曲，
市民们表现出极大的不安。比如传闻
说签订 FTA 后感冒药价格要上涨到

2007 年 3 月 21 日，韩美 FTA 声明书发表

100 万韩元，阑尾炎手术价格要上涨到 1000 万韩元，电视台老板将换成外国
人，高考也要采取美国 SAT 考试的模式，等等。同时也是为了及时辟谣并
安抚民众的情绪，我们有必要要求 FTA 谈判代表团明确提出我方的立场。

　　经过一番艰苦努力，最终我和另外 42 名议员们一起，在建议书中提
出"韩美 FTA 最终协商中必须坚守的 5 项要求及必须取得的 5 项成果"，
并向谈判代表团提出了强烈的要求。建议书中重点强调了开城工业园区产
品原产地认证的事项，因为这关系到韩美 FTA 是否能够给企业带来真正的
实惠，尤其是关系到是否可以帮中小企业找到持续发展的突破口。另外，
强调了大米等农产品的敏感性，同时重点申明关系到国家主权方面的原则
性底线必须坚守。

　　韩美 FTA 必须取得的 5 项成果：
　　1. 在开城工业园区产品原产地问题中需反映出朝鲜半岛和平与朝美关
系进展；

2. 朝着"在贸易补偿中,放宽主要非关税壁垒,给韩国企业带来实惠"的方向引导;

3. 通过初期免汽车关税的方式谋求最大化世界市场的安全扩张;

4. 促成纤维等主要出口产品的免税,合理安排进军美国市场的程序与措施;

5. 扩大对美输出专业人才并为此扩大签证比例。

韩美 FTA 必须坚守的 5 项要求:

1. 除大米外,开放农产品市场,最大化反映农产品的敏感性;

2. 投资者与国家诉讼中,针对税收、房地产政策等政府规定权限除外;

3. 医药等领域,扩大国民利益与消费者保护规定;

4. 通讯、广播等国家基础服务不可损害其公共性(通讯等主干产业,限制外国资本持股不超过 49%);

5. 确保防止金融服务市场混乱的安全措施(临时安全卡)。

上述内容在最后一轮谈判中大多数都得以反映,达到了最基本的标准。FTA 协议不是单方的,而是双方共同的约定。如果只有一方当事人取得单方面胜利,最终也无法实现持续发展,只有找到双方利益的均衡点,才可能成功签订。

因此不能只纠缠在某一领域某一观点考虑问题,对全局进行冷静的分析与判断至关重要。韩国谈判团能够取得 100% 的预期成果当然更好,如果不能,最起码需要实现一些基本的标准,国会需要对这些基本标准进行利益权衡。

韩美 FTA 签订期间我去拜访谈判代表团团长,我清楚地记得当时代表们下榻的宾馆被围得水泄不通,警察与示威人群紧张地对峙,但是韩欧 FTA 签订时却是风平浪静的局面。事实上,两个 FTA 内容大同小异,人们

2008 年 9 月 30 日，就 KIKO 事件导致 22 家企业 2000 亿资金未清偿面临破产召开记者会

对韩美 FTA 的态度如此剑拔弩张，只能说明政治上的倾向明显，这种不从国家利益出发却带有政治色彩的局面不得不让人感到痛惜。

现在重要的不是 FTA 体系是否以美国为中心的问题，在 WTO 协定无力回天之时，连欧洲都在选择进入 FTA 市场。对我们来说，更应该思考 FTA 是如何在世界经济中发挥作用，能给我们带来何种利益。

对于外贸依存度超过 90% 的韩国来说，FTA 无疑可以为扩大贸易份额提供良好机会。当然，FTA 并非万金油，对于可能会受到损害的领域，国会必须制定出对策与应急措施。三年以来，对于韩美 FTA 的争论依然没有结果，如果继续拖延这一进程，将在世界 FTA 市场失去先机。是时候抛开朝野两党的政治立场，尽快以国家利益为出发点，从而取得 FTA 协商的进一步成果。因为我的建议是，国会有必要端正态度，采取积极措施针对协商内容进行研讨与补充，而不是将责任抛给谈判团一推了之。

1. 1999 年，仁川市桂阳区，国会议员二次补缺选举游行活动
2. 2000 年，仁川市桂阳区，国会议员选举游行活动

3. 2005 年，在开放国民党全党大会上和代议员们寒暄
4. 2007 年，二次选举的议员参加的讨论会：为什么统合新党？
5. 2007 年，作为开放国民党事务总长，与我们党党代表丁世均和民主党党代表朴相千讨论统合新党

6. 2004 年 11 月 18 日，"购买我们的企业股票运动"宣布仪式
7. 2009 年 6 月，"济州建设英语教育之都事业"开工典礼
8. 2007 年 3 月，韩美 FTA 首席代表会谈

9. 作为党内韩美FTA特别委员，向政府协商团代表递交收集到的赞成、反对以及专家的意见

10. 2007年1月，访问开城工业园区，发表关于韩美FTA协议中开城工业园区产品的韩国
原产地认定问题的声明

11. 2002 年 11 月 7
日，总统候选人
卢武铉劳动政策
发表及讨论会上

12. 2007 年 4 月 5
日，MBC 电 视
台"100 分讨论"
节目，关于缔结
韩美 FTA 的讨论

13. 2007 年 7 月 10
日至 17 日，访
问美国商谈就韩
美 FTA 事宜

第三部分

推倒分裂与两极化之壁，迈向统一与融合之门

从分裂政治转向融合政治

为什么开始政治生涯？

我认为政治非常重要，错误的政治可以导致民不聊生，甚至滥杀无辜。我亲身经历过"5·18"光州事件，事实上，从参加学生民主游行运动的那一瞬间起，我便与政治活动结下了不解之缘。我不愿在全斗焕政权下屈服妥协地生活，于是参加了学生运动。实现民主化后，很多人积极投身于擅长的领域，这其中就包括一些专业领域的政治活动。那么，我为什么开始政治生涯呢？首先，上天赐予我的能力与条件似乎非常适合政治，可以通过政治谋求社会的发展。随着政治活动的深入，我越来越体会到其重要性。立法与政策，每一条每一项都会对民众生活产生巨大影响，在这个指导思想下，我认识到政治是一个需要莫大责任感的领域。我也曾不止一次问自己：我真的可以担此重任吗？

可以说政治是一种决定人们生存的社会生态环境。就像空气如果被污染了，人们会觉得呼吸不畅一样；如果政治腐败，民主主义就会退化，人们的人权得不到保障，生存就会变得困难。

我第一次深刻体会到政治的重要性，是1996年在仁川任警察厅监察

2005年12月8日，"挽救国内企业"运动

员的时候，当时全斗焕和卢泰愚被以"军事叛乱和内乱罪""为内乱目的
杀人"等罪名起诉。看着起诉书，我内心有一种莫名的感动。当年学生运
动中，我们在地下室印刷数万册揭发光州惨案的传单，但传单的力量与大
韩民国警察制作的起诉书相比，太微不足道了。将全斗焕、卢泰愚的罪恶
客观描述并公众于世，看着这个起诉书，我竟然在感动中哽咽了。

　　讽刺的是，我这个在军事独裁时期被当作不良分子逮捕的人，现在却
担任监察员的职务。如今，军事独裁时期的总统们站在法庭上受审，真是
令我感慨万千。这个变化的到来，从1980年到1996年，用了16年的岁
月。这期间，韩国民众实现了翻天覆地的民主主义的伟大壮举。

　　我将政治看作是启动巨大社会体系运转的软件设备。我们在路上如
果看到有警察与示威民众发生冲突，就会对警察产生怨愤的情绪，但仔
细想想，这些警察也不过是执行上面命令而已，他们又有什么过错呢？

由于政治的错误，他们与学生与市民发生冲突，因此国家权力必须转变方向。"5·18"光州事件时，大韩民国军人使用枪弹对普通民众实施镇压。

政治权利转变后，命令体系也随之转变。大韩民国警察将全斗焕、卢泰愚起诉拘留，并递交了控诉状。这个控诉状比起学生运动时印刷的传单具备权威性，更容易引起民众的同感，这便是政治。程序命令体系如果出现错误，计算机运转便会出现问题，同理，政治如果出现错误，正义便会缺失，社会将陷入混乱。

我们这个时代最重要的课题，是克服分裂。解决朝鲜半岛的分裂问题，才真正是这个时代的历史性课题。

我因为政治的无力感与历史想象力的不足，经常会写道："我们无法克服分裂局面。"朝鲜民族是一个拥有5000年历史的单一民族，也是世界上唯一一个出现分裂的单一民族，这不得不让人扼腕叹惜。除此以外，贫富分化问题、地方保护主义带来的东西失和等一系列问题，都成为我们这个社会的巨型伤疤。2005年，我在参加"东南西北论坛"时，和一些有志之士一起表示，愿意成为东西和解、南北统一进程中的一颗火种。

我走过了怎样的政治路线？

我自认为自己奉行的政治路线是自主性中间路线。学生运动时期，随着"5·18"光州事件的亲身经历，我在信仰与矛盾之间，曾经努力消化学生运动的规律与逻辑。后来，在马克思列宁主义的解读中获得一些分析社会的方法与工具。在主体思想蓬勃发展的年代，我曾将胡志明与金日成进行了比较分析，但这也仅仅是站在社会科学的角度对主体思想进行分析而已。

在我入行政治之后，依然努力保持着一个自主性中间路线者的姿态。

在我与金大中、卢武铉两位总统共事的过程中，我并不是一味地盲从，而是自主批判性地一路走来，我也曾因此遭到过其支持势力的反对。但是，政治人并不是某一个人任命的，而是国民选拔的代言机关与宪法机关。因此，国会议员不论朝野，都应该保持敢于在总统面前转达真实民心民意的姿态与勇气。我努力在"旧左派"与"新右派"之间探寻自主性、创造性的中间路线。

我个人认为，奥巴马之所以能够在总统大选中胜出，是因为他将改革与进步的内容通过保守的形式表现出来，在保守势力可接受的范围内行走。如果想要令健康的保守与健康的进步共存共荣，任何一方执政时，都不应该否定对方的存在，即，不可以给予对方巨大的威胁感。为此需要最大范围内求同存异。

政治是决定政策与预算优先排序的事情。李明博政府上台以来，因为京釜运河和四大江项目饱受争议。[①] 在国家负债高达 400 万亿韩元的情况下，拿出 22 万亿用于建设挖掘大运河贯通水路的项目，是否真的有必要并符合时宜呢？

事实上，计划用于修建大运河的费用可以用来解决很多民生问题，比如 6 岁以下儿童的免费看护教育、医疗保障率提高到 80%、消除无收入贫困现象等。

---

① 译者注：李明博在总统竞选时曾经提出了"修建由 17 条水路组成、贯穿朝鲜半岛、总长达 3100 公里的大运河计划"。根据李明博的构想，这个贯穿朝鲜半岛的大运河项目包括修建连接汉江和洛东江的"京釜运河"及连接锦江和荣山江的"湖南运河"两大部分。项目完成后，将使韩国南部地区的水系结为一体，最终延至朝鲜的新义州。大运河项目是李明博竞选时承诺的核心项目。这个计划一直被环保人士和李明博的政治对手所批评。反对者称，坚决拒绝回到挖掘大运河造成环境灾难的"土木经济时代"。一些人质疑道，走运河从首尔到釜山必须像乘电梯一样通过 19 个闸门，费时而且不便，没有经济性可言。比起运河，利用沿岸海路更具经济效益。一些环保团体强烈反对说，船只通行引起的河水生态破坏及水质污染问题会很严重，这样会威胁到 2/3 国民赖以生存的汉江和洛东江食用水源。

2006年11月23日，员工持股制度立法听证会

　　作为中间路线的任务，需要认真区分哪些领域是需要尊重市场规律的，哪些领域是必须遵循公共原则的，从而进行调和性的统筹。然而，李明博总统因其中庸之道、实用主义、亲民等政策而广受诟病。保守主义往往采取减税、小政府、节约财政支出的做法，如果仅针对富有阶层减税、扩大政府的财政支出，下一届政府和下一代将承受巨大的财政赤字，这是一种卑劣的行为。

宋永吉的展望与新民主党计划

　　2008年全体党员大会时，郑世均代表曾提出新民主党计划，并以民主政策研究院院长金孝石为主起草了一项新民主党计划草案，但由于草案存在很多问题，最终未能落地实施。新民主党计划不应该仅限于民主党内部，而是应该最大限度团结社会进步势力。

我认为2007年总统大选不仅是对民主党的评价，同时也是对包括进步政党、舆论、知识分子、市民团体在内的所有民主改革势力整体的评价。因此，对于以民主劳动党、进步新党为代表的一部分亲劳动党势力指出民主党的不足，应该针对大韩民国的整体社会形势作出全面省察，非常有必要制订出方案并认真分析调研，将其提上日程。

卢武铉、金大中总统选举时，数百万名民众人潮涌动，说明民众再一次认识到了民主主义的重要性。民众们对民主化之后的飞跃发展有所期待，而我党未能满足民众的期待，因此遭到民众抛弃。后来民主主义呈没落态势，随着卢武铉总统自杀的极端事件，民主主义思潮再次涌现。现在饱受批判的李明博政府以及我党过去的失误都没有被民众原谅。

针对李明博政府，总能听到集会时要求其退位的口号，我本人并不同意这一口号，因为这不是一个负责任的政党应该喊出的口号。令一位经过选举程序当选的总统下台意味着宪政秩序的中断。

民主党安于两届总统流产的现状，无法成为执政势力。一味美化两届总统的时代并高呼回到那个时代的做法不能解决任何问题，深刻冷静地进行反省才是正确态度。

民主党应该更贴近老百姓的吃穿问题并取得看得见摸得着的成果，即民生问题。不仅仅关注平民，还应该强化与社会各阶层、各职能团体的紧密联系。

民众认为民主党实力弱的原因集中在国家安保问题、通商开放问题等，民主党的优势体现在南北关系缓和与合作、民权、民主主义、中小企业与平民福祉对策、环境等方面。民主党应该扬长补短，首先需要采取措施弥补在国家安保、通商开放等方面的弱点。

第一，必须以对大韩民国正统性的自信心为前提。

一般来说，保守人士对民主党持怀疑态度或者有所顾虑，认为他们是亲北左派或者对于北边有极端倾向性，而年轻一代的保守派则认为民主党在国家自豪感、爱国心等方面的形象有所欠缺。因此金大中总统提出的南北和解政策必须以坚固的安保为前提，还应该明确体现对大韩民国正统性的自豪感与信心。

重要性不亚于政策性内容的是情感上的形态。我出席了奥巴马总统的就任仪式，仪式前一天在林肯中心举办了庆祝音乐会。在音乐会现场，我们可以感受到奥巴马团队和谐的人文关怀，这也从侧面说明奥巴马对保守势力的吸纳与包容，并引导他们共同参与改革，在语言、情怀、文化方面做出的努力。音乐会上，支持奥巴马的志愿者团队与海军士官学校仪仗队同台演出的场面尤其让人动容。另外，奥巴马当选总统后，专程来到华盛顿邀请保守媒体的主要人士到家中共进晚餐，第二天到黑人经常聚会的酒馆与他们欢聚一堂，这都属于政策以外的情感方面的形态。

不管是麦克阿瑟铜像拆除事件、姜祯求教授事件，还是西海交战中牺牲者的遗体告别仪式，民主党都应该更加积极地作出反应与处理，应该向那些保卫大韩民国的牺牲者明确表达最崇高的尊重与敬意。第16届民主党在金胜浩议员的主导下，通过了恢复北派工作人员名誉的特别法，第17届民主党在申学勇议员的主导下促进"6·25"参战勇士享受国家有功之臣的待遇。直到金大中政府时，才开始支付参战补贴，并改善军队内部设施，而这些都是民主党应有的姿态。

第二，必须明确提出发展战略。

对朴正熙总统的普遍评价认为其奠定了大韩民国经济发展的基础。对金大中总统的评价是，虽然产业化发展缓慢，但是在先行发展信息化的旗帜下，奠定了IT产业和文化产业的发展基础。然而发展的概念有所不同，不能拉动就业的发展、缩减就业的发展、以大企业为主的不均衡发展都不可取，必须采取具体措施构建有利于创造就业机会、实现良性可持续发展的产业生态环境。

第三，必须积极应对通商开放问题。

以下引用卢武铉总统的回忆录《成功与挫折》中的一部分内容。

20 世纪 80 年代初期，我曾在各地巡回演讲关于外债亡国论的内容，读了很多这方面的书籍与指南。虽然是一家之言，但我认为至少这不适合韩国，之后反对加入 WTO。后来我在思考，如果不加入 WTO，韩国现在将是什么局面呢？包括加入经济合作与发展组织（OECD），作为在野党的我对其任意批判过。

……

2002 年大宇汽车富平工厂的员工为了反对 GM 收购计划进行了殊死斗争。我对这些被裁员的员工大声喊道："GM 资本进入之后，我们的工厂将以国际市场为目标进行生产，届时大家的饭碗不就恢复了吗？"当时示威人群中有人将鸡蛋砸向我，不过索性所有被裁员的员工都恢复了工作岗位。如果当时 GM 没能收购大宇，大宇富平工厂将不得不关门。三星汽车面临困境的时候，釜山市民也主张不要卖给外国公司，要求政府接盘。我提出将其以一元钱的价格卖给外国资本，招来骂声一片。现在回过头来再来看看，三星汽车得以正常运营。如果只是一味地往前走，不懂得对过去的现实与事实进行回顾，不是学习者应有的姿态。

金大中政府首次与智利签订 FTA 时，仅提交国会批准的程序就耗费了几年的时间。制定了超过 1.2 万亿韩元规模的对策预算，克服了大部分的困难往前推进。

关于大米市场开放的问题，也应该用同样的视角来看待。日本曾经对进口大米征收 400% 的关税开放大米市场，但我们却一再推迟大米市场的开放。今年是个丰收年，我担心大米价格将有下跌趋势，而且今年没有向朝鲜支援大米，仅库存大米就超过 120 万吨，库存管理费用超过 2500 亿

为改善朝美关系，在韩国协会（The Korea Society）演讲后与协会会长及全贤姬议员合影

韩元。在这种情况下，实在需要探索出明智的对策。开放战略成功的可能性，即使经过多次模拟实验仍然存在不确定因素。韩美 FTA 不仅仅是韩美之间的问题，在东北亚国家中率先成为唯一一个与美国签订 FTA 的一刻开始，便具备了吸引中国、日本来韩投资的优势。因此金大中总统也积极赞成签订韩美 FTA。

民主党在美国政府向议会提交履行法案时，便已经内部决定实施 FTA 了。我曾不止一次向外交通商部通商交涉本部长金宗埙建议，应该先行签订韩欧 FTA 从而向美国施压。最终韩欧 FTA 较之韩美 FTA 率先签订。如果朝美关系得以正常化发展，从而使开城工业园区产品原产地认证依据的规定发挥效用，韩国将成为同时与世界两大经济体——欧洲与美国签订 FTA 的唯一国家。那么成为 FTA 的中心国，通过直接招商引资可以促进产业结构升级与发展。

向平民与中产阶层的政党发展

民主党是为平民与中产阶层代言的政党，有义务实现平民与中产阶层的梦想与幸福，即有义务为平民与中产阶层创造新的发展机会和创业机会。因此，必须实行扩大、强化中产阶层的政策。

两极化是一个世界现象，谁能成功的解决这一矛盾呢？因此有必要最大限度地缩小资本主义与民主主义的对立与矛盾，实现两者的可持续性调和发展。如果中产阶层倒下的话，那么将存在从自由走向平民主义、专制主义的可能性。世界上最早的政党之一——德国民社党依靠劳动联合的力量建立起魏玛共和国后，随着劳动者阶层力量的暴涨，中产阶层最终走向没落。同时面临严重的通货膨胀，第一次世界大战战败承担巨额赔偿款也引起民族自尊心极度受挫。中产阶层对资本家和劳动阶层滋生出极度愤怒的情绪，在这种背景下，德国国家社会主义劳动党，即纳粹党登上执政舞台。

德国在第一次世界大战中成为战败国之后，凡尔赛合约中不顾凯恩斯的反对，规定德国承担了巨额的战后赔偿。为了偿还战后赔偿，德国大量发行纸币，最终引起恶性通货膨胀，魏玛共和国背离了其标榜的自由民主主义，中产阶级的储蓄被血洗，大量社会主流人士一夜之间沦为赤贫，整个国家充斥着对掌握银行业的犹太人的敌对情绪，从而奠定了日后纳粹上台的群众基础。第二次世界大战爆发，600万名犹太人惨遭屠杀，成为德国乃至世界现代史的悲剧。中产阶层因为1929年开始的世界性经济大恐慌经历了心理上的极度不安，研究数据表明，这个阶层实际遭受的经济损失本身远没有心理上的损失严重。重要的是，他们所经受的恐惧的危机心态，他们不知道自己下一秒是不是会一贫如洗，像乞丐一样流落街头。这种恐惧心态恰恰成为纳粹后来发迹的土壤。纳粹党向他们描述了一幅美好的未来蓝图，一切现在没有保障的，在未来他们都可以给予。

中产阶层一旦崩溃，就会引发民主主义危机。接着就需要重新构建中产阶层的信心，重拾信心只能通过解决就业、教育、医疗、住宅等问题实现。

就业问题是一个"9988"的问题，"9988"的说法常被一些中小企业人士挂在嘴边，意思是占比99%的中小企业解决了88%的就业问题。我在第17届总统大选时，曾经组织成立了中小企业强国委员会。必须打造良好的中小企业生态环境，从而有利于中小企业按照"创业、发展、成功、衰败"的自然市场规律形成良性发展。如果中小企业也像大企业一样在人力资源方面机械僵化，那么将失去选拔多样人才的机能。如同强行用水田地开发房地产，下雨时水田地失去原有的蓄水池功能，最终可能导致洪水泛滥。中小企业生态环境如果被破坏了，失业率便会增加，数万民众可能失去生活的经济来源，从而引发社会动乱不安。

不知不觉我已经年逾不惑，47岁了，女儿读高中三年级，儿子读初中二年级，我妻子每天的生活像是行军打仗一样。每天开车接送女儿和儿子往返于家、学校、辅导班之间，孩子们从辅导班回到家便已是夜里11点了，第二天又重复着第一天的节奏，忙得不可开交。女儿面临高考压力，不是颈椎疼痛便是皮肤过敏，妻子又不得不经常带着她去医院进行物理治疗和皮肤科诊断。生活支出中很大一部分用于孩子们辅导班课外教育。去除花在父母身上的赡养费、医疗费，我的老年生活便一点保障和指望都没有了，另外还有每年需要交纳的个人所得税。总之，生活真是捉襟见肘。身为国会议员的我，生活都如此窘迫，那么我的同事们、秘书官、秘书们以及其他人的生活又是如何呢？

对于孩子们投入的课外辅导费用，据说富人比平民高出4～10倍。长此以往的话，那些家庭困难的孩子们由于没有机会接受更好的教育，在高考、司法考试、行政考试中，中榜的可能性就会变得越来越小，社会两极分化将不可避免地尖锐化。

目前的情况下，我认为必须像农村土地改革一样，开展第二次土地、建筑物等不动产改革。卢泰愚政府时，曾经出台土地溢价所得税、住宅限购制、开发利润回收制等政策和措施；卢武铉政府时，实行的综合不动产税政策最终形同虚设。对此有必要重新制定出公正、合理、切实可行的政策，民众从早到晚辛苦工作，结果交完房租之后所剩无几，有必要改变现代版地主—佃农的不合理结构。

日本的个体经营者一般是在祖上传下来的房产中从事经营活动，但韩国的情况与此不同，大多数是租赁经营，商铺租金、室内装修费用、铺底等在法律上得不到保障，不得不承担诸多压力与不确定因素。我在最初担任议员时，曾经作为代表通过了商铺租赁保护法，规定租赁人可以要求租期至少在 5 年以上，保障可以回收其投资的室内装修费用和铺底的最短租期。

问题反映在龙山惨案中，城市管理法中只体现了土地和建筑物所有者的利益，没有程序保障租赁人的发言权。龙山开发区的开发商依据城市管理法只向动迁户提供相当于三个月房租的停业补偿金便强行拆除，对那些投入了 2 ～ 3 亿韩元支付铺底费用和装修费用的商户们来说，看着几乎是全部家当被拆毁，没有理由不反抗。因此民主党在提出城市管理法修订案时，试图完善程序同时保障租赁人的合法权益。

构筑健康的经济循环结构

韩国有句俗语，富贵人家办宴席，穷人们才有的吃。保守主义者们经常提出的论调是，就像水从上往下滴一样，只有富人们消费，经济才能充满活力。换句话说，就是要减少限制条件千方百计地诱导富人们消费。大国家党曾提出为富豪减税，意在通过所得税、法人税的减免刺激富人投资，从而达到激活经济，最终实现税收总额增加的曲线救国目的。

然而，事实真是如此吗？对此，反对意见层出不穷。企业追求权力与利益的私有化和责任承担的社会化，道德危机正在蔓延。金融机构的情况尤为严重。

滴水效应（政府通过扩大投资，率先扶持大企业和富有阶层的财富积累，他们获得发展后将反哺中小企业和消费者，称之为"水总是从上向下滴"的滴水效应）没能发挥作用的原因有三。

第一，大企业与中小企业之间的不平等交易问题恶化，原材料的海外依存度增加。身为终端产品制造业的大企业，原材料采购的 50% 以上依赖外部，成品单价低得可怜，利润率低得仅够覆盖成本价。中小企业的日子就更不用说了，所谓的"滴水效应"又怎么可能发挥作用呢？

第二，外国资本投资比例扩大，同时股市、债券等金融资产过度集中，股市上涨带来的利润分配金等收益效应受到限制。

第三，海外消费扩大，内需减少。这项问题的关键在于消费产业竞争力的提高。

那么，针对以上三点问题，有什么对策呢？

第一，强化韩国国内高端原材料市场。应该从根本上加大研发投入并开展产学协作，与此同时，要抓住韩美 FTA、韩欧 FTA 的良好契机，引进先进国家的零部件及原材料产业，尤其是日本的尖端原材料产业。位于京畿道坡州，由 LG 集团和 Philips 集团共同投资成立的 LCD 工厂便是很好的案例，该工厂是全球最大的 LCD 液晶显示器生产商。时任京畿道知事的孙鹤圭在最大限度地执行首都圈管理法、文化遗产保护法、军事设施保护法等各种规定的前提下，扫除一切障碍，为引进尖端产业入京畿道劈山开路。可以说，该 LCD 工厂顺利落户坡州，离不开卢武铉总统和金振杓副总理的支持，离不开孙鹤圭知事的执着和热情。对于汽车、船舶、飞机制造等航空产业相关的配套部件、尖端原材料产业，应该放在战略性地位上予以培养与发展。

由于我对航空产业非常关注，曾经去参观韩国航空航天工业公司

KAI。KAI 是金大中国民政府时期，整合现代、大宇、三星中与航空航天有关的产业而成立的公司。1997 年，韩国航空航天工业公司在美国洛克希德·马丁公司协助下，研发超音速高级教练机 T50。2003 年 2 月 19 日，T50 以马赫 1.5 的速度飞行成功，韩国从此跃居世界排名第 12 的超音速飞行器生产国。航空工业产业必须成为韩国未来发展的动力产业。这是一个巨大的市场，汽车产业的配套零部件大约有 2.5 万～ 3 万件，船舶配件大约 10 万件，飞机配件大约 30 万件。而且飞机配件的生产必须保证最高品质，有利于韩国提高工业配件高端生产领域的竞争力。

金大中"国民政府"和卢武铉"参与政府"①均对 T50 的批量生产与国际销售倾注了大量心血。第一个大单是销售给阿联酋的 48 台 T50，这一成功耗费了三四年的时间。中小企业厅厅长和通商产业部长官出身的郑海洙曾被任命为 KAI 的社长，旨在助力加速韩国航空产业的发展。郑海洙社长与阿联酋王子穆罕默德·拉希德在 7 次会面中，不断向其展示 T50 的性能与技术。穆罕默德王子是空军飞行员出身，对飞机有相当专业的认识，他到 KAI 总部所在地泗川访问时，与郑社长同乘 T50，对 T50 的优良性能表示了认可。

然而，李明博政府时期，郑海洙社长被辞退了。2007 年 12 月，郑社长再次当选任期三年的社长，但 2008 年，也就是连任 8 个月后，被迫下台。后来继任的管理层官僚作风严重，上下失去发展动力。应对经济危机期间，国家需要大量人才，就连希丁克这样的外国人都因其执教能力强被聘为韩国国家队主教练了。然而，在 T50 需要开拓国际市场的重要节点，

---

① 译者注：参与式政府模式的主要特点是：实现分权制度化。放权于基层，主张把科层制中被排斥在决策过程以外的基层团体、政治力量吸收到政府管理活动中来，以改善政府组织本身的管理。放权于服务对象，给服务对象更多的权利，因为他们是纳税人，是政府消费的提供者，也是政府服务的最好评判者。参与决策，即有效地吸收基层公务员和社会团体公众，参与行政管理共商行政决策。

2009 年 6 月 7 日，韩国放送通信大学马拉松比赛

只因为郑海洙社长是前一任政府任命的，在其并没有过失的情况下被迫离职。为了培养自己的势力亲信而将郑社长驱逐的做法，恐怕只能用幼稚拙劣来形容。

第二，必须打造大企业与中小企业共生发展的结构环境。首先应该强化公平交易委员会金融监督员的职能。就像 KIKO 事件① 中暴露的一样，带有欺骗性质的金融衍生产品就像大规模杀伤性武器一样，可以将勤勤恳恳的中坚企业迅速吞噬。韩国在国际金融中较脆弱，本国金融产业不足以

---

① 译者注：2008 年，为了避免汇率变动的危险，韩国出口中小企业纷纷购买一个叫 KIKO(knock-in knock-out) 的货币期权商品，由于当时政府不当的高汇率政策而遭受了严重损失，原本财务状况良好的中小企业继金融危机之后再次面临严重危机，而在此情况下政府的支援对策却很无力，这些中小企业迫切需要救助方案。宋永吉议员从党的角度号召人们关注此问题并谋求解决方案，他组建了特别委员会，与遭受 KIKO 损失的中小企业多次召开恳谈会和听证会，并与相关人士面谈，缩小立场差距，共同谋求对策。经过多方努力，终于取得了政府对遭受损失的优良中小企业迅速提供支援的承诺。

支撑起制造业发展，应该采取措施避免类似 KIKO 一样端着国外金融衍生产品的残羹冷炙，却损害本国相关企业利益的事件再次发生。并且，应以次贷危机为戒，采取措施防止泡沫经济再现。

我认为只要公平交易委员会和金融监督员坐端行正，很多不公正就会消失。卢武铉"参与政府"时代，银行开发的"网上贷款制度"（大企业只持销售合同，便可以向信用证一样，不需要担保便可办理贷款，用于购买制造销售合同产品需要的原材料）、"第三方担保体系"（技术委托制度，保障中小企业的技术不被大企业获取的第三方委托制度）等产品应该继续强化。

创造性的模式和技术已经普遍化，金融发展只有实现了稳定的三角结构，才可能构建创新型的企业发展生态圈。

第三，必须升级医疗、教育、物流、会计、法律、体育、休闲、旅游等服务产业。旅游、休闲、物流的开发应基于南北间的共同努力，才能看到发展前景。现代集团在金刚山高尔夫球场的开发便是一个很好的反面教材，随着南北关系的恶化，现代不得不承担数十亿元的赤字。

民主党的优势与克制的美德

民主党的优势在于它是代言平民与中产阶层的政党。但是，它并没有真正贴近民众生活、民生民意，因此没有发挥出应有的优势。在野党的核心机构是劳动委员会和人权委员会，但这两个机构的活动却非常不活跃，直到最近洪永彪议员加入上议院，劳动特别委员会才开始变得活跃起来。

民主党的另一个优势还在于致力于南北关系改善。我们应该率先垂范，引导民族感情的共鸣，对于一些反对势力集团的极端立场和指责民主党丧失大韩民国主体性的言论和行为，应严肃申明立场。

南北关系的问题，不能定义为是否是赤化统一的问题。意识形态的冷战时代早已结束，正如单细胞动物无法吞并多细胞动物一样，丧失民主主义的民族主义也不可能长久。不能解决基本民生问题的体制本身也不可能长久。

问题在于，授人以鱼不如授人以渔。无论如何，统一吞并或征服朝鲜的想法不可取，应该创造可以令其实现自我发展的条件。

另外，必须强化国际外交力量，这也是民主党的优势。继金大中前总统之后，继承发扬者的力量还很薄弱。需要尽快培养针对美国、中国、日本、俄罗斯四大强国的外交力量，并加强政党间外交交流。这一目标的实现需要政党的连贯性，从现在起应该停止党内分裂的行为。美国的执政党是民主党，日本的执政党也是民主党，现在，轮到韩国民主党做出应答了。

同时，应该及时纠正民主主义倒退和人权倒退的问题。当然，民主主义不是放纵，不可以陷入百家争鸣的无秩序状态，自由需要责任感保驾护航。虽然"5·16"军事政变事件的发生，不是因为韩国历史上第一个成功的民主主义运动——"4·19"学生运动之后的无秩序化造成，但无秩序化一定程度上为其提供了合理化的借口，需要对无秩序化的问题进行历史省察。民主党新派和民主党旧派根深蒂固的分裂、尹潽善和张勉的对决、张斗永陆军参谋总长的优柔寡断，这些因素共同导致了对"5·16"军事政变的纵容。这些历史性时刻不应被遗忘。

为什么当初李明博会以530万票数的优势当选总统？也许那些被精英主义绑架的知识分子们会嘲笑普通民众的无知，但是，大众政治人必须尊重大众的选择，必须读得懂民声民意。政治人还轻易大喊让李明博政权下台的口号，是一种不负责任的表现。

克服旧左派与新右派划分模式

人们对民主党的看法分为偏左和偏右两派，我认为不应将民主党和民主劳动党混为一谈，为了再确立民主党的价值观，必须摆脱"左"和"右"的意识形态。必须采取谦虚、实事求是的姿态，摆脱固定的教条主义思维模式，不能因为我们是进步改革的，就认为对方是反进步反改革的。这便是克服新右派的有效途径。

以下内容节选自卢武铉总统的回忆录《成功与挫折》，里面有我想要表达的想法。

> 对于参与政治的进步主义者，我一定要说的是，政策是必须经过科学论证后才能确认的问题。一味空谈教条主义论调是行不通的。也许可以一时煽动部分愤愤不平的民众，也许那些被称为"讲坛社会主义"①的激进知识分子可以一时引起轩然大波，但这绝不是负责任的做法。

新民主党人士应该以以上的问题思考为出发点。金大中总统就任时主张的民主主义、市场经济和生产福利仍然具有重要意义。社会设计研究所所长金大浩曾经在他的出版物中探讨后卢武铉时代的政策类型。对于书中大韩民国过剩市场与过小市场相互依存的论述，我深感认同。公共部门、公有企业、一部分大企业等信用部门的人们，相对于韩国的生产力水准和他们所承担的社会职能相比，太过保守。

2000 万的失业者、临时工、个体商户以及无收入人群、零星转包人、出租车司机、清洁工、保安、特殊职业劳动者等群体的生存条件非常恶劣。

---

① 译者注："讲坛社会主义"，是以"社会主义"作为幌子的资产阶级改良主义。19 世纪 60—70 年代开始在德国流行。因其代表人物瓦格纳、施穆勒等多位大学教授，他们在大学讲坛上宣扬这一思想，故名。

2009 年 8 月 1 日，造访忘忧里曹奉岩墓地

　　克服外汇危机的过程中，不可避免地发生临时雇佣现象增加，金大中前总统对此早就深感忧虑，并于 2008 年开始强调解决临时雇工问题。"社会的痛点是中心"，我们也必须要感受到时代的中心。

两位总统的背影

　　2009 年，卢武铉总统突然离世之后，金大中总统也因病逝世。在民族统一与东西融合方面倾注大量心血的两位领导人相继辞世，令国民扼腕叹息。民主党应该再次坚定地进军政治舞台中心，继承并实现两位领导人的遗愿。

猫头鹰岩的悲剧

　　2009 年 4 月开始，卢武铉前总统因受贿而受审的报道几乎占据了每天的媒体内容。在此之前，2008 年 4 月 28 日是仁川市富平区选举补选的日子。媒体批判了在游说竞选期间针对政敌的报复性调查，尤其强调了针对千信一会长的调查。

千信一在接受调查的过程中，曾向某媒体露骨地暗示到，如果自己进去了，卢武铉总统的日子也不好过。于是大检察厅中央搜查部没有对千信一展开调查，而是突然将调查的矛头集中指向了卢武铉总统及其家人和亲信。4 月 30 日，正式传唤卢武铉总统，5 月份以后才开始对千信一的调查。既然公开传唤了国家元首，就应该立即处理案件，然而，传唤之后搁置了 23 天之久。与此同时，像是转播节目一样，公开总统夫人及其儿女的私事，进行一种公开的羞辱。

最终大检查厅中央搜查部对千信一的调查如何进展不得而知，但结果却是千信一被免于起诉。千信一犯了受贿罪，并通过关系为朴渊次说清的重要疑点，没有被指出。千信一事件是典型的特检案例，卢武铉政权执政时，不会允许特检事件发生，一定会对案件彻底调查。

警察在对李明博政府时期的 BBK 案件调查和对卢武铉总统事件的调查中，给予了不平等待遇。大选前期李明博涉嫌 BBK 股价操纵案事件时，我曾经为当事人金景俊选拔辩护律师，也曾找金景俊的母亲了解过情况。"BBK 事件"是 2001 年轰动韩国的一起股价操纵案。2000 年，商人金景俊将自己前年成立的 BBK 株式会社，包装成一家在线金融投资咨询公司。李明博被怀疑曾是金景俊的商业合作伙伴。BBK 公司以散布虚假并购消息等手段操纵新公司股票价格，造成投资者 6000 亿韩元的重大损失。李明博在距大选投票只剩 2 天的关键时刻，遇到了大选以来最大的危机。韩国民主新党当天向社会公开了大国家党总统候选人李明博在 2000 年 10 月亲口承认自己与 BBK 事件有关的视频录像。被新党曝光的李明博参与 BBK 事件的录像，是其 2000 年 10 月 17 日在韩国光云大学"首席执行官课程"上进行演讲时的视频录像。李明博当时在讲演时亲口说："今年一月份，我

（从美国出差）回到韩国后成立了一家在线金融公司，名为BBK的投资咨询公司。这是根据投资咨询公司业务需要，决定成立的网上证券公司。"李明博还说，"BBK投资咨询公司成立虽然时间不长，但收益状况良好，今年9月收益率已达28.8%。"尽管李明博亲口承认自己成立BBK公司，诸多证据也表明大家的怀疑不是空穴来风，但最终李明博成为受害人，金景俊被逮捕拘留。如此看来，警察在李明博事件中做出了极大的让步和屈服。

再来看一看涉及卢武铉总统的朴渊次事件，朴渊次是韩国制鞋企业泰光实业公司老板。检察部门认为，朴渊次于2007年6月送给卢武铉方面的100万美元，与他收购农协子公司和推进收购庆南银行有关联。前青瓦台总务秘书官郑相文收受贿赂、贪污总统特殊活动经费案坐实后，卢武铉更是被推到风口浪尖。在整个事件中，不得不提一个叫千信一的关键人物，据称千信一是李明博的人，是高丽大学校友会会长，也是李明博顺利登上总统宝座的一等功臣。

卢武铉总统被彻底孤立了，4月30日至5月23日的这段日子可能是他最孤独最无助的时期。哪怕当时他身边有一位老朋友一起喝喝酒聊聊天，也许后来的悲剧就不会发生。可令人遗憾的是，当时他身边没有一个人。

最终，在全良淑女士（卢武铉夫人）被传唤的当日，卢武铉总统为了维护家人和自己最后的尊严，登上猫头鹰岩。得知卢武铉总统跳崖消息的当天，我便赶到猫头鹰岩所在的金海市峰下村，悲愤之情难以言表。当夜我和很多人一样，怀着没能保护好卢武铉总统的无力感和负罪感，一夜未眠。

卢武铉总统非常热爱学习，他摆脱了老左派的影子，致力于韩国现实的进步与改革。我在卢武铉总统还是候选人的时期，常常会想起韩国19世纪末出身平民的抗日将军申乭石，他作为平民出身的义兵长与贵族出身

2009 年 7 月 10 日，故前总统卢武铉安葬仪式

的义兵长无法同桌共餐。卢武铉总统是变革力量的政治家，他致力于打破在野党运动圈中的学阀主义、官僚主义，追寻进步与改革的步伐。

卢武铉总统追悼会的现场，很多市民到场哀悼，其中和我一起参加葬礼的演员文成根问我："卢总统遗书中重要的内容是什么？"我回答道："在我家附近立个碑吧。这是我考虑很久之后的决定。"意思是不要埋在首尔国立墓地，而是埋在总统的家乡峰下村。最后又怕身后人有争议，补充了一句，"这是我考虑很久之后的决定"。

卢武铉总统平生的政治夙愿是克服地区分裂危机。也许对于他来说，将自己的身体与灵魂长埋峰下村的选择，是希望为岭南地区守护民主与改革的火种，融化禁锢已久的冷战地方主义，也许是为了代替故乡的父老乡亲守护那片生养他们的土地。

我至今还能记得 2008 年卢武铉总统在全体党员代表大会上与我们谈笑风生的音容笑貌。当时正值岭南委员会委员长参加区域委员会改选大会的前夕，卢总统表示了希望可以尽一份力的朴素愿望。

卢武铉总统含冤辞世之后，超过 500 万名的公民参加了追悼会，峰下村的悲痛铭刻在了国民的心中。必须对千信一施行"特检"，对于千信一借给李明博总统候选人的 30 亿韩元的出处和去处，也必须重新查明真相。

超越金大中、卢武铉总统

2009 年夏，金大中总统与世长辞，这位活跃于韩国政治中心 40 余年的栋梁从此消失在历史舞台。学生运动、劳动运动时期的金大中，与政治人金大中，存在诸多不同。

1999 年，在青瓦台被授予推荐书后与金大中总统合影

金大中总统在我的记忆中是一位勤勉的政治人，1971 年总统大选时他提出的四大国安全保障论事实上与现在的六方会谈构想有异曲同工之处。他在南北问题上倾注了大量心血，尤为难能可贵。

人类是社会动物，日本殖民地时期，最正确的生活方式是为了民族解放而努力，现在是南北分裂时期，不是简单的分裂时代，而是南北战争暂时中止的阶段，意味着战争随时可能再次爆发。分裂时代政治人的使命是克服分裂危机，对南北分裂问题的思考，似乎还没有哪一位韩国政治人能够像金大中总统一样勤勉。

我认为，金大中总统同时具备了金九先生的热情、李承晚总统的现实以及国际性的视野，同时也兼备了士人精神与商人特质。他在长期处理民族分裂问题的实践中，似乎越来越切身体会到外交力量的重要性。他指出与四大强国和谐共处是阳光政策的本质，如果不能让四大强国确信朝鲜半岛的统一对他们没有任何不利，朝鲜半岛的统一将面临重重阻力。

对于金大中总统，也有很多势力持批判的论调，说他极具"权力欲望"，是"总统病患者"。我在某次候选失败时，也曾这样形容过他。但现在想来，他曾两度逃过死神缉拿、流亡国外3年、铁窗生活5个春秋、遭软禁6个冬夏、被禁止和限制政治活动16年……坎坷多灾的经历不仅没有消磨他的斗志，反而丰富了他的经验和学识，给他带来新的政治资本和机遇。他当选总统的强烈愿望不是一种"欲望"，而是一种难能可贵的"勇气"。

金大中政权的诞生是大韩民国实行宪政以来最早实现政权水平交接的历史性事件，令大韩民国宪法第一条第二项从装饰性条款变成了真正的宪法条款。在1997年国际货币基金组织（IMF）苛刻"援助"危机结束，DJP①联合形成的时代背景下，金大中作为新政治国民会议的总统候选人获得40.4%的得票率，以36万票的优势战胜大国家党候选人李会昌和国民新党候选人李仁济，当选韩国第15届总统。至此，韩国社会顽固的保守势力和冷战地区主义的墙壁被正式推倒。

金大中年轻时的血泪史和他顽强不屈的精神深深影响着我，1999年6月3日我获得候补选举的正式推荐状，开始进军核心政治圈。补选失败后，2000年我就任第16届国会议员，与金大中政府共同度过了后半期。

金大中政府在应对早期IMF事件时表现差强人意，因此需要以IMF事件为契机，实施彻底的结构调整与改革。另外，信用卡的泛滥发行带来高达92万亿韩元的信用卡债务，其中30余万亿韩元后来成为死账，而当时没有任何防患于未然的措施，不禁令人惋惜。

但是，随着撤销财阀之间的互相支付担保体制、连带债务义务化、禁止政经合营等改革措施的执行和基础生活保证法的实施，金大中政府在构

---

① 译者注：DJP联合，指金大中、金钟泌的联合。大中的韩文拼音缩写为"JP"，钟泌的韩文拼音缩写为"JP"，因此将二人的联合称为"DJP"联合。

筑社会保障福利体系方面做出了积极的努力。另外，对青瓦台结构进行调整，大胆启用少壮派进行民主改革，当时我和"千辛郑"（千正培、辛基南、郑东泳）一起参与了这些改革运动。

金大中总统在任期末因两个儿子的牵连蒙上政治污点，这着实让人痛心。金大中总统两个儿子被拘留时，时值韩国举办世界杯足球赛。金大中总统到他的故乡光州出席世界杯开幕式，民意一片凄凉。如果韩国输掉了世界杯，民众对政府的不满将有爆发的危险，幸好光州比赛韩国队胜出，民众暂时沉浸在一片喜悦之中。

金大中政府成为卢武铉政府的执政基础，金大中、卢武铉执政的十年，不是失去的十年，而是回归的十年，是宪政真正启动的十年。我不是金大中、卢武铉总统的亲信或秘书，因此我作为国会议员保持了自主性，希望以史为鉴开展政治活动。如今，超越金大中、卢武铉时代，开创政治新纪元的重担落在我们身上。

遭遇发展瓶颈的韩国经济需要寻找新蓝海

语言能力是认知的基础

我是大学生，与放送通信大学有不解之缘。我夫人毕业于梨花女子大学经济学院，在我准备司法考试期间，她想当幼儿教师并需要幼儿教师资格证，于是又报考了放送通信大学的幼儿教育学院。平均学分在 B+ 以上才可以取得幼教资格证，妻子在读书期间又需要照顾丈夫、孩子和婆婆，又需要为了 B+ 的学分埋头苦读，这份艰辛不是一般人可以承受的。

1999 年我在候补选举中落选后，也考入了放送通信大学中文系。我曾经还有过到北京大学留学的念头，可见我对中国有多么感兴趣。虽然我之前没有学习过中文，但因为认识汉字，所以直接从放送通信大学中文系二年级开始读起。

学习的过程比想象中艰辛数倍，所幸我有学习兴趣和坚定信念的支撑。因为我始终认为，如果大韩民国想要成为东北亚中心，必须首先克服语言的障碍。

语言是思想、哲学、文化的载体，国民的语言能力是认知的基础。只有先懂得那个国家的语言，才能理解那些人们的思考方式，因为人类是通过文字与语言来发展思想。

为了学好中文，我额外地聘请中国留学生和朝鲜族学生为我做课外辅导，没时间专门抽出时间学习时，便在上下班的路上在车里听录音练习。除了期中考试、期末考试，还要在忙碌的议会活动中挤出时间学习并非易事。

放送通信大学的毕业证含金量较高，不管你有多大的"来头"，考进容易毕业难。一些客观题的考试也像高考和水平考试一样，使用 OMR 卡答题。放送通信大学以其严苛的学务管理闻名，一说是"放送通信大学毕业的"，大家都能想象出难易程度。

放送通信大学拥有毕业生 40 万名，在校生 20 万名，是韩国国内最大的学校。很多政界人士都报考这个学校，而从这个学校毕业的国会议员中，我似乎是唯一的现任国会议员。

我自认为不是一个形式上的大学生，而是一个真正的大学生。一番勤奋之后，我顺利通过了 6 个学期的课程，经过 18 次考试且无挂科，我的毕业论文甚至还曾被评为优秀论文公布在学校网站上。在拿到毕业证的一刻，我感慨万千。

在看到我踏踏实实的努力付出后，学生们才对我这个政界同学予以认可，并对一个通过考试和优秀论文毕业的政界人士刮目相看。因为长期以来，很多政界人士虽然在学校办理了入学手续，却迟迟不来上课也不参加考试，似乎只是为了在选举时让自己的履历表中多一条华丽的粉饰。

我从中文系毕业后，又在日文系办理了入学，因为我在学生运动时期学了一些日语，所以这一次是直接跳级进入日语系三年级学习。结果在四年级时，由于实在挤不出时间上课，我办理了休学。

我在从事"韩日议员联盟"的工作过程中，经常有出差日本的机会。在我看来，地理上日本是一衣带水的邻居，有必要加深理解，避免过去的历史悲剧再次发生。所以我建议超越"反日""亲日"，在"知日"的路线上来处理问题。

我的日本秘书久田胜隆是横滨人，他在成均馆大学取得博士学位，现在任弘益大学教授。他的外祖父是韩国人，日本殖民地时期被强行征调到日本，外祖父临终前曾留下希望祖国统一的遗愿。因此，他对韩国有深厚的感情。我们认识后的五年里，在韩日关系研究和发展对策等方面，他给予我很多帮助。

总之，我深深地热爱着放送通信大学，这里洒满了我的汗水和希望，我希望从日文系毕业后，再次进入德文系学习。如果可以的话，我希望自己可以一辈子做一名大学生。

韩国汽车产业和 GM 大宇生存记

大宇汽车的重组问题占据了我议会活动的重要议程，直到现在也是一个未尽课题。

1999 年我在候补选举中胜出，2000 年我当选初选议员，随后即开始针对陷入结构重组的大宇汽车东奔西走。后来 IMF 危机后，GM 斥资 4 亿美金收购了大宇汽车。

我当时非常反对大宇汽车进入破产阶段。如果大宇被海外资本收购，将不可避免地面对社会上的惯性思维，即变为国外的从属，国家资产外流等。我首先需要面临如何阻止或最大程度降低裁员的问题。然而，由于企业负债率过高，最终是否应该进入破产程序的岔路口上，需要最大限度争取债权团和国有产业银行的支援，于是不得不做出一定程度的牺牲。当时每天需要数亿韩元运营资金的支援，在这个背景下，如果拒绝在产业银行等债券团提出的结构调整同意书上签字，或者高喊"不允许任何裁员，这是劳动与资本的战争"口号的任何政治煽动，都将对大宇汽车的未来有百害而无一利。

我曾经拿着与大宇汽车的员工们一起熬夜制定的讨论案，申请向金大中总统单独汇报，但不幸因为李基浩经济首席代表的个人原因，这个请求

2007 年 11 月 28 日，与 GM 大宇工人合影

被人为阻止了。后来我通过崔在胜议员提交了报告书，并得到金大中总统的认可和称赞。

我曾邀请时任民主党常务顾问的卢武铉作为客座讲师到大宇汽车为员工们做报告。为什么会选择卢武铉常务顾问来做讲师呢？这当然与他的经历有关。三星汽车破产危机事件时，釜山民众一再要求国家接盘三星汽车，但卢武铉对此强烈反对，并出人意料地提出以一元钱的价格将三星汽车卖给法资汽车集团雷诺汽车。最终雷诺购入三星汽车 70% 的股权，使三星汽车免于破产，后来更名为雷诺三星汽车，直到现在运营良好，为釜山经济的良性发展起到了支柱性作用。我之所以邀请卢武铉常务顾问来为大宇汽车的全体员工做报告，正是希望他的这个亲身经历可以帮助大宇人抛弃对国外资本的成见，做到客观冷静地分析目前局面。

我陪着卢武铉常务顾问到大宇汽车做报告的当天，大宇员工头系丝带，在大门口围了个水泄不通，卢顾问一下车，员工们便集体要求签发反对裁员的声明。卢武铉顾问镇定从容地表示这次是受企业邀请来做报告，报告结束后将到工会办公室与大家继续讨论。

卢武铉顾问在报告中详细介绍了三星汽车被雷诺接收的过程，并解释说，之所以提出建议一元钱将三星汽车卖给雷诺，是为了让大家认识到，有实力的同类国际汽车集团注资可以盘活三星汽车，更重要的是可以维持三星汽车及其协作工厂的员工雇用。

后来在工会办公室，卢武铉常务顾问明确表示，尽管必须努力做到不解雇一名员工，但在企业存亡的关键时期，进行一部分裁员也是不可避免的。话还未落，便差点被示威员工的鸡蛋砸中。因为这段因缘，卢武铉常务顾问成为大宇汽车的支持者，而我也自荐为大宇汽车销售公司的名誉销售理事，完成了100台以上的销售业绩。后来大宇汽车被GM收购，1700名被裁员工复职。

GM大宇终于渡过了难关，现在它承担着GM汽车全世界产量的20%～25%，在整个GM集团表现突出，但是GM不立足当地实际情况的市场经营方式存在很多问题。GM的协作企业自嘲地调侃道，丰田和现代致力于制造世界上最好的汽车，而GM致力于制造世界上最便宜的汽车。GM大量使用低端的汽车零配件，而且不注重品质管理，车型笨重亦不注重耗油性能的升级。

由于上述原因，GM渐渐丧失市场竞争力。GM在美国国内的市场竞争力也开始下滑，却指责无辜的日本和韩国汽车制造业。韩美FTA协商过程中，曾围绕韩国汽车市场的关税、非关税壁垒纠缠不休。与美国上下院议员或USTR（United States Trade Representative，美国贸易代表办公室）的相关人员会面时，他们不约而同都在喋喋不休的话题是韩国每年向美国出口70万台汽车，而美国汽车在韩国每年的销售量却不足7000台。

事实上，韩国进口汽车市场长期以来被德国车和日本车占据，原因很简单，因为美国制造不能为韩国消费者提供有吸引力的汽车。奥巴马总统候选人竞选期间，曾站在美国汽车制造业的立场上表示，韩美 FTA 协议不公正，并指责韩国汽车市场存在壁垒。但是，他当选总统以后，也曾诊断出美国汽车产业的诸多问题。

美国的整车汽车工会的力量非常强大，从整车组装线到某个环节生产线，只要是工会组织工人罢工，全部的生产线都将停工，甚至相关的协作企业都会受工会力量的影响。美国汽车制造业的工人拥有如此强大的对决力量，争取到了比其他企业工人更优厚的待遇和条件，甚至退休工人的医疗保险费和购买酱油醋的费用都能够继续得到保障。当然，这是美国汽车在价格上没有优势的一个因素，最核心的问题在于美国汽车制造业不能根据消费者需求组织生产。现在美国汽车业的克莱斯勒、福特、GM 通用全部都沦落到需要接受国际金融资本援助的境地。

这期间富平 GM 大宇面临了严重的问题，我曾经致函美国驻韩大使史蒂芬和访韩的美国国务卿希拉里·克林顿，后来我通过在奥巴马总统述职仪式上认识的艾米议员，针对敦促美国政府援助 GM 大宇的方案，转达了 GM 大宇员工和我的立场。我另外访问了纽约韩国商会，提出韩国和美国汽车产业的战略性合作方案。比如 GM 可以在电动汽车开发领域使用 LG 化学等韩国企业的锂电池技术；比如中韩可以共同努力应对高油价时代，在中小型汽车和绿色环保型汽车方面寻求更广泛的合作。

现在全世界范围的汽车生产制造能力达到 8000 万～ 9000 万台，消费量在 6000 万～ 6500 万台左右，过剩产能约 2500 万台，可见竞争已进入白热化阶段。韩国的汽车产业首先需要在激烈的竞争中生存下来，才有可能发展成为世界性的产业。在严峻的内外形势下，现代汽车却实现了令人吃惊的飞速发展，现代汽车分别于 2005 年和 2009 年在美国的亚拉巴马州和佐治亚州设立了两个产能 30 万台的工厂。

GM 处于破产危机时，2009 年 4 月 29 日富平地区召开候选人补选大会。大国家党为了通过解决 GM 大宇问题获得更多选票，共同推举产资部次官出身的李再勋。民主党则推举现代汽车出身的洪永彪候选人。洪永彪候选人在韩美 FTA 签订时担任志愿团团长，曾经与我一起访问美国和墨西哥，他为了探寻 FTA 趋利避害的方案而孜孜不倦，是一位具备全方位视角的政治人。为了大宇，我们用尽了浑身解数。大宇汽车的员工们都清楚一个事实，某一个国会议员不可能具有对大宇汽车生杀予夺的能力。他们需要的是一位可以替他说话为他们战斗的代言人，这个人便是洪永彪。最终洪永彪以 6500 票的优势获胜。直到现在，我和洪永彪议员依然在为 GM 大宇的出路问题奔波。

我们认为，如果 GM 破产，GM 大宇也应归在 GM 中，但美国政府只会援助它本国的企业，对于现代或丰田在美国国内的工厂，以及本国企业在海外设立的工厂如 GM 大宇均不会给予援助。而与此同时美国却以双重标准要求其企业所在地给予流动资金上的支援。产业银行拥有 GM 大宇 28% 的股权，剩余股权归 GM 所有。我与产业银行总裁闵柳昇多次会面商议对策，最终产业银行提出了给予流动资金支援的条件。

因为对冲外汇风险引起了资本萎缩，于是韩国产业银行要求 GM 增资，GM 有意向出资 2500 亿韩元，但追加出资的条件是以每股 3019 韩元结算。这个价格是十年前的收购价，如果以这个数字结算，相当于 GM 的股权从 72% 增长到 79%，产业银行的股权从 28% 萎缩到 21%，将失去对公司的经营否决权。因此产业银行提出要求以现在的基数每股作价 8700 韩元结算。

问题在于技术的知识产权问题，这些技术是使用产业银行支援的流动资金研发的。我曾经因为 GM 将其在韩国政府支援下取得的技术用于其在中国、印度工厂生产的问题进行过交涉，但当时 GM 大宇的社长麦克却坚持认为应该共享通过全世界资源网络开发的技术，不可能限定在某个国家使用。但是，站在我们的立场上，这是一个严肃的问题。

再来看看产量的问题，我们要求 GM 在五年之内确保其总产量的 30%
在 GM 大宇生产，但 GM 却态度傲慢地拒绝了。麦克社长甚至提出会见金
大中总统，GM 会长访韩时也和总统进行了会面。我认为总统会见企业代
表是不合适的，并转达了强烈反对的意见。

GM 大宇 2 ～ 3 年后在富平工厂的产量缩减，而且我们似乎也没有理
由阻止其加大在中国或印度的生产线。因此，产业银行坚持只有和其母公
司 GM 公司协商，产业银行才可以开始实际支援。关于这一点，闵柳昇总
裁意见坚决。

不久前我和洪永彪议员一起拜访了十年前的大宇前社长金宇重，听取
他关于 GM 大宇重组方案的意见。金社长对 GM 十分不满，并主张与 GM
分手，与三星联合。金社长认为汽车零配件的 50% 以上都与电子产品有
关，只有和三星的电子 IT 技术联合起来，才可能有竞争力赢得未来。他
认为必须做两手准备，才不至于在与 GM 的谈判中被牵着鼻子走。

如果没有大宇，韩国起亚一枝独秀的垄断状态将不利于整个韩国汽车
产业发展。经济垄断会带来品质降低、价格上涨等一系列问题，并进一步
损害消费者权益，这是最普通的经济规律。而政治垄断会带来职权滥用、
政府腐败等一系列问题，并进一步损害国民利益，这也是一般的历史规
律。因此，打破大国一党的政治垄断体制，不仅是为了民主党，也是为了
整个国家的民主主义和国民基本权益。尽管政治人的特性是不管对什么事
件都会扯到政治上，并有可能偏离本来的真相，但对于大宇、三星、现代
起亚之间应该如何形成良性竞争的局面，如何共生共赢共同促进世界汽车
产业的发展等问题，有必要认真思考。

通过 KIKO 看金融衍生产品的危险性

2008 年 7 月初，我从一些企业人士那里第一次听到"KIKO"这个陌

生的词汇和企业因为它濒临破产的怨声载道。这位企业人士从事汽车零配件领域的生产，在行业内颇具竞争力，最初我非常不理解他只是因为购买了某种金融产品，怎么就会令企业陷入摇摇欲坠的境地呢？

KIKO（Knock In Knock Out）是出口企业为了规避外汇变动风险而选择的一种外汇期权交易产品，是金融衍生产品的一种，而金融衍生产品是引起世界性金融危机的始作俑者，被称为大规模杀伤武器。Knock in Knock out Currency Option 是韩国银行推出的一种零费用（Zero-Cost）的货币期权——"敲入、敲出障碍货币期权"，简称 KIKO 合约。企业从银行买入了一个美元看跌期权，同时向银行出售两个看涨期权，没有期权费支出。对于出口企业来说，KIKO 合约无前期支出，且当汇率波动不大时可以让企业享受到汇率差的利益，然而，汇率一旦出现变动，如果跌破当时规定的底线值，虽然 Knock Out 合约将保持无效状态，但如果突破当时规定的上限值，Knock In 合约将开始生效，企业应买入协议金额的两倍美金并以低于市场汇率的价格卖给银行。2008 年 3 月后，受美国金融危机的影响，韩国外债压力突显，韩币开始出现快速贬值，很快跌破了 1 美元兑 1000 韩元，到 2008 年 11 月更下探至 1500 韩元。韩币急剧贬值导致 KIKO 合约下银行持有的美元看涨期权的敲入条件已经实现。因此，银行行使看涨期权，以约定的行权价从企业手中买入两倍数量的美元。相应的，企业一方遭遇重大损失，财务状况迅速恶化。不少中小出口企业原本财务状况良好，但由于执行 KIKO 合约而导致现金流迅速枯竭，甚至陷入无法清偿的境地。针对 KIKO 产品，前财政厅某长官甚至出面指责银行发行 KIKO 的过程中存在一定欺骗行为。

问题在于，很多购买 KIKO 的中小企业声称并不知道该产品有如此高的风险性，银行员工在向他们推荐该产品时事先也并没有告知如果汇率下跌会陷入怎样的困境，相反，他们一直在描述汇率上涨带来的单方好处。很多企业老板都表示，如果当初银行职员能够将购买的好处和风险一并告知，他们权衡之后应该就不会购买该产品，即使购买了，事后也不会向银行提出抗议。这是一种信息披露不当的销售误导，甚至在很多公司的老板都不知情的情况下，由部门主管或业务主管出面与银行方面签订的 KIKO 协议。

中小企业与大企业相比缺乏财务专业人才，很难判断出金融产品潜在的风险性，根据合作银行的强烈推荐购买金融产品便不难理解。本应对企业给予帮助和引导的金融机构却大肆销售金融投机产品，不能不说这是一种极致的道德沦陷。

针对 KIKO 产品受损情况的调查结果显示，2008 年 6 月，519 个企业共计遭受损失 1.5 万亿韩元。后来汇率急剧上升，预计损失将超过 5 万亿韩元。KIKO 事件中虽然银行有责任，但政府的固定汇率政策也难辞其咎。

李明博政府时期，规划财政部长官江万寿强烈主张实施固定汇率，并指责了韩国银行偏好汇率下跌的做法，尽管汇率下跌有利于物价稳定，但经济增长、经常性收支改善问题应该首先得到解决。

自由市场经济条件下，经常性收支不会随着汇率上升、出口增加而改善，韩国经济在经历过 IMF 之后，由过去的"开发独裁"模式向更开放化的趋势转变。韩国属于进口原材料产品加工制造后以出口为主的经济结构，进口物价上升和出口价格上升会相互抵消，但考虑到相当于 1000 亿美金的原油进口和对冲外汇产品等因素，外汇上升将引起更大的经济混乱。而江万寿长官在现在的职位上遭到排挤，在过去的十年间，可以让我们清楚感受到江长官观点的典型政策便是固有汇率。然而，汇率似乎也洞悉了执政当局的态度，2008 年 2 月 28 日的 936.5 元于 2008 年 3 月 17 日上涨到 1029.2 元，垂直上升了 92.7 元。

韩国国内外汇市场的经常项目收支已经变为赤字，引起汇率上升的因素增多，在政府的放任、诱导甚至鼓动下，汇率一路攀升。江万寿长官评价 KIKO 事件中的银行机构说："比投机势力更可怕的势力是滥用知识误导善良无辜的市场参与者并以此发财的骗子。"正可谓将别人的脸打肿了再给颗枣吃。对于这种"骗子",政府没有行使任何的监管义务,只是以"非许可产品"为由暂时搁置了。

在韩国中小企业蒙受的巨大损失面前,政府依然无动于衷,直到泰山 LCD 破产,政府才开始意识到事态的严重性,并声称会大力支援中小企业。泰山 LCD 是一家上市公司,2008 年上半年营业收入达到 114 亿韩元。因参与 KIKO 交易,该公司 2008 年第三季度累积损失额达到 6934 亿韩元,不得不在 2008 年 9 月向法院申请破产重组。接下来政府开始通过召开座谈会、研讨会、听证会的方式寻找紧急对策,但这种亡羊补牢为时已晚的做法不禁让人扼腕。

KIKO 事件已经过去了 500 余天,受损中小企业和银行间的诉讼仍然在进行中。韩国企业纷纷到法院申请临时禁令,要求终止 KIKO 合同或宣布合同无效。

不仅是 KIKO 有问题,各种汇率对冲产品都存在问题。这种产品的可怕之处在于,本来想对冲 2 亿～ 3 亿元,却可能瞬间损失 30 亿～ 40 亿元。据哈佛、麻省理工学院的金融学者称,类似的金融产品在华尔街证券交易所每天都有出品。

我在资本市场管理法和韩美 FTA 协议过程中,竭力促进设定对金融衍生产品监督和管理条款,但关键在于韩国金融监管机构和公平贸易委员会的监督能力与意愿。同时必须进一步强化金融监管和公平贸易监管职能。

科技强国的课题

看了电影《神机箭》,我深刻体会到科学技术的发展决定着国家命运。影片主要讲述了 1448 年,朝鲜王朝领先于欧洲 300 多年研制出可以一次性连发百发箭的神机箭。壬辰倭乱时，李舜臣将军在作战中发挥了优越的指挥才能，但这次胜利的背后，离不开朝鲜先进的造船技术和火药武器。1448 年，朝鲜王朝出版了类似世宗大王时期《铳筒誊录》的兵器指南，明宗时期在对抗三浦倭乱 ① 和乙卯倭变的过程中，开始致力于火炮制造。

　　壬辰倭乱时，我军使用的战船为板屋船，体积庞大，可乘载近百人，航行速度较慢，但战斗时仅需数十人的水手便能灵活操作。当时朝鲜水军常以板屋船为主力战船，搭配剑船、猛船等小型的快船作为护卫，构成水军战队。板屋船上可以同时放置十门大炮，有效遏制了日本战船进攻。朝鲜外海属于浅水水域，板屋船可以任意航行并灵活调头，但日本战船无法灵活调头且舰炮搭载能力不强。如果朝鲜水军在那次战争中失败，日本水军很快便可以沿汉江、大同江攻入内陆，并占领全罗道的粮仓地带，那么整个朝鲜王朝都有倾覆的危险。

　　国家富强必定以科技进步为基础，我们现在却将科技进步等闲视之。李明博候选人在大选中胜出后，曾拿着政府组织法修订案声称，将裁撤科学技术部、海洋水产部、信息通讯部、女性部、统一部。这一决定无疑是基于对卢武铉政府人员配置的偏见而做出的无理举动。当时大联合民主新党在孙鹤圭代表领导下对此强烈反对，我也表示无法理解。未来的发展动力是科学技术，李明博政府却声称要撤销科学技术部，还要在一个三面环海的国家撤销海洋水产部，在一个 IT 强国撤销信息通讯部。李明博政府上台两年的时间，各种弊病便已显现。

　　卢武铉执政期间我曾举荐首尔工业大学的金泰由教授任科学技术顾

---

① 译者注：三浦倭乱指的是 1510 年（朝鲜中宗五年）朝鲜荠浦（乃而浦）、釜山浦、盐浦发生的日本人叛乱，后来室町幕府对马守直接介入了叛乱，但最终被朝鲜平定。三浦倭乱最终导致了三浦倭馆的闭锁，朝鲜与日本的国交完全断绝。后来，因对马的多次交涉，朝鲜与对马于 1512 年签订了壬申条约，朝鲜同意再开荠浦一港同日本贸易。乙卯倭乱是发生在 1555 年（朝鲜明宗十年）的周期性的日本骚扰侵略。

·

问。金泰由顾问享受副总理级待遇，参与制订科学技术研究开发计划，成立科学技术革新部并确定和分配研发经费，整合技术考试和行政考试等。

一个国家如果想在科学技术竞争中取胜，必须首先给予法律政策方面的支持。不久前在罗老号火箭发射现场我与科技部前副总理会面时，他对李明博政府要撤销科技部的做法表示了强烈不满，并再次强调了科技部存在的必要性，以及由副总理级别以上的长官任职的好处。

然而，现在的政府却将科技部合并到本已机构庞冗的教育部；将信息通讯部解散后，将知识经济部和通讯委员会合并，从而丧失了信息部原有的一站式服务功能；将海洋水产部合并到国土建设部，去实践"船上山"的京釜运河构想；在朝鲜半岛休战分裂问题没有得到解决的情况下取消统一部；取消占世界"半边天"的女性部，李明博政权只能出乱子。

科学技术是国家发展的核心基础，德国和日本在第二次世界大战前期占据战争主导地位，也是因为其科学技术以及以科技为基础的军事产业发达。直到 1933 年希特勒上台之前，德国都是整个欧洲科学技术的先导，其中有发现 X 射线的德国物理学家伦琴、合成氨的发明者弗里茨·哈伯、提出几何学公理化的数学家戴维·希尔伯特、量子论的奠基者马克斯·普朗克等科学家，他们帮助德国在有机和无机化学领域确立了无可撼动的竞争力。1920 年之前，德国在诺贝尔奖科学技术领域的获奖情况甚至超过半数，以绝对优势压倒其他欧洲国家。

希特勒掌权之后，大肆流放和杀害犹太人的人种主义当道，很多科学家亡命美国。美国赦免了在第二次世界大战中为希特勒服务的冯·布劳恩等德国科学家，令他们在原子弹和火箭技术开发方面为美国做出更多贡献。

大多数的科学技术都与战争或独裁者相关，比如神秘主义、核导弹竞争、宇宙竞争、科学的军事化竞争等。那么，科学和民主主义是否可以结合呢？是否可以为人类的幸福与和平、为人与自然共生共存而发展相关的科学技术呢？

尽管德国在二战中战败，国土夷为废墟，但战后发展了比英国、法国更强大的国力，核心原因在于二战后没有逃亡的、留下来的德国科学家的力量。德国的汽车、飞机、化工、光学、机械产业等领域的国际竞争力，是以战争中开发的坦克、汽车、战斗机等技术为基础确立起来的。

德国非常重视理工科教育，而韩国却存在逃避学习理工科的现象。德国高等教育课程中有 40% ～ 45% 是理工科内容。1685 年法王颁布法令废止南特敕令 ① 时，德国表示愿意支持法国胡格诺教徒移民到柏林和普鲁士地区，并提供免费住宅、补贴等形式鼓励创业。这一举措令 3 万名胡格诺教徒移民德国，其中五分之一为技术移民者。前后共计 30 万名胡格诺人在德国定居，从而使德国的染料产业、化纤产业和有机化学科学得以发展。

1991 年，苏维埃联邦共和国解体时，韩国曾从俄罗斯引进了大量科学家和航空宇宙相关技术人员。后来金大中"国民政府"时期和卢武铉"参与政府"时期，大力发展与俄罗斯的技术合作，签订了发射体技术合作协议，为接下来罗老号火箭的成功发射奠定基础。虽然第一次发射失败，但我认为随着将来与朝鲜的合作加强，火箭发射、宇宙开发方面的开发能力会得以加速发展。

另外，应该效仿朴正熙时代的做法，对旅外同胞科学家、留学生实行招贤政策，最大限度储备科学技术人才。之前韩国开发银行总裁闵柳昇作出拟收购华尔街第四大投资银行雷诺兄弟的决定时曾引起众多反对，但我认为，在华尔街危机时以低价收购雷诺兄弟这样的大牌公司，可以借此机会将韩国国内金融水平提高一个层次。克莱劳斯和 GM 破产时，如果换作是金宇重会长，估计也会做出同样选择。

---

① 译者注：南特敕令为法国国王亨利四世在 1598 年 4 月 13 日签署颁布的一条敕令。这条敕令承认了法国国内胡格诺教徒的信仰自由，并在法律上享有和公民同等的权利。而这条敕令也是世界上第一份有关宗教宽容的敕令。1685 年 10 月 18 日，亨利四世之孙法王路易十四颁布法令，彻底废止南特敕令，导致数年内二三十万以上的新教徒逃往英格兰、普鲁士、荷兰和美洲。

产业社会成长的加速化现象是 GDP、生产量等生产指标的总量表现。生产指标包括反映同类产品生产量增加的"量的发展"，和表现产业结构高级化和产品尖端化的"质的发展"。依据统计分析，没有技术水平的变化，只通过资本和劳动等生产要素投入量的增加引起的"量的增长"，根据"收获递减法则"，最终将很难完成持续性发展。但是，通过技术进步实现的"质的增长"是持续发展的原动力。总之，技术发展将有助于加速实现产业和产品的"质的发展"，从而实现生产量的加速增长，最终导向经济发展的加速化。

能解答上述课题的领域正是"政治"。因为政治可以将那个时代成员共同体的意愿共同反映出来，并通过一定范围的资源和时间，维持共同体发展的过程中集中分配最优价值。

对于韩国来说，呼唤"质的发展"的时代已经来临。民主党如果执政，必须恢复被李明博政府解散了的科学技术部，并将科学技术部重新升级为副总理级单位，并切实提供支持，助力科学技术产业化发展。科学技术人员的发明和专利，如果没有人使用，就不可能在国际竞争中取得胜利。科学技术副总理在国防部、国土海洋部、知识经济部等部门相关会议上应当呼吁，国家大力支持本国技术产业化并逐渐取代进口技术和产品。

从三明治韩国到贸易大国

韩国是贸易大国，规模位居世界第十。韩国的 GDP 为 1023 万亿韩元，贸易规模超过 8572 亿美元，经济结构呈现绝对依赖贸易的态势。在内需市场规模较小的韩国，造船企业在世界排名中包揽前三，汽车年生产量达到 360 万台，这绝对称得上是奇迹。

韩国的经济成长始于朴正熙总统引进外资，发展出口主导型经济的政策。我在学生运动时期曾批判过这种跛行发展的经济。无数进步的教授和受其影响的学生运动者们都认为韩国经济将要垮台。但是，考虑到当时一滴石油都不产出，自然资源极度匮乏的韩国的生存战略的话，看法就会有所改变。回顾一下今天韩国和墨西哥的发展情况，我们应该反省，当时的论调是建立在偏激的意识形态基础上的，并没有准确分析现实情况。

　　墨西哥的国土面积是朝鲜半岛的9倍，韩国的20倍，人口超过1亿，有着丰富的石油储量，但产业基础比韩国脆弱得多。韩国早在19世纪60年代就加入了WTO的前身GATT[①]，而墨西哥由于采取了封闭的经济政策直到1986年才得以加入。墨西哥国内市场相对狭小，政府却实行进口替代战略，限制了本国经济和外部的竞争，生产成本高，经济效益低，产品质量差，国家竞争能力不够。与此相反，韩国实行了出口主导型经济政策，在世界市场上竞争力较强，产品质量好，形成了靠开放政策支撑的产业基础。例如，三星电子的产品销售，不仅针对国内销售者，还面向更广大的全球消费者，这样才得以实现规模经济效益。

　　由于实行了长期的封闭性政策，开放时间较晚，直到现在墨西哥的经济情况也十分糟糕。墨西哥的进口替代产业主要是劳动密集型的制鞋、纤维等，中国加入WTO以后，中国制造如潮水般涌入，蚕食墨西哥的市场。如果无法解决石脑油（naphtha）问题，随着中国商品涌入，墨西哥也将被排挤出美国市场。即便是解决石脑油问题，想让现在占据美国市场第一位的加拿大和第二位的中国腾出地方，对于墨西哥来说将是一场苦战。

　　但是我们的处境也并不是那么让人安心。新词"三明治韩国"的出现，描述的就是被夹在高效率的日本和低成本的中国之间的韩国，无法顺利活动的状态。一方面担心被中国经济吸纳的不安感在持续扩散，另一方面由于过于依赖日本产核心零部件，收益都原封不动地吐给日本，被评价为鸬鹚型经济结构。因此我们必须建立全新的经济模型，那就是依随日本

---

① General Agreement on Tariffs and Trade, 关税及贸易总协定。

的成功模型，在此基础上甩开中国经济的冲击，进而超越日本。

我认为，要想从"中日三明治"中逃出，必须尽快签订韩美FTA。美国是世界最大的市场，同时也是市场性最高的市场。韩美FTA能够弱化韩国对中国经济的依赖程度，对日方面，既能确保韩国在美国市场的优势地位，原来依赖日本的核心零部件也能从美国市场取得。

我们不能再回避FTA，必须要占据先机开拓市场。大韩民国不是后起的发展中国家。以前我们迅速吸纳已经在发达国家中经过不断失败得到检验的新技术，通过增加生产要素的投入扩大生产。但是现在我们和他们都站在同一竞争起跑线上，再想回避开发新技术的成本，只是单纯享受后起跑者的利益已经很难了。

在全球化经济结构下，韩国的GDP的90%依赖于海外贸易。现在韩国的经济在世界经济分工秩序中担负何种作用，负责哪一阶段的产业，生产什么样的附加价值已成为重要的课题。为了能将我们在世界经济分工秩序中的水平提升至更高的阶段，我们只有发展高附加值产业，确立知识创造型经济结构才行。通过教育，培养创造型人才，培育知识服务型产业。

同时必须通过朝鲜半岛南北间的经济协作，构建民族经济共同体，借以扩大内需。和其他发达通商国家和地区相比，例如香港和新加坡，我们具有它们不具备的重工业基础产业。想实现规模经济，必须整合内需和先进通商结构，才能创造更优越的竞争力。韩国由于朝鲜半岛的分裂成为一个孤立的岛屿。但是对于我们来说，朝鲜就像是美国的西部地区，是我们的储备地。如果能通过朝韩经济合作，实现韩国与大陆的直连，将会铺设出一条成长为新东北亚强国的光明道路。

现在韩国国内出现关于解决经济增长和社会分配两极化的争论，限制了经济发展。为了提高世界经济中韩国经济的地位，我们必须重新部署经济增长战略。

直到现在，韩国凭借高教育率、挑战和开放精神，已经走出一条成功的道路。开放是新的机会。我们晚于日本和西欧国家签订通商协定，在避免缔结其他屈辱的《乙巳条约》之前，我们首先要挑战未来，成为发达通商国家，提高国际竞争质量，迈过发达国家的门槛，创造经济神话。

寻找韩国经济的"蓝海"①

朝鲜是韩国经济的逃生门。韩国新生儿出生率处于世界末位。两人结合却不愿生子，韩国的社会已经沦落至此。长此以往，20 ～ 30 年后，韩国的出生率将可能出现负数，这将导致经济活力的丧失。

为了解决这一问题，虽然也考虑过积极推进外国人移民、允许双重国籍等政策，但是这些都不如朝鲜和韩国间的协作更有效。较高的技术能力和教育水平，语言和文化相通，薪酬低廉，这样具有高竞争力的劳动力不是一直就在我们旁边么。

开城工业园就是个典范。2008 年 11 月 5 日，开城工业园的产值就突破 5 亿美元。2009 年 7 月，朝鲜方面有 4 万名，韩国方面有 1000 余名劳

---

① 译者注："蓝海战略"（Blue Ocean Strategy）是由欧洲工商管理学院教授 W·钱·金（W. Chan Kim）和勒妮·莫博涅（Renée Mauborgne），基于对跨度达 100 多年、涉及 30 多个产业的 150 个战略行动的研究而提出来的。根据 Kim 和 Mauborgne 发表在《哈佛商业评论》（2004 年 10 月）上的文章，在拥挤的市场上做激烈竞争，无法保证企业高水平的绩效。真正的机会是：开拓蓝色海疆，创造没有竞争的市场空间。随着《蓝海战略》一书的风行，"蓝海战略"是 2006 年中国企业界最火热的一个词。在各种论坛和聚会上，企业家们开始言必称"蓝海"了。那一片没有竞争的蓝海，令他们无比神往。蓝海战略（Blue Ocean Strategy），即开拓没有竞争的市场空间。W·钱·金和勒妮·莫博涅认为，市场可分为"红海"和"蓝海"。"红海"代表已知的市场空间，局限在现有行业之内做残酷竞争，从竞争者手中抢夺顾客的战略，被称之为红海战略或血腥战略（Bloody or Red Ocean Strategy）。"蓝海"代表未知的市场空间，企业如要赢得明天，是不能靠与对手竞争的，而是要开创"蓝海"——蕴含庞大需求的新市场空间，以走上增长之路。换句话说，所谓的"蓝海战略"就是企业从关注并超越竞争对手（摆脱"红海"），转为向买方提供价值飞跃，从而开启巨大潜在需求，重建市场和产业边界（开创"蓝海"）。

动者在园区工作。对于人口只有 15 万的开城来说，4 万名劳动力已经是所能提供的极限。按照朝韩间的协议，需要新建宿舍，但是南北问题不解决，南北协力基金毫无用武之地。

我在演讲时曾开玩笑地说，为了说服对于南北经济协作持否定意见的人，要告诉他世界上没有工会，不允许罢工，劳动者进入工厂后能持续工作 4 ~ 5 年，劳动熟练度强，完全不需要韩语翻译的地方就是朝鲜。反正以后我们也要承担责任，现在为同胞提供工作岗位的南北经济协作不仅仅是一石二鸟了，能称得上是一石四鸟、一石五鸟的事业，仅提供工作岗位就是最大的福祉了。

一部分保守分子提出了反驳，认为将南部工厂搬到朝鲜不只是为了给朝鲜同胞提供工作。2008 年，民主党指导部访问了开城工业园。2004 年 6 月第一批入驻工业园区的（株）神原公司是国内时装界的唯一参与者。朴生哲会长是保守的基督教人士，他和纯福音教会的赵慵基牧师是很亲密的教友。神原公司像衣恋（E-Land）公司一样，都以基督徒企业为世人所知，公司内还设有礼拜堂。神原公司在征得朝鲜方面同意后，在开城工业园区的厂内同样设置了礼拜堂。

保守的朴会长为什么要在开城工业园投资？与其说为了帮助朝鲜，倒不如说归根结底还是为了钱。按照朴会长的说法，他在印度尼西亚、危地马拉、青岛、越南等地都有投资，各地工厂都在运营，但是业绩最好的还是开城工业园的工厂。

朴会长的故事让人深有同感，我们再举一个例子来说明。Besti belli[①]的淑女服装包含布料、线、纽扣、拉链、装饰物等多达 240 余种附属材料。所有的都是在韩国国内生产后运到朝鲜，开城工业园只提供裁剪、缝

---

① 译者注：名字由来：best + vesti (She wears the dress) + belli (beautiful) = besti belli。1990 品名牌创始。Bestibelli 拥有"韩国最美丽服装"之称的女装品牌。

制的劳动力。如果将工厂搬到外国，连提供这些附属材料的外包企业也要依赖了。如此一来，国内的工作岗位将会缩减。但是投资在开城工业园区就完全不一样，既不需要将提供附属材料的设施设备搬到国外，国内的工作岗位也能得以维持。

因此，如果开城工业园区规模扩大，韩国南洞工业园以及半月始华工业园的企业也将一起发展。按照开城工业园区入驻业主的说法，现在为100 余个开城工业园区企业提供产品的韩国公司多达 6000 余个，惠及 10万余名劳动者。如果开城工业园区关闭，不仅对朝鲜有害，韩国国内也将丧失众多工作岗位。现代牙山公司的情况就是如此，金刚山旅游观光一中断，员工就由 1000 名裁减到 400 名。

朝鲜劳动力的月工资大概是 50 ～ 70 美元的水平，每年有 5% 以内的上升空间。最近南北关系恶化，朝鲜取消对韩国的优惠政策，其中一条就是月工资水平要求提高到 300 美元。随后为了缓和对南关系，这一要求被朝鲜收回。即便是每月工资真的达到 300 美元，也不过是 35 万韩币而已。拿着 35 万韩币在韩国能找到劳动力么？即便是在中国也是很难找到的。这种低工资水平被批评是剥削朝鲜劳动力，并非真心要支援朝鲜。

我从开城工业园区的某一企业里还听到过这样一个故事。企业每天给朝鲜工人提供一块巧克力派作为零食，但是大部分人都不吃，而选择带给家人。后来改为每人提供两块。午餐分配盒饭和热乎乎的肉汤，不几天后工人们的脸色就都变好了，这是很令人心痛的。我去了开城工业园五次，每次去都能发现朝鲜工人皮肤颜色有所变化，看着他们，重新想想这一事业的各种意义吧。

制约韩国经济发展的另一个因素就是工厂土地不足问题。开城工业园距离首尔 60 公里，开车大概 30 分钟。面积 6600 万平方米（大约 2000 万坪），大小和昌原市差不多。南北合议的 1900 万平方米（约 600 万坪）规模的工业园区如果能够建设完成，大约能够容纳 2000 个工厂入驻，35 万名朝鲜劳动者和 3 万名韩国劳动者一起劳作。2009 年 10 月，10 个工厂已经开工，1800 余企业希望入驻。土地转让价格为每坪（约 3.3 平方米）14.9 万韩元。现在南北关系恶化，还要征收土地使用费，南北关系缓和的话，这是轻而易举就能解决的事情。

朝鲜境内有丰富的地下资源，想要加以利用就需要南北间的战略合作。现在，世界各国之间展开了激烈的资源战争。例如中国，为了争夺资源，在澳大利亚、印度、巴西等世界各地开展全方位活动。

在我们很小时，听得耳朵都长茧子的话就是国家资源不足，经济依靠对外贸易。朝韩经济中资源问题是事关生死的头等大事。原材料价格的上升直接影响韩国的经济。

朝鲜境内有 200 余种矿物资源，其中经济性矿种约 20 余种。特别有名的矿种有 10 种，分别是锌、铁、铜、钼、钨、镁、金、铅、磷矿石、无烟煤。朝鲜主要矿物的潜在价值是逐年变化的，据说能达到 2000 万亿～4000 万亿韩元。2009 年 9 月，韩国矿物资源公社的正式统计是，朝鲜主要矿物的潜在价值约为 6984 万亿韩元。由于矿物的价值随着时间的流逝而有继续增加的可能性，因此矿物的潜在价值将远高于这一评估价值。

韩国矿物资源的潜在价值仅有 289 万亿韩元，是朝鲜的二十四分之一。但是每年从朝鲜输入的商品价值仅为 10 亿美元，其中朝鲜产矿物价值不超过 1 亿美元。朝鲜开采地下资源的技术较低，运输手段及基础设施都比较落后，必须积极推进南北协作。中国以及法国、英国等欧洲国家已经为了将来能够开发朝鲜的自然资源而加大了对朝鲜的投资。

不管怎么说，为了扩大内需，必须加强和朝鲜的交流。韩国 GDP 的 90% 依赖对外贸易，内需所占比重较低，经济受国际经济影响较大。不想在对外经济中受制于人，就需要有排他性的经济消费人口。美国和日本对于对外经济的依赖程度约为 10% 和 20%。美国有 3 亿人口，日本有 1 亿

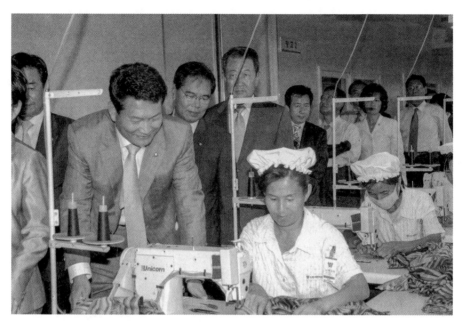

2008 年 10 月，民主党指导部访问开城工业园区

2715 万人口，已经形成了自生的内需市场。想实现内需市场的再生性，至少需要达到 1 亿人口的消费者。

韩国人口约有 4874 万，朝鲜人口约为 2390 万，相加起来超过 7000 万。如果再加上 682 万名在外同胞，总人口将达到 8000 万左右。这一人口规模完全不落后于德国的 8216 万人、法国的 6234 万人、英国的 6156 万人，将能确保相当大规模的内需市场。而且朝鲜的所有基础设施都需要再建设，将爆发性地创造出相当可观体量的建设材料需求。

随着和朝鲜的经济交流扩大，将获得打开北方经济新局面大门的钥匙。俄罗斯远东地区和中国的东北三省经济规模是朝韩的 1.5 倍，人口也达到了 2 亿。不仅能连通石油和天然气等能源管道，也将开辟通往俄罗斯内陆和美国阿拉斯加州的物流之路。

天然气和石油不同，缺点在于初期投资费用较大。气体天然气想从原产地运输到消费者手中必须依赖输送管道。另外，为了能通过 LNG（液化石油气）管道连接海上运输线，还需要全套的 LNG 设施设备。

中、日、韩都是世界最大的消费市场，韩国是世界 LNG 的第二大进口国。2008 年 9 月，李明博总统和俄罗斯总统梅德韦杰夫举行了会谈，韩国天然气公社和俄罗斯天然气组织签署了谅解备忘录，约定从 2015 年开始，通过经由朝鲜的天然气管道向韩国输送 750 万吨天然气。真是好消息，但是如果朝鲜不同意还能实现么？能在东海海底钻出海底隧道么？南北关系缓和的话，这些就能变成现实。两位总统还对连接朝鲜半岛纵贯铁路（TKR）和西伯利亚横贯铁路（TSR）对于国际交通物流市场的重要性达成共识。这一点也需要南北关系正常化后才能实现。

远东地区和西伯利亚是韩国经济的新能源。逐渐增长的俄罗斯内陆市场与欧洲相连，将开辟新的东西文明的丝绸之路。韩俄能源协作如果实现，梦想成为天然气输出港及 LNG 基地的江原道三陟港的发展将被提前。由于中国经济的飞速发展，群山、平泽、仁川等以西海岸为中心的物流港获得大发展，釜山港相对衰退，东海岸输送带的物流量衰减。如果能连接北方经济圈，东海岸输送带将一直延伸到釜山，釜山港将由于韩俄物流交流迎来全新的发展契机。

现在，通过维修朝鲜罗津和远东哈桑间的铁路，经韩国釜山港、浦项港、束草港至朝鲜罗津港的海上输送后转罗津至远东哈桑的铁路，将实现朝韩俄集装箱运输物流的一体化。如果如此，每年将在欧亚大陆产生 1 万 TEU[①] 以上的货物吞吐量，创造超过 2 亿美元的收益，经济发展陷入停滞

---

① 译者注：twenty-foot equivalent unit，是标准集装箱，系集装箱运量统计单位，以长 20 英尺的标箱作为标准。目前世界各国所采用的集装箱规格，大多以国际标准化组织（ISO）所制定的规格为依据，ISO 在 1970 年所制定的通用集装箱标准化规格共有 13 种，其中国际上应用最广的有 4 种，8 英尺 ×8.8 英尺 ×40 英尺；8 英尺 ×8 英尺 ×40 英尺；8 英尺 ×8 英尺 ×20 英尺；8 英尺 ×8.6 英尺 ×20 英尺。其中的 8 英尺 ×8 英尺 ×20 英尺称为标准集装箱。

状态的釜山和浦项的港口机能也将被激活。

如果能实现统一，或者统一前实现朝美关系正常化，在朝鲜设置经济特区、特别市，就能解决韩国的居住问题，半价买到公寓将成为现实。

朝鲜的土地为国有。德国统一时，移民到西德的旧东德土地所有者的所有权被认可并得到补偿，但是朝鲜半岛南北统一时，类似德国的原状恢复土地改革前个人所有权的政策是别指望了。

韩国大概有1600万户家庭，长期租住公共住宅的比例不超过3.3%（首尔为6%），英国是22%，美国是20%，德国和法国为18%。在韩国，这一数字只有达到15%，才能有效应对居住福利问题。韩国国有用地比例为22.5%，其中用于居住的不超过0.1%，公共土地政策的执行受到限制。朝鲜全境均为国有用地，这为提供廉价住房和工厂用地，减少物流成本，实现生活便利最大化，将住房福利概念变为现实提供了强有力的基础。

现在必须开放21世纪丝绸之路。郑首日教授的《文明交流史研究》一书阐明了丝绸之路连接朝鲜半岛的进程。之前，中国、日本学者认为丝绸之路只停留在中国，并不认可一直延伸到朝鲜半岛的事实。在文明交流史研究上学问卓越的郑教授全部翻译了慧超[①]的《往五天竺国传》和法语版《伊本·白图泰旅行记》[②]，证明了被遗忘的丝绸之路延伸到朝鲜半岛的历史。我们必须打破分裂的壁垒，连接全新的21世纪丝绸之路，成为大陆文明和海洋文明、欧洲和亚洲文明交流的主角。开放崭新的物流之路，将解决青年人失业问题，为他们展开全新的未来画卷。

金文洙知事提出了建设从京畿道通往中国的海底隧道的构想，但是建设海底隧道花费巨大，对于和陆地不相连的岛国来说，将只能停留在构想阶段。要想解决这一问题，就必须通过南北的协作，经由朝鲜和大陆连

---

① 译者注：慧超（704—787），新罗僧侣、纪行文学家。

② 译者注：伊本·白图泰，摩洛哥穆斯林学者，大旅行家。

接。南北结合，通过中东铁路、西伯利亚铁路，连接美国、日本的海洋物流通道和欧洲、中亚、蒙古国、俄罗斯、西伯利亚的物流通道。试图疏远或者越过朝鲜和中国及俄罗斯经济相连，不仅花费巨大，对于南北和解协作也是不利的。今后实现南北全面的和解和协作，虽然也可能花费巨大，但是最关键的是能够通过朝鲜和大陆相连。

这种观点是有根据的。日本占领时期，朝鲜半岛并没分裂，经由伪满洲国①可以进出大陆。中世纪时，通过丝绸之路，实现了文明的交流和经济上的交易，却由于朝鲜半岛的分裂，使我们被囚禁在岛不像岛的地方。20 世纪 30 年代，首尔站能卖通往巴黎的火车票。当时去往欧洲最快的路线就是在大连乘中东铁路，再换乘西伯利亚大铁路，到达莫斯科、柏林。伪满洲国是通往欧洲的中东铁路的入口。

去年大选时，我作为孙鹤圭候选人的助手，提出了建设自仁川国际机场始发，经过首尔、开城、平壤，再经新义州、丹东到大连，连接中东铁路的铁道和高速公路的方案。我预想只要朝美关系缓解，以开发朝鲜资源为名，包括旅游观光、建设等相关项目的投资资金将蜂拥而至。别无他法，只会遏制朝鲜的强硬政策以及静默等待的政策，将使我们亲手切断韩国经济的活路，我们万万不能犯这样愚蠢的错误。

向东，远东地区、西伯利亚和釜山、浦项、三陟通过罗津、先锋连接至哈桑和海参崴。向西，从首尔、仁川开始，连接开城、海州、平壤、新义州、丹东、大连，打通经中国、俄罗斯、蒙古国通往欧洲的物流通道。想使这一构想变成现实，必须打通朝鲜半岛南北通道。人背上的穴位和精气以及脑前面通向胸部的穴位和精气在丹田汇聚，若打开任督二脉，就能实现能量的循环和精气的旺盛。正如此，必须要打通朝鲜半岛南北的通道。临界点正慢慢靠近，我们必须有所准备，必须有所醒悟。在朝鲜半岛

---

① 今东北三省、内蒙古东部地区及河北省承德市。

新变化的趋势下，不能再发生旧韩末 ① 时期疏远朝鲜的事情了。

再次强调，朝鲜就是韩国经济的"蓝海"。

美国通过开垦西部，发展成连接大西洋各国和太平洋的大国；朝鲜则是将韩国从岛国经济延伸到大陆经济的崭新天地。我们并非要采取日俄为争夺中国辽东半岛和朝鲜半岛控制权、西部开垦中屠杀印第安人那样的方式，而是通过南北间和平地协作，实现民族共同体经济的再生。

每每想到此事，我总会为这一新的希望心潮澎湃，热血沸腾。看起来好像这是能解决韩国所有的社会、经济问题的出口。奥巴马总统的著书《无畏的希望》中写道，工厂搬迁到海外给周边失去工作的邻居带来了痛苦。对于韩美 FTA 等对外贸易开放政策持消极或批判立场的人，说起来像是感受到了美国和奥巴马的苦闷。

我们也有无数的中小企业将工厂搬迁到中国、越南、柬埔寨、老挝等国。青年失业率持续增长，每当看见大学生和青年们，都会觉得内心憋闷，有愧于他们。怎么才能解决这一问题呢？必须融入展现希望和挑战性的全新世界。民主党希望再次获得国民的信任，为祖国和民族负责。为了实现这一希望，也为了实现半岛和大陆的连接之梦……

---

① 1897 年 10 月 12 日，朝鲜王朝的第 26 代国王李熙（朝鲜高宗）自称皇帝，改国号为"大韩帝国"。大韩帝国通常被认为是朝鲜王朝历史的一部分，也是朝鲜半岛历史上第一个帝国。现今韩国的历史学家为区别后世的大韩民国，又称这一时期为"旧韩国"（구한국）或"旧韩末"（구한말）。

战胜挫折，变逆境为机遇

民富则国强

"民惟邦本，本固邦宁"[①]，孔子的观点到现在也适用，但是现在韩国国民的生活越来越不安定。工作岗位越来越少，还有高收入岗位和低收入岗位之分，体面的工作（decent job）越来越少。50% 的就业者从事不正规职业，低收入岗位比重达到 27% 之多。虽说有了工作是种幸福，但是工作也就那样吧。月薪 80 万、100 万、150 万韩元的工作怎么说也不令人满意。拿出租车司机来说，公司经营的出租车、个人的出租车加起来大约有 25 万台。出租车司机干到死，收入不过每月 100 万～ 150 万韩元。考虑到物价因素，现在的工资水平还不如 20 世纪 80 年代后期，我从事出租车劳动运动的时期。这点钱养活孩子相当困难，更别提有送孩子去辅导班的念头。5 年间，我为了出租车、公共汽车、货车等司机的权益开展劳动运动，每当乘坐出租车时，都情不自禁为不断恶化的出租车司机的现况焦心。

不仅如此，他们的晚年生活也令人担忧。如果碰到受伤，那就是天塌

---

① 译者注：出自儒家经典《尚书》，相传由孔子编撰而成。

下来了。在韩国，残疾人的生活真的非常艰苦，整个家庭也受牵连。低收入岗位不能解决贫困、改善分配，勤劳困苦阶层逐渐增多。收入也就那样，劳动稳定性也不高。雇用关系外部化（劳务派遣）已经不是基于岗位特点的需求，而是沦落为一种用来回避劳动法规的、用来获得短期收益的手段，加剧了"劳动市场双重结构"——高工资正式工和低工资非正式工的并存。

金大中总统时期出台过类似马其诺防线作用的国民最低生活保障制度，但是该制度设立了严格的资产及有无赡养义务者的标准，以至于最低生活费以下的贫苦阶层中有相当多的人未能享受相应的福利待遇。这一制度会诱发道德风险，因此受到了大国家党的批判。获得失业金的劳动者占比从 10% 增加到 2008 年的 39%，但是和欧洲大部分国家的 60% 相比还是较低。理由很简单，在欧洲大部分国家，劳动者中具有失业保险人数停留在 60%，而韩国加入失业保险的劳动者比重少于欧洲等发达国家。特殊劳动用工持续增加，零星自营业劳动者、非正规雇佣劳动者中的多数未加入失业保险。四大保险皆是如此。

不仅如此，居住问题也令人不安。总居住人口的 21.4% 处于居住政策的死角地带。提供长期公租房的比率以 2008 年为基准，不过是总住宅数的 3.3%。穷人连居住的权利都没有，相反穷人住的地方却被以再开发、再建设的名目捣毁。小型经济适用房占比也较少。那些中大型公寓谁能负担得起呢？最终还是被有住宅的人、有财产的人买走。虽然实行重赋税，但是 1 个人有 2～3 套住宅的比率逐年增加。连最低居住条件都无法保证，居住在棚户区的户数达到了总户数的 13%，约 206 万户，比起美国的 1%、日本的 4.4%、英国的 2.2% 要高得多。拆迁户的悲哀一直在持续，都市的再建设是充满暴力的。全斗焕统治时期出台的法律规定土地、建筑物以所有权人为中心，承租人的权益完全没有保障。连顶费 ① 等无形资产的价值

———————————

① 译者注：转让或取得企业经营权或房屋租赁权所付出的钱。

也被排除在补偿对象之外。因此，龙山惨案的发生就不可避免了。我作为民主党的龙山惨案对策委员长，和金希哲干事一起，为了修订城市整修法等法律东奔西走。在出台管理处分计划之前，有必要对承租人的得失进行调解。数百亿的开发利润，却不能为租商铺的小商贩安排新商铺，这是一种摧毁共同体共存基础的行为。

住宅资产两极化的恶果加剧了社会全体经济上的不平等。劳动者丧失工作热情，居住水平持续恶化。经济上不平等程度的深化将会扩大贫富差距，而这种差距并不仅存在于当代，将会一代代地传给子孙后代。每个城市的小学都存在同时招收居住条件天差地别的不同阶层的学生入学的情况，但是，由于他们之间存在内部上的深刻差别，常有翻脸反目发生，现在已经到了需要从根本上改变对居住条件差异看法的时候了。

劳动所得的两极化，工作岗位、居住、金融等的两极化，都在社会中呈现出二八现象。得益于不动产和金融资产，除工作所得外还有其他收益的富人，和与之相反，没有任何财产，依靠较低的工资、公共捐助、失业金等支付逐渐上涨的租金的穷人之间产生了巨大的鸿沟。

越过这一鸿沟的方法就是教育。虽然我出身穷苦，但为了不使穷苦传给子孙后代，我加大了对自己的教育投资，也曾有过囊萤映雪似的日子。但是像现在这样已成体系化的私人教育市场下，穷人们很难负担高昂的教育费用，教育投资对于穷人家的孩子来说越来越困难。为了赚到孩子们的学院培训费用，有的家庭主妇到歌厅去做小姐，境况十分悲惨。那些将孩子送出国留学，每月向国外汇款数百万韩元的"候鸟家庭"和月薪150万韩元，连支付10万韩元的学院费用都十分困难的家庭之间的对立越来越大。

国民的生活处在不安之中，结婚晚，也不愿生育，韩国成为世界上最低出生率的国家。我很担心，长此以往，韩国的出生率会不会跌到1.0以下？女人们貌似要进行罢工，生孩子却没有养育的信心，培养孩子却没有赚出教育费的信心。即便能勉强赚到教育费，大学毕业后又没有就业保障。因此韩国的女人不仅结婚晚，也逃避生育。

国民的不安不会带来国家的繁荣。想获得国民的支持，就要像电影《欢迎来到东莫村》里村长说的那样，"马，是必须要喂的。"提供工作岗位，给他们合理的补偿，为没有劳动能力的人编织一张社会的安全网，只有这样，才能赢得人民的拥护。

分析问题产生的不同原因后，又要苦闷地去寻找不同的解决对策。

因为私人教育经费负担而无法生活

真是要活不下去了，这是高三孩子父亲的真实想法。在韩国，家庭生活费用的 7.5% 用于支付教育费，这在 OECD 国家中所占比重最高，几乎是德国、法国的 10 倍，即使和与我们的教育制度相似的日本相比，也是他们的 3 倍多。

2009 年的教育预算为 38.2 万亿韩元，据科技部和统计厅的调查结果，全国私人教育费用总额达到 20.9 万亿韩元，超出国家教育预算的一半。不仅如此，针对小学生和中学生的私人教育讲师人数为 49.8 万名，比中小学校的教员数 39.5 万名还要多。社会出现了奇怪的现象，肚脐比肚子还要大。大学也是一样。韩国大学的学费在 OECD 的 36 个成员国中位居第二，仅次于美国。私人教育经费规模是个问题，私人教育的两极化也是个问题。最近科技部和统计厅共同调查了全国约 3.4 万名中小学校学生家长，结果显示，月薪 700 万韩元以上阶层的私人教育经费平均每月为 47.4 万韩元，是月薪不足 100 万韩元阶层的 8.8 倍（约为 5.4 万韩元）。改变命运的机会之门被关闭了。

我的爷爷、父亲字写得很好。爷爷能直接雕刻出带花纹的糕点模具，父亲是著名的书法家。父亲用钢笔写的寄给乡下的书信，直到现在，信中的钢笔书法仍令人叹服。我喜欢绘画，中学时参加过美术部的活动，也有过考入美术类大学的念头。我的女儿具有美术天赋，正为考进美术类大学准备。女儿每天都要去学院辅导班学习，不仅要负担其学费，女儿晚上12点到家，天不亮又要出门的辛苦也让我十分心疼。早晨6点叫醒女儿时，她总是诉苦，"老爸，让我再睡会儿吧。"这到底是什么样的教育啊。孩子们升入初高中后，再想和他们一起就很难了，就连一起吃晚饭、一起参加文化典礼都变得很难。祭祀或节日时，甚至有时不能将孩子带回家看望爷爷，这是很严重的问题。教育问题的核心在于大学。小学还能开展多样化的教育，但是进入初中后就要开始埋头为升入大学做准备，每天都辗转于学院和读书室之间。都到凌晨了，才穿过情人旅店闪烁的霓虹灯照耀下的马路回到家的孩子们的处境真是凶险。韩国的学生家长在孩子初高中时期拼命赚取私人教育经费，孩子们也是拼命学习。真考入大学后，很多孩子却丧失了学习的动力和财力的支撑，他们只有通过教授学弟学妹们来赚取零用钱。大学毕业后如果没找到工作，他们或是成为学院的讲师，或是自己开设学院，通过私教市场赚钱。

不久前，民主劳动党候选人的财产登记数额超过了20亿韩元，询问这些钱如何赚得时，该候选人回应说是经营学院所得。并非对社会发展、研究开发做出贡献的回报，完全是非生产性的剥削所得。真是令人郁闷啊。大学里那些聪明的孩子们为了在竞争中取胜拼红了眼，想利用大学本身的力量培养学生又缺乏资源。大学的发展对学费的依赖越来越大，学费自然越来越高。快要活不下去的话自然就情不自禁地脱口而出。

高等教育的家庭负担率，OECD国家平均为0.4%，韩国却达到了1.8%。2006年4年制国家公立在校生的比率，OECD国家平均为76.6%，韩国却不超过22.5%。在不能大幅度增加教育财政投入的情况下，大国家党和李明博政府却废止了教育税。

大学需要强有力的扶持，运营大学必须减少对学生学费的依赖程度。

应该发展多样化的遴选方式来取代高考，也要推行地方的均衡选拔。让孩子们入学前倾注所有心血，入学后空虚得瘫坐在地的所有教育结构都要改变。只有不断整顿教育体系，才能跟得上社会变化的速度。

让养老金成为国民退休后丰厚的财政保障

对于养老金的不信任感越来越强了。

在日本，因为养老金资料录入不实，管理失败，造成自民党政权的崩溃。日本的网民也主张废除养老金。本来就是要不回来的钱，每月还要从可怜巴巴的工资里往外掏，倍感负担。每年有超过 20 万亿韩元成为公民的假定所得，这严重弱化了内需消费余力，弄不好就成为经济转活的障碍。

每年 20 万亿韩元的巨额资金，大概超过 20 年后才会有人领取，怎么管理运营这笔巨款？会不会因为某些人管理不善，正好到我退休后无法领取了呢？很多国民都抱有这种不信任的情绪，从这一点看，让养老金入市是很危险的事情。特别是那些对之前饱受空头账户伤害记忆犹新的小投资者，心理上是十分抵触扩大养老金入市投资的。因此在每年的国政监察时，都会出现入市投资的养老金损失与否的争论。

参与政府时期，保健福祉部长官金槿泰和卢武铉总统之间的矛盾纠纷也是因此事引起的。金槿泰长官反对继续扩大入市投资的养老金份额，而卢武铉总统则强调扩大的必要性。卢武铉总统越来越不信任金槿泰。我当时同意卢武铉总统的见解，站到他这一边。我认为通过修订基金管理法，在一定程度内是可以扩大养老金入市的。当然，像美国加利福尼亚的公务员养老金的 40% 都投资股市是非常危险的，扩大到 20% 是非常有必要的。

参与政府初期，入市养老金的比重不超过 4%，目前可扩大到 12% 以上。最近养老金规模超过了 260 万亿韩元，国内股票投资规模也增长了

15%，这样算来可追加 35 万亿韩元养老金入市。到 2043 年，养老金规模将超过 2645 万亿韩元，入市养老金规模将十分巨大。

2003 年 3 月 4 日，参与政府执政的初期，当时股票指数是 512 点，处于历史最低点。但到了现在，2009 年 10 月的股票指数已经超过 1600 点。股票指数处于最低点时，大国家党受困于基金管理法修定案，修订案出台很晚，扩大入市养老金比重的事情就被拖后了。大国家党的代表朴槿惠强调养老金社会主义（pension socialism），对扩大入市养老金比重和赋予议决权提出否定见解。我将初次当选的议员募集起来，发起了"持有企业股票运动"。韩国股票的价值被相对低估，只要市场公开透明，改善企业支配结构，我确信韩国的股票市场会有较大提升。因此，我主张扩大入市养老金比重，开展"持有企业股票运动"，扩大员工持股，成立员工持股组织。

朴槿惠们担忧针对养老金的议决权的无限扩大会产生政府统治民间企业的现象。我批判了朴槿惠代表的见解，为了对抗投机资本敌对性的并购，采用友好的方式入股，在一定原则下赋予议决权是有必要的。养老金运营中首要的就是安全和收益，议决权必须在慎重、被动、防御性的立场上行使。

但是养老金投资的性质又让人担忧。我觉得必须从根本上探索国民养老金的积极作用。2008 年支出了 6.3 万亿韩元退休金，产生了 22 万亿韩元的养老保险收入。目前支出的规模还很小，随着养老金支取人数的急剧增加，到 2044 年，养老基金的规模将开始缩小，大约到 2060 年，养老金将会枯竭。

因此，社会上不断出现提高养老保险、降低退休金的提议。按照政府的观点，低保费和高退休金支出的结构存在，养老金到 2047 年就会枯竭。如果修订相关法案，有可能将时间延迟到 13 年后，也即养老金将要在 2060 年用完。养老金法于 2007 年修订，其核心内容就是继续按照现有比例缴纳养老保险，但是今后支取的退休金将会有所减少。继续执行 9% 的现行保费费率，退休金将于 2008 年从现行的 60% 减少到 50%，以后每年降低 0.5%，到 2028 年降到 40%。

但是，重要的并非养老金的枯竭或者入市养老金的比重，核心问题是应该将养老金投资在何处？怎样灵活使用超过 2600 万亿韩元的巨款，不同的方式将会对国家经济和国民福利产生不同的影响。

目前，只有 262 万亿韩元养老金被使用，其中 17% 投入股市，79% 用于购买债券，3.6% 用作其他替代性投资①。韩国的债券市场规模约为 1070 万亿韩元，养老金就购买了 207 万亿韩元，可以说养老金扫荡了整个优良债券市场。股市上大约维持 35 万亿韩元规模的养老金，主要投资在蓝筹股。养老金通过持有股票的借贷交易对股市施加影响，与股票、债券投资相比，其他替代性投资只维持在很小的规模上。

从现在开始，必须改变养老金投资的观念了。养老金投资的目的在于为国民经济做贡献，其收益能连续不断地给予国民福利，投资要顾及安定性和收益性。

需要迈出的第一步就是抛弃对于养老金将枯竭的忧虑。因为这种忧虑，每年都将精力消耗在股市投资收益率的争论上，实在是没有必要。养老金已经入市，收益率和规模无关，随时都会有变化，我们要承认这一点。当然，一般来说，收益率较高时就不会有争论了。所有争论皆是源于对未来养老金将枯竭和无法收回养老金的不安。

即便是入市养老金比重不扩大，到了 2060 年也是会枯竭，本来就是这样规划的。因此，问题的核心不在于枯竭之日是早到还是晚到。因为养老金将枯竭就去改革养老金结构，比现在多交养老保险，每月少领退休金，这样是不能达成"养老"的本来目的的。

---

① 译者注：指股票、债券之外的投资。

在规划设计养老金的当时，就意识到枯竭后不得不选择混用基金积累制①和现收现付制②两种养老模式，或者只选用现收现付制养老模式。国外的情况是：美国采用修正的现收现付制③；瑞典采用基金积累制和现收现付制两种模式；英国采用现收现付制；日本是基础养老金采用现收现付制，福利养老金采用修正的现收现付制；这之外的其他国家一般都采用现收现付制模式。

韩国现在的养老金模式是基金积累制，今后要变更为何种模式虽然需要经过国民合议，但是有一点是确定无误的，那就是现在的养老模式是有临界点的。在到达临界点之前，养老金用在什么地方、如何运用是非常重要的问题。将其投资在国家经济上用以增强国力，将会为国民福利夯实基础。

---

① 译者注：funding system，基金积累制是指参加养老保险的在职劳动者，通过他和他的雇主在其工作期间的缴费，把一部分劳动收入交由社保经办机构，并将这些不断积累的资金用于投资，等参保人退休后，该基金再以积累的养老金和投资所得回报向他兑现当初的养老金承诺。这是一种把劳动者工作期间的部分收入转移到退休期间使用的制度安排。

② 译者注：pay-as-you-go method，现收现付制，是一种以横向平衡原则为依据，以同一时期正在工作的所有人的缴费，来支付现在保险收益人的开支的制度。以养老保险为例，现收现付制是指以同一个时期正在工作的一代人的缴费来支付已经退休的一代人的养老金的保险财务模式。它根据每年养老金的实际需要，从工资中提取相应比例的养老金，本期征收，本期使用，不为以后使用提供储备。

③ 译者注：在支付规模小、人口负担较轻的情况下，现收现付制度运行是有效的。但是随着人口老龄化的加快，人口高峰期出现，这种模式会逐步面临财务不平衡问题。为应对这一问题，西方国家纷纷建立了公共养老储备基金。在现收现付的养老金制度难以为继时，这些公共养老储备基金进入给付期，从收益或本金中拿出一定金额用于弥补养老金的不足。"现收现付制"受到了美国二次大战后的"人口出生高峰"的巨大影响。结果是1983年，国会通过法律专门建立了社会保障信托基金。该项信托基金的宗旨是预先积累资金，以资助出生高峰期那一代人退休后的养老金，而又不提高后代人的社会保障工薪税税率。美国目前实行社会保障体制既不是基金积累也不是现收现付制，可以称作"部分基金化"（Partially Funded）。对目前退休者来说，仍然实行"现收现付"，即其养老金几乎全部依靠目前在职人员交纳的社会保障工薪税。对未来的退休者（即出生高峰期出生的人口）来说，他们将要领取的养老金中的一部分是未来在职人员交纳的社会保障工薪税收入，另一部分则来源于自己过去作出的贡献，即以社会保障信托基金形式积累起来的资金。

2008 年，在保健福祉家族部和国民年金管理公团的国政监察时，我针对养老金运用问题提出了应对方案。主要内容是将养老金大体以 300 万亿韩元为单位进行分割，由此设立第二养老基金、第三养老基金等多种用途的养老基金。不同基金的投资目的和方法是不一样的，各种基金之间也存在竞争，进而达到结构配置的最优化。举例来说，第二养老基金以稳定的结构投资在债券市场，第三养老基金投资全球市场，第四养老基金投资在技术水平高的中小企业，第五养老基金投资在剩余领域。这种专业的高效的分配模式将强化养老基金的竞争力。瑞典就是按照这种模式经营养老金，其养老金规模约为 120 万亿韩元，大体上以 20 万亿韩元为单位进行分割。

养老金投资对象的多样化是十分必要的。举例来讲，扩大对 SOC① 的投资有益于增强国家竞争力。占有仁川国际机场 24% 股份、仁川大桥 41% 股份的麦格理集团，几乎每年都能顺利获得数百亿甚至数千亿韩元收益。很有必要将养老金投资在仁川机场、大桥这类大型 SOC 内。通过这些大型 SOC 事业的经营，一方面可以安心地获取巨额收益，另一方面也能建设国家的基础 SOC，创造了双赢的局面。

另外，也需要支援那些技术水平高却缺乏资金的优良中小企业。虽然日本以稳定性为理由，拒绝将养老金投资在这类中小企业上，但是从现在的市面上看，运营方法得当的中小型股票基金所获得的收益甚至超过了大型股票基金。例如，东洋中小企业基金，安联（Allianz）中小企业证券，未来资产（Mirae Asset）证券等都是 3 亿规模的中小型基金，收益却超出了大型基金的 15% ～ 20%。

不要每年都把精力消耗在争论股票市场投资的收益率了，我们有必要费心思用哲学方法重新讨论养老金的运营。股票投资收益率是不能通过出

---

① 译者注：Social Overhead Capital，社会间接资本，即一般性社会投资或社会基础设施。

售股票实现的，不过是账本上的损益评价罢了。我们必须要看到长远的趋势。要设立基金对国家的重要支柱产业和 SOC 事业进行长期投资，这是非常重要的。例如仁川机场铁路和机场高速路，由于需求预测没做好，即使是在今后的 30 年间能获得最小收益保障的 90%，现在每年也要投入数千亿的预算。类似这样的有最小收益保障的 SOC 事业，养老金需要积极地参与投资。

有关养老金的争论是在很短时间内产生的，除了稍微延长养老金枯竭时间之外暂时没有准备别的方案，达成国民的协议是很难的。因此，有必要设立一个考虑今后养老金结构改革，投资性质、方法等的国民议事机构。日本劳心费力地争论了 10 年多才获得成功，瑞典却因为养老金改革问题导致政权崩溃。

养老金的灵活精准使用，是执行国家长期发展计划以及实现支柱产业经营权保护、国民老年生活保障等多种目标的主要手段。如果用不好，会让那些认为从工资中扣除养老金减少收入的工薪阶层，产生一分钱都收不回来的心理负担。

我作为保健福祉家族部的委员，更加为养老金问题发愁。我一直在为民主党再次执政后如何推进改革进行着持续的研究和努力。

贫富差距的解决之道是什么？

现在的世界是无国境的，经济全球化是大趋势。全球化之下，第三世界的贫困国家和发达国家之间的差距日益拉大。每天不足 1 美元生活费的绝对贫困阶层有 10 亿人，贫困阶层有 15 亿人，这两种人占据了人口总数的 40% 之多。社会呈现牢固的二八组合结构。

在这种全球化趋势下，资本由于其自身的属性，无条件地向利润多的领域和地区转移。世界杯上使用的足球，饱含了第三世界国家孩子们辛苦劳动的血汗，这是不合伦理的。为了能更大化剥削廉价劳动力，在劳动者无法要求取得权利的地方，资本主义公然地横行霸道。仅仅为了资本收益的全球化，制造了压抑人权、追求无限贪欲的局面。

面对新自由主义的弊病，人类要研究如何从资本至上主义全球化转变为具有人文精神的全球化的课题。与其随波逐流，不如为将全球化朝正确方向引导而努力。这是政治家活动的领域。乔治·索罗斯讲过，不能将市场的逻辑引入到公益领域，这是市场的失败，也就是说市场必须和政治配合发挥作用。

在市场的领域内，股民行使股权是原则上的事情。持有较多股票的大股东具有多数股权，相反，小股东们只能行使极少的股权。而在遵循民主主义原则的政治领域内，不管是穷人还是富人，都有平等地行使自己那一票的权利。在决策过程中，市场和政治是有根本性差异的。因此，在民主主义适用的公益领域内，必须通过行政力量健全监督管理体制，使市场上的失败者获得复活的机会。如果连公益领域都全部交给市场，其公益性将在市场机制下被歪曲，呈现出独占和剥削性。

从这一点上看，通过强化竞争、调整结构，全球化不可避免地推动了两极化的扩大。因此，必须在平行移动的观点下探索解决方法。减少差距，防止不平等继续恶化，给人民提供有尊严的最低生活保障，通过培训失败者赋予其再次进入市场的机会，这才是国家应承担的作用。

古典经济学理论认为资本、劳动和土地是生产的三大要素。这一观点已经发生了变化，随着信息通信等服务业的发达，土地变得不那么必要，资本和劳动也统一为一体，资本包含于个人之内。经济学家西奥多·舒尔茨提出"人力资本"（human capital）的概念，即主张人的资本论，人类为了获取深入脑细胞的信息分析能力或者思考能力就必须要投资。例如人类为了获取学习的能力，就要加大教育费的投资。

这样就产生了因人力资源竞争力差异造成的两极化。在高度成长的产业社会中，只要成为其负责的单纯的业务领域的熟练工，就能享受到中产阶层的生活。但是现在，具有专业技术和知识能力的人和不具备的人之间产生了巨大的差异，这被称作 Digital divide[①]，两类人之间出现贫富的极大差距。

在这种个人的竞争力决定社会上成败与否的趋势下，国家应该给予个人更多的受教育机会，个人也要不断努力提高自身素质。这种趋势要求创造一个即使个人身无分文也能接受到教育、具有提高自身能力机会的社会。

以前经常听到"鲤鱼跳龙门"的说法。中底层民众获得"社会上升机会（upward mobility）"是维持社会健康性的准则。健康的社会需要为大众提供公平平等的就业和发展机会，与身份阶层无关，只与能力有关。奥巴马作为黑人混血当选总统，是实现社会阶层上升机会的典型事件。

韩国的社会移动性随着经济高速发展也在发生巨大变化。然而，最近几年贫富两极分化现象严重，私人教育支出更集中在富有阶层，社会移动性变弱，像成本制度一样，社会正在形成不同的阶级。如果想要解决类似问题，教育制度改革迫在眉睫，新的教育制度必须足够支撑起创造性能力、新技术开发能力的培养。国家应该从小中高的义务教育到大学教育承担全部责任。

另一方面，如果想要解决贫富分化问题，广大中下层阶级也需要拥有大量股票和股息收入，并确保他们获得身份提升机会。让公司职员拥有自己公司股权的做法可以缓解资本家与劳动者之间的对立，并有利于让他们在归属感下创造更多价值。现如今如果只靠固定工资很难维持生活，资产所得与劳动所得必须相结合，才有可能摆脱贫富分化的困局。需要认真考虑怎样将劳动的温和性和稳定性结合在一起的"温和稳定战略"应用在韩

---

① 译者注："数字鸿沟"，又称为"信息鸿沟"，即信息富有者和信息贫困者之间的鸿沟。

国各个领域并让其发挥作用。

经济是一门社会心理学。在现有的两极分化体制下，经济发展的成果似乎与广大平民无关，只是一部分企业财团、出口企业的宴会。而连接两极化的媒介之一，正是"股市"。应该培养大众利用股市理财的投资文化氛围。

在韩国上市的公司中，有三分之一是外国企业，这些资本的移动会给韩国国内股价和经济带来影响。资本移动总是逐向可以生钱的领域，如果我们的劳动力失去竞争力，整个产业不明朗，那么外国资本便会抽身而去。

因此，韩国企业有必要提高产业透明度并增强外国资本的投资信心，同时应该从认识上纠正看法，盲目抵制国外资本的做法是不明智的。实现经济发展，必须确保发展和分配的良性循环结构，并打破贫富两极分化的不均衡，创造公平公正的就业机会。没有创造就业机会的发展、降低就业机会的发展，均不能实现发展与分配的紧密联系。因此，有必要通过强化零配件产业发展、促进年基金股市投资和股市储蓄等投资文化发展、加强服务业发展等方法，引导国内消费、创造就业机会。在财政赤字增加、社会福利弱化的情况下，我们更应该抱团取暖，做好过冬的准备。

如何协调市场经济和社会保障工程？

韩国国会有许多研究团体，其中"市场经济和社会保障论坛"是由我和任太熙议员共同负责的。该论坛秉承了第十七届郑德龟议员所建论坛的宗旨，曾连续四年被评为国会最佳研究团队，每年享受着国家1000万韩元的奖金。我的执政生涯主要围绕"社会经济"和"社会保障工程"这两个方面展开的。在第十六届国会选举时，我原本想在财政经济委员会任职，但因为我是律师，所以被选派到了法制司法委员会中，并以法制司法委员的身份活动了两年。在第一次当选议员时，李海瓒曾劝诫我说，"若想成为领导，就必须对经济有所了解。如果在第一次和第二次当选议员时没有学习经济的话，以后可能就没有学习的机会了。"他因此劝我先在财政经济委员会活动。李海瓒委员也曾同样劝过金民锡和任钟哲委员。每每见到我时，权鲁甲顾问也总会鼓励说，金大中总统最初曾任职于财政经济委员会，因此在财政经济委员会活动是正确的选择。受他们的影响，我在财政经济委员会活动了六年，但这也使我未能深入思考社会民生和社会福利。因此，在第十八届国会选举时，我选择了在保健福祉家庭委员会任职。在这里，我有幸与朴槿惠议员共事，她可能同我的想法一样，也认为社会福利很重要，所以选择了这里工作。另外，我也切实学到了许多有关国民工资、医疗、保育、老人、疾病、食品、医药等与百姓生活息息相关的知识。财政经济委员会和保健福祉家庭委员会的活动，为我日后设立"市场机经和社会保障工程论坛"奠定了基础。

在经济合作与发展组织（OECD）成员国中，韩国的出生率最低，为1.19。高额的保育费用和教育费用也促使我国女性开展了很多与拒绝生育有关的罢工。另外，高居不下的自杀率也进一步恶化了韩国的人口状况。据统计，除正常死亡外，2008年韩国死于自杀的人有12858名，死于交通事故的有5870名。高居不下的非正常死亡率带来了巨额的社会和财政负担。我出生于1963年，是韩国的"386世代"。这一代人出生于韩国的生育高峰期，朝鲜战争结束后，人们归乡定居，生活稳定使得生育率激增。从1956年到1965年，韩国每年新出生人口高达105万名，在短短的十年之间人口增长了1050万名，是近年来的人口出生率的两倍之多。这一代人后来被称作"386世代"，现在已经是"60后"了。1931年东北事变[①]后，日本也曾出现了与韩国类似的生育高峰期，在这一时期出生的人被称

① 即九一八事变。

作"团块"一代。

韩国的"386世代"对金融和住房等资本市场的投资，大大影响了韩国房地产和股票市场的发展。随着这一代人逐渐迈入老年人口的行列，预计韩国经济增长动力也会迅速下降和消失。据了解，自2015年起，韩国的劳动力人口开始减少，预计在未来十年间这一人口现象将进一步加重。除了人口老龄化的问题之外，随着16000新居民、100万外国移民以及近2300万朝鲜移民的迁入，韩国社会福利的缺口也将日益扩大。另外，韩国每年因癌症去世的人有67000名，也就是说，每天因癌症去世的人数达到了184人。因此，国家必须调整其原有的癌症预防和治疗政策，例如，增加对低收入阶层在癌症早期诊断上的政府补贴。在今年的行政监察中，国会督促政府尽早签订南北保健医疗基本协定，全在姬部长在会后另外设立了任务小组来负责处理相关事务，其目的是分开讨论保健医疗问题与政治问题，确保即使在南北政治关系恶化的情况下，南北双方仍能够在医疗和保健援助问题上展开合作。除此之外，随着韩美、韩欧自由贸易协定的签订和韩印封闭式基金协会（CEFA）的建立，该任务小组也负责研究自由贸易协定给韩国制药产业和医疗行业带来的影响及其解决对策。因此，我觉得自己在保健福祉家庭委员会开展活动是非常正确的选择。

"灵活且稳定"本来是形容丹麦和荷兰劳动力市场状况的概念，指的是能够平衡与协调劳动力市场灵活性和稳定性二者间的关系。为了使"灵活稳定"这一舶来品适应韩国劳动力市场的发展，政府必须进一步加强和扩大社会保障工程的作用范围。出于这一目的，我开始了解并学习参与政府的"展望2030项目"。该项目的主要问题在于研究出制定发展战略的具体步骤和确保充足的资金来源。针对这些问题，笔者认为有以下解决方法：将福利事业转化为生产性投资、将社会型企业和市场机制相结合以实现福利事业的产业化。所谓是学海无涯、书囊无底，我要学习的东西还有很多很多。

如何创造出新的体面的就业岗位？

"就业是最好的福利"，所言极是，但这并不是说所有的就业岗位都可以被称为是好的福利。因为如果某一岗位只能保证个人勉强维持生计的话，它就只是加重了社会贫穷，增加了社会低收入劳动者的数量，与其披星戴月劳作还不能维持生计，还不如选择待在监狱，至少在监狱生活还能保证基本的生存需求。因此，我们创造出的新就业岗位一定要是体面的职业，而不是帮助个人解决短期吃饭问题的权宜之计。

就社会福利方面来看，社会工作者的福利情况令人担忧，体面的就业岗位一直呈递减趋势。韩国每年待就业人口约有40万，除去军人、学生和无就业意愿者后，还有约60%的人属于亟须就业且符合就业条件的情况。换言之，政府每年需要创造出24万个新的就业岗位才能满足劳动力市场的需求。据了解，每1%的经济增长率可以创造出约6万个就业岗位。为了满足就业需求，必须保证国家经济增长率维持在4%以上。虽然说韩国经济发展初期也曾有过每1%经济增长率对应12万个就业岗位的情况，但是近年来，经济增长却无法带来相应的就业增加。参与政府5年期间的经济增长率为4%，但这4%的经济增长率仅仅创造出了25万～30万个就业岗位。李明博在竞选总统期间曾经提出"747远景"，他承诺，在他当政期间，韩国经济以每年7%的速度增长，韩国人均国民收入将达到4万美元，韩国将成为世界第七大经济体。

虽然亚洲金融危机使得韩国经济受挫，但是在经过这次危机之后，韩国经济似乎具有了免疫力，年平均经济增长率一直维持在2.2%左右。虽然经济增长稳定，但新增就业岗位却在减少。李明博总统所做的要实现每年7%的经济增长率、每年新增60万就业岗位以及在五年任期内创造出300万个就业岗位的承诺不过是好高骛远的虚词罢了。在2009年10月青瓦台召开的经济对策非正式委员会议上，李明博总统曾指出，那些认为未来的经济增长必然会带来近一两年间就业岗位增加的说法只是信口开河而已。细细想来，李明博总统的发言已经违背了当初自己对国民许下的诺言。

去年国家新增的就业岗位是投入13280亿韩元后创造出的，而且大部分岗位只能被视为是解燃眉之急的权宜之计，称不上是体面的就业岗位。除此之外，这些就业岗位并不能解决劳动力市场存在的问题，相反却减少了农忙时的劳动力，而用传统市场代金券充当工资的做法也存在很大的弊端。另外，将对临时工作的补贴延长一年的做法也使得国家不得不继续追加投入4456亿韩元。新国家党为在野党时曾批判国民政府和参与政府所提出的通过财政支出来创造约80万～100万韩元的临时性就业岗位，并主张通过放松对民间企业的管制来解决社会就业问题。但我认为这种通过放松管制来扩大投资和实现经济增长，并以此来增加就业的方法存在一定的局限性，当我们将这一政策的作用对象、标准和管理方法一并考虑，就能发现这种方法甚失妥当。因为当经济呈现V形恢复趋势时，虽然经济增长率有所增加，但是这并不意味着经济的均衡发展或是就业岗位的同比例增加。具体来说，虽然三星、现代汽车、LG、SK等几个大企业的发展情形很乐观，但是那些中小企业的发展情况却或是止步不前或是有所倒退。占据韩国GDP总量18%的三星企业仅仅吸纳了20万劳动力，从韩国劳动力总量2400万来看，三星企业仅仅吸纳了韩国劳动力总量的1%。这就是"无法创造出就业岗位的经济增长"。在韩国，有"履历现象"（磁带效应或滞后效应，hysteresis）的说法，是说依据现有的外界环境，事物无法恢复到原状而只能维持现有的状态。这一用语在经济学中指的是经济危机的冲击使就业状况暂时无法恢复到危机前的状况。这是因为经济危机之后，为了降低生产成本，大多数企业会将生产设备和劳动力需求转向成本较低的发展中国家市场。韩国银行金融经济研究人员指出，韩国就业状况恢复到危机前一半的水平花费了一年又六个月的时间。

韩国青年失业率高达 8%。虽说青年失业最主要的问题是收入来源问题，但是青年失业带来的潜在危害是在学习和积累工作经验的黄金时期时间的大量浪费。在 20 多岁的黄金时间一事无成的年轻人想要在 30 多岁的时候有所成就、成为企业的股肱之臣几乎是不可能的。缺乏收入来源也使得啃老族的现象蔓延，进而产生了低出生率的问题。

因此，政府必须从政策上重视就业问题，包括采用与就业状况有关的经济发展指标，将就业问题与税收政策、金融援助相联系，实现经济发展质的改变而非量的改变，进而实现高就业率的经济发展。为了实现高就业率下的经济增长，需要提高劳动生产率、以高水平的科研研发投入和市场投入，而非廉价劳动力投入来实现经济发展质的飞跃。同时，利用韩欧、韩美 FTA 吸引外资在韩国直接投资，将经济发展与就业相连接。为了利用FTA 吸引外资，政府方面需要建立一些战略性的工作小组，用来专门研究政府的政策引导和政策鼓励问题。例如，拿在韩国的某外国尖端零部件公司来说，为了鼓励技术引进，政府可以给那些毕业后在该公司就业的韩国理工科毕业生以 50% 的国家补贴。

政府还应当鼓励发展通信、教育、医疗、观光、金融和物流等新服务行业。所谓"不如虎穴，焉得虎子"，虽说金融行业水太深、风险性很大，但政府也不应放弃建立韩国金融中心的尝试。因为只有这样，韩国的年轻人才能具备国际金融的实力，才不至于在国际金融力量受损和华尔街金融衍生品受打击时，使我国的生产性企业受到无辜牵连。之前的 KIKO 事件就是一个很好的教训。

另外，国外韩国金融机构的发展情况也令人担忧。大部分其他国家在韩金融机构分部的主要交易客户为国外的韩国人而非本土人士。应当培养我国金融机构敢于在华尔街危机时并购其他金融机构的胆量和能力。所谓"9988"是指韩国应当扶持能够吸纳 88% 就业人数的、占据韩国企业数量

99% 的中小企业。我们的年轻人应当放宽眼界，尝试在世界范围内寻找合适自己的职位。政府还应当逆转中小企业继续向海外投资和转移的趋势，并鼓励在他国投资生产的韩国企业回国发展（解决外国劳动力、稳定的劳动力供给、低廉的工厂建设等问题是前提）。政府也需要创造宽松的外资投资环境，以开城工业园区为核心促进南北经济合作，扩大对生产零部件、材料等朝鲜中小企业的投资，以创出更多的就业岗位。除此之外，还应当丰富职业种类、增加职业数量。以 2000 年为标准，韩国的职业数量仅有 12490 个，而美国的职业数量则有 10 万余个，日本在 1987 年的职业数量已达到 25000 余个。

综上所述，应该将就业与经济发展的各个方面相联系，转变以缩短工时来增加就业岗位的经济发展方式，从根本上提高国有企业和大企业雇佣的灵活性，提高转包企业等弱势部门弹性就业的稳定性，增加公共领域和社会领域的就业岗位，构建灵活稳定的就业市场。2007 年社会企业管理法的出台对企业福利制度、市场机制等企业孵化器模型提出了更高的要求。土木建筑产业与四大钢铁企业息息相关，但这一产业不仅要求前期的设备投入，还无法带来像其他制造业、服务业一样的高就业率，因此政府就应该予以压制。积极倡导绿色产业、绿色职业的概念。所谓绿色职业就是指那些通过修缮现有的建筑以提高其能源利用率的职业。笔者认为，与四大钢铁企业粗放型的经济发展模式不同，这种通过对新基础设施建设进行投资的方式，是同创业和 IT 部门一样可以促进就业良性增加的好方法。

如何从财政上保障对社会福利的投资和扶持？

截至 2008 年，我国 65 岁以上老龄人口占总人口数的比例已经超过了10%，是世界上老龄化速度最快的国家。预计到 2019 年我国老龄人口占总人口的比例将达到 14.4%，相反，我国的出生率为 1.1%，居于 OECD 国家中的最后一位。除此之外，每年约有 13000 人死于自杀、67000 人死于癌症。如此看来，我们每年死亡的人数可以类比战争导致的伤亡。令人担忧的是，在低出生率的情况下，高居不下的死亡率可能会进一步恶化韩国的人口结构，并对房地产、股市、薪酬、社会福利等方面产生消极的影响。我出生于 1963 年，是韩国生育高峰期出生的人。韩国 1956 年到 1965 年十年期间新出生的人口有 1050 万人，即每年新出生人口约 105 万人，与现在每年的新出生人口 46 万相比，多出了两倍之多。照此下去，以后韩国的妇产科真要关门了。出生于韩国生育高峰期的人们大量投资资产和住房市场，使得韩国不动产市场需求增加，而投机性需求的增加也导致了房地产泡沫的产生。随着这一代人逐渐退出市场交易，这可能会对韩国不动产、年薪、股价和社会福利领域产生重大影响。日本房地产泡沫破裂的原因之一就是由于"团块一代"①的退休，所以笔者推测，韩国也可能会出现同日本一样房地产泡沫破裂的情况。

据韩国银行统计，截至 2007 年末，在生育高潮期出生的、年龄在 45～54 岁年龄段的人平均持有的金融资产只有 1312 万韩元，是所有年龄段中持有金融资产最少的人口，但他们的债务却达到了 5500 万韩元，是其他年龄段人的四倍之多。因此，这些人在退休之后维持基本生存都是一个问题。

韩国人可谓是对房地产市场投资情有独钟。现代经济研究院的调查也进一步证实了这一说法。在生育高峰期出生的那一代人所持有的 3 亿韩元总资产中，超过 70% 的部分，也就是 22000 亿韩元被投资于房地产市场。一旦未来的房地产市场有所波动，这些人退休后的生活可能遭遇入不敷出的情况。

---

① 专指日本在 1947 年到 1949 年之间出生的一代人，被看作是 20 世纪 60 年代中期推动日本经济腾飞的主力，是日本经济的脊梁。

这一代人至少还会有十余年的时间参与经济活动。因此，韩国必须在未来的十年之内寻找到经济增长的新动力，因为只有这样才能确保在这一代人退休之后和老龄化问题日益严重时，政府能有足够的财政预算用来满足日益增加的社会福利需求。另外，南北统一后增加的财政支出需求也要求政府未雨绸缪，早做打算。

现在看来，如果不是朴正熙维新独裁政府与全斗焕第五共和国政府通过强制手段建立了韩国医疗保障体制的话，以现在的条件来推行医疗制度将十分困难。当下韩国的医疗费用管制已进入了深水区，继续强化医疗费用管制已十分困难。现阶段，如果国家不加大对医疗事业的投入，韩国现有的医疗保障系统将难以维持。除此之外，政府还需要大力投资扶持公共卫生和医疗事业、对承担心脑手术的胸部外科和神经科等部门的医疗费用进行整改。否则，将来大部分医生都会唯利是图，扎堆到皮肤科和整形外科工作。一旦发生这种情况，韩国医疗事业和医疗能力必将受到严重打击。

相对来说，我国的财政状况还比较稳健。财政在新国家党执政时期的外汇危机中扮演了重要作用。也恰恰因此，韩国外债迅速增加。卢武铉执政的五年时间里，国家新增负债只有 185000 亿韩元。但是李明博执政不到两年的时间里，国家负债就增加到了 107 万亿韩元。短短五年期间增加了 88.5 万亿韩元。李明博总统任期结束时韩国的国家负债已经超过了 500 万亿韩元。将它与地方自治团体、国有企业等的负债 700 万亿多韩元合计起来的话，韩国的负债已经超过了 1000 万亿韩元，国家总体负债已经超出了 GDP 总量的 40%。如此看来，李明博政府不正是"吃饱就撒手"的政府吗？李明博政府时期，无视教育、住房、医疗等部门对投资需求的紧迫性，将 22 万亿多韩元投资在四大钢铁企业上的做法不仅造成了财政的浪费，也严重破坏了自然环境。为了改善这被破坏的环境，未来必将耗费更多的财政投入，真是"赔了夫人又折兵"。

即使维新独裁政府在 1977 年没有引入 10% 的附加税税制，我们也无法确保一个更加稳健的国家财政，而附加税征收引起的物价上涨也成为了后来釜马民主抗争事件的导火线之一。现阶段，日本的消费税为 5%，国家负债超过了 GDP 总额的 180%，预计之后的税收收入将达到 40 万亿日元，而税收外收入将达到 10 万亿日元左右，为了弥补财政预算空缺，国家将发行 50 万亿元的国债。令人担忧的是，日本也许会成为下一个主权债务违约国。让日本政府进退两难的是，一方面为了实践许多的社会福利承诺，政府财政收入不透明问题十分严重；另一方面，如果将消费税从5% 提高到 10%，可能会引发内阁全体辞职的严重后果。因此，一旦实施税费减免，以后再增加税收会十分困难，这也是日本政府在四年内都没有正式讨论提高消费税问题的原因。对日本政府而言，除了继续扩大国债发行以弥补财政收入空缺之外已无路可走。就韩国而言，李明博政府曾做好政权垮塌的准备，准备取消对综合不动产税的征收。但是作为保守党派，政府实行减税和倡导精简行政的做法与扩大财政支出的做法之间相互矛盾。美国的共和党政府也存在类似困境。在减税的同时，实行包括扩大军费支出在内的"大政府"政策，这种一味增加财政支出的做法导致了巨额的财政赤字。虽然克林顿时期民主党曾主张要实现财政盈余，但是布什政府执政后却将此事置之脑后。我国的情况也与此类似。民主党金大中政府时期曾解决了在新国家党执政时期发生的外患危机和釜马事件，并通过采用综合不动产税、不动产实际交易制、征税标准现实化等方式增加了财政收入，但是到了新国家党李明博时期却因为滥用预算再次导致了政府财政入不敷出、国库空虚的状况。虽说通过发行国债解了燃眉之急，但这并不能从根本上解决财政短缺的问题。政府必须尽快解决这一问题，否则后患无穷。就具体措施来看，包括中止对四大钢铁企业的投资，增加对降低青年失业率、增加就业岗位、提高教育水平等方面的财政投入。

推倒分裂的城墙，打开统一的大门

韩美同盟以及南北和解与合作

朝鲜半岛在历史上曾数次遭遇分裂或几近分裂，我们绝不能让朝鲜半岛分裂的悲剧重演。朝鲜半岛的统一是韩国成为世界强国的第一步。朝鲜半岛受周边大国影响而遭遇分裂格局的历史在壬辰倭乱时也曾出现过。壬辰倭乱时，小西行长曾未经明朝沈惟敬和日本丰臣秀吉的允许，擅自在停战协商的过程中以大同江为界将朝鲜一分为二。沈惟敬出生于浙江省嘉兴一带，本为商贾，后于1582年壬辰倭乱时随明朝军队进入朝鲜。战争初期，明军士气低落，而日本军队则碍于朝鲜李舜臣将军强烈的海上阻击，无法将粮草运入半岛。在战势陷入僵局的情形之下，小西行长劝说丰臣秀吉与明朝签订了停战协定。在该停战条件中，记载着将朝鲜八岛中的四岛划分给日本，即分区占领朝鲜半岛的条款。这些条款其实与二战后美苏以三八线为界分区占领朝鲜半岛的情况类似。沈惟敬未经明帝奏许擅自与日本签约，并以日本皇帝同意接受明朝皇帝册封并向明朝称臣和朝贡为条件答应了日本提出的条件，但因为条约的内容未能令丰臣秀吉满意，进而有了1597年的丁酉再乱。占领朝鲜半岛美梦破裂的丰臣秀吉在去世前曾留下名诗——"鄙人之身，来时轻如微露，离时薄如微露。大阪的荣华终为梦幻一场"。日本试图分区占领朝鲜半岛的美梦最终化为了泡影。后来的清日战争和日俄战争再次证明了大陆势力与海洋势力对朝鲜半岛的争夺。为了侵略朝鲜，日本通过 1898 年的"满韩交换论"（满洲为俄国所有，朝鲜为日本所有）、1902 年的英日同盟和 1905 年的第二次英日同盟（英国承认日本在朝鲜有政法、经济、军事上的特殊权益，日本承认英国在印度的特殊权益），以及 1905 年的桂太郎—塔夫脱密约（双方承认对方对朝鲜和菲律宾的占领）等一系列条约，获得了俄国、英国和美国对日本在大韩帝国所有权的承认；并继而通过日俄战争，以《波茨坦条约》的形式再次确认了日本在韩国的殖民地位。这些历史事件使我们清醒地认识到，韩国的命运与周边大国息息相关。

我们应该如何看待现在呢？对此有两种截然不同的看法，第一种看法将现在视为应当予以克服的分裂时代，第二种看法认为现在是应当给予保护和加以防御的时代。这两种视角产生了巨大的政策差异。

金大中总统曾强调说，韩国应该成为能够捭阖纵横、擅长外交的国家。虽然与欧洲国家相比，韩国并不算是小国，但因为被中、俄、日、美四大强国所环绕，才显得弱小可欺、无足轻重。在历史上，韩国曾遭遇多次外敌侵略，为了避免重蹈覆辙，韩国必须大力培养国家的外交能力。金大中"国民政府"时期曾自主积极地行使了国家外交权，并成功说服美国接受了原本超出其政策底线的建议。金大中总统"阳光政策"的核心就是避免与四大国结怨，与各国都能友好相处。换言之，即通过南北统一来消除由朝鲜半岛不稳定带来的威胁，并以此为基础，在均衡的周边环境中实现韩国外交的独立与自主。

在与四大国的关系中，虽然尤其需要重视和强化韩美关系，但值得注意的是，韩美关系的发展绝不能与南北和解的大趋势相悖。同时，应该确保韩美关系与日美关系地位的同等性，避免韩美关系从属于日美关系情况的出现，使韩、美、日三国之间能够平等相待。相反，如果韩美关系只是日美关系发展的因变量，必将对韩国百害而无一利。

韩国应当积极促进朝美关系的改善，从而实现朝鲜半岛的和平与稳定。举例来说，假如 A、B 君是朋友，但二人关系不和，都不愿和另一方玩耍。这时他们身边出现了 C 君，C 君想与 A、B 二人都成为朋友，但是 C 君最后只能选择与 A、B 两人中的一人亲近并与另一人疏远，同时伙同亲近的一方欺负第三方。但是，对于 A 君和 B 君而言，与其伙同 C 君攻讦对方，不如二者化干戈为玉帛，和好如初，这样既不会为难 C 君，也不至于自相残杀一损俱损。"与其矛戟相对、恶言相向，不如重修于好、和睦相处"就是阳光政策的趣旨所在。如果我们将 C 君视为中国、俄罗斯和日本三国，那么对于东亚地区而言，还有什么能够比将六方会谈发展为如北大西洋公约组织一样，可以维持地区和平与安全的区域共同体更令人满意？

因此，我们应该以乐观、积极的态度看待日本民主党在大选中的压倒性优势。除了 1955 年的自民党体制和 1995 年先驱新党和社会党联合组成内阁、村山富市出任首相的两次历史事件外，日本自民党自执政以来在日本政坛的地位可谓是一枝独秀、无出其右。从某种程度上来看，近来日本民主党在大选中的胜利可以被视为日本近半个世纪以来新的政治变革，这一事件也可能成为日本向民主主义国家过渡的分水岭。

我国历史上有近乎独裁政权的知韩派和亲韩派，他们由积极拥护日本殖民统治的人士组成。在日本，有所谓的亲韩派，他们打着反共的旗帜美化日本侵略史，将日本在韩国的殖民统治正当化。这其中以金钟泌和小原为代表的亲韩派，他们刻意淡化独岛问题，在韩日首脑会议时将赔款一词模糊替换为补偿费用，对于慰安妇问题则讳莫高深、不置可否并试图为日本开脱。

毋庸置疑的是，我们不能因为是民主党，就认为他们与自民党持完全相反的立场。因为很多民主党人士在朝鲜绑架日本人问题、对朝关系、宪法第九条修改问题上持比自民党更保守、激进的立场；而在独岛问题上，民主党与自民党则沆瀣一气。但值得肯定的是，民主党执政后通过朝日间直接对话的方式来改善双边关系的可能性将大大提高，在参拜靖国神社问题上也可能会采取更为谨慎的态度，并且可能会重新评价慰安妇问题。除此之外，在如何评价日本对朝鲜半岛殖民统治这一问题上，鸠山由纪夫首相曾公开表明将继承"村山谈话"的内容和精神。

笔者对未来是否会产生比"村山谈话"更进一步的"鸠山由纪夫谈话"持乐观的态度。只有以史为鉴才能更好地面向未来，只有以正确的历史观教育后人，并引以为戒、携手共进，韩日关系才会有更加美好的未来。

日本具有世界上最强经济实力和科技水平，是韩国学习的榜样。与日本为邻，有利于日韩企业间的相互竞争，有利于促进韩国经济发展和技术进步。另外，与日本发达的原材料工业和中小零部件产业之间开展技术合作、企业并购、引进外资，也有利于提高韩国科技水平。韩国积极促进韩美FTA签订的原因之一，就是为了吸引原本计划在美国投资的日本、中国香港、中国台湾的中小企业在韩国进行投资。

中韩关系也与此类似。中韩贸易规模在不知不觉中已达到了1800亿美元，已经超出了韩美、韩日贸易总和。超级大国——中国的崛起对韩国来说不仅是机遇，也蕴含着危机，为了防患于未然，韩国必须提高自身的外交水平和实力。

俄罗斯是世界上领土面积最广、地下资源丰富的大国，在俄罗斯境内居住的韩国侨胞就有50多万人，因此俄罗斯是韩国外交的关键。"国民政府"时期，政府曾大量引进俄罗斯基础科学领域的人才用以发展火箭事业，在这些俄罗斯籍优秀人才的帮助下，韩国成功发射了火箭。韩国政府也应该积极发展以俄罗斯、朝鲜、韩国为核心的三边经济合作模型，使之成为未来区域经济增长的新动力。三边经济合作有利于推动朝鲜经济的稳健开放，实现三国经济的优势互补、互惠互利，即充分利用韩国的科研技术、俄罗斯的能源和资源、朝鲜的土地和劳动力，从而实现三方经济共赢。

从地缘政治的角度来看，韩国应该实行均势外交，即睿智成熟地应对变幻莫测的国际局势，做到不偏不倚、不卑不亢。反观韩国近来的外交政策，不禁让人失望。政府在朝鲜问题上的强硬立场导致了外交主导权的丧失；而经济上过度依赖中国，则使得理论上的均势外交成为一纸空文；随着朝美关系、中朝关系、中美关系的日益重要，韩国只能袖手旁观，在处理区域和国际问题中变得无足轻重。

美国从一个囊括华盛顿、纽约、波士顿等东部沿海地区的大西洋沿岸小国，经过西部地区拓荒开发，发展成为一个领土西到太平洋、南抵墨西哥湾、东至大西洋的大国，领土扩张是美国日后发展成为世界大国的必要条件之一。笔者认为，对韩国而言，朝鲜便是如美国西部地区一样的待开发之地。虽说，美国在西部大开发中对印第安人的屠杀一直备受诟病，但我们并不主张以武力解放朝鲜，而是要通过和平协商的手段来开展南北交流与合作，促进朝鲜经济重建，并最终实现统一。要想最终实现朝鲜半岛统一，培养国家外交能力、提高外交水平既是当务之急，更是韩国唯一的生存之路。

我们民族的问题我们自己解决

我有一个梦想，那就是民族统一。有一首歌叫《我们的愿望是民族统一》，无论何时每当唱起这首歌，我都会哽咽。然而，我并不是只知道感伤的统一论者，要想实现统一，还需要具体的战略和方法，需要南北双方在互相理解的基础上共同创造有爱、和解、共融的历史。我们应当竭尽全力让金九（号白凡）先生、徐珉濠（号月波）、曹奉岩（号竹山），前总统金大中、卢武铉曾经播下的南北和解、合作的种子结出真正的果实。儿子珠焕说他爸爸搞政治是为了阻止朝鲜半岛的战争，并且实现民族统一的梦想，这好像是受我平时一些主张的影响。

在李明博总统上台之后朝鲜就宣布既存的政治、军事合作全面无效，之后又挑起西海NLL（北方分界线）纷争、进行核试验等，加剧了南北紧张局面。据说朝鲜通过第二次核试验，拥有了4～5极左右的核武器。然而，朝鲜虽研制出了核武器，却因为其火箭发射能力和小型弹头化等各种技术上的限制，依然需要很长时间才能研制出相对完美的核武器。其实，核武器只是威慑性的武器，并不是在实战中使用的武器。朝鲜在第二次核试验之后，为了稳固国家体制，反而以积极开放的姿态，不断寻求变化，谋求南北双方对话。

因此，周边形势也迎来了新的局面。朝美、朝中关系也迅速发展。在2005年"9·19共同声明"发布四周年之际，国务卿希拉里·克林顿代表美国奥巴马政府，表示将对朝鲜回归六方会谈、双边对话和"9·19共同声明"等举动提供奖励，并传达出希望实现两国关系正常化的讯息。金正日委员长也接受了美朝双边对话和多边对话的建议，表明了无核化的立场。同时，在胡锦涛派戴秉国访问朝鲜之后，中国的温家宝总理也访问了朝鲜。另外，鸠山在大选中公开表明将促进朝日建交，在他上台之后，朝、日之间的关系也出现了新的变化。

金大中前总统自始至终为创造南北和解和合作的契机做出了不懈的努力，这对变化的产生起了重大的作用。他与前美国总统比尔·克林顿进行会谈，并向奥巴马总统传递对北政策信息，结果成为克林顿访问朝鲜、女记者释放、朝美关系对话的开端。在预测了9月左右朝美将进行对话之后，他亲自促成了此事。此外，在金大中逝世之后，朝鲜派遣的吊唁官员在会见了前统一部长官玄仁泽之后，又和李明博总统进行会谈，为南北对话打开了通道。"6·15"首脑会谈开创了新的时代，我认为这些努力都将被我们的历史永远铭记。

然而，南北关系依然很难出现转机。韩国政府宣布将取消从1969年国土统一院时期维持至今的统一部，也未能继续推进南北对话的进程，从而使南北关系徘徊不前。韩国被周边的强劲势力以及保守的言论束缚住了手脚，在发生临津江事件之后，马上把所有责任推卸到朝鲜头上，并一致声讨朝鲜，韩国这些行为与之前的形势变化背道而驰。

朝鲜半岛的局势需要得到很好的控制。南北关系和控制血压是一个道理。高血压病人如果因为脑溢血昏倒的话，即便其他器官或者肌肉、骨头等非常健康，他的身体也会无力地倒下。因此，韩国应该帮助还未实现市场经济的朝鲜社会积极推进改革开放政策，并使朝鲜像中国一样适应市场经济。

朝鲜核问题只能在朝美关系、六方会谈的框架下，在公开承认不会推翻朝鲜现有体制的基础上才能得以解决。朝鲜体制的选择权在朝鲜人民手中，凭借外界的强制性力量无法得到解决，韩国应该帮助朝鲜积攒能够实现自我变化的力量。同时，韩国应积极将停战协议发展成和平协议，推进朝美关系正常化及无核化进程。

美国的关注点在于防止核武器扩散，尤其是阻止核武器落入恐怖集团手中。因此，实际上，美国是有可能同意朝鲜持核和禁止核扩散，并愿意以这种方式进行妥协。此外，要同时推进韩美同盟和南北和解合作，创造解决问题的突破口。朝鲜核问题并非只是南北紧张关系的产物，综合来看，也可以说是朝美关系，甚至是国际问题的产物。

奥巴马政府重视同盟国之间的对话与合作，朝鲜的"通美封南"设想很难实现。重视同盟国间的合作，要求在对北问题中以韩美同盟为前提条件，因此韩国的作用越发重要。

其实，朝鲜问题在美国的对外政策中并没有处于重要位置，尤其是对于奥巴马政府来说，因为通常与共和党相比，民主党更加侧重于关注国内问题，而且美国正忙着解决国内经济危机。

所以，我们不能自我干涉介入本民族问题的权利，而应该积极主动参与其中。韩国采取什么样的立场对于朝鲜半岛政策具有巨大的意义。美国的对朝政策并非一切都精心制定好了的完成时，而是在与韩国方面认真劝服、讨论的过程之中，不断形成的进行时。朝鲜半岛的威胁不在于朝鲜的南侵威胁，而在于朝鲜的解体带来的不确定性及失控危机。再加上，在朝鲜拥有核原料和核武器的情况下，朝鲜半岛局势更是向无法预测的危机发展。

之前，布什政府对朝协商的原则是"CVID"，即"完全可验证且不可逆（Complete Verifiable Irreversible）的无核化（Dismantle Nuclear Weapons）"。现任政府完全采纳了将核武器完全并且可核查地、不可逆地解除这一原则。然而相反，我认为南北经济合作要转变为"CVID"，即"朝鲜中立关系发展的完全可验证且不可逆（Completely Verifiable Irreversibly Development of Neutral Relationship of North Korea）"，因为只有发展金正日委员长生前领导的开城工业园等南北经济合作项目，使这种关系完整、可核查、不可逆，才能在金正日之后的新南北关系中，发挥不亚于中国的影响力。

因此，在金正日在世的时候，要继承"6·15"宣言和"10·4"宣言的内容，进一步达成协议。据称，金正日委员长执政期间，南北之间签署的文件只有"6·15"和"10·4"协议。但是，由于现任韩国政府否认这两个协议，并认为1992年达成的南北基本协议更佳，这被认为是在明显无视金正日委员长，引起朝鲜的不满。这一错误举动使分裂了50年之久才得以签署的宝贵协议被丢在一旁，南北关系重新陷入了僵局。我们应该尽快解开这个结。

朝鲜为何想要制造核武器？

周围存在敌对国家或者处于战争状态的国家，本国的国家安全受到严重威胁时，一般都希望拥有核武器。

朴正熙前总统曾尝试研制核武器，其去世后，韩国放弃了核武器的自主研制，转而寻求美国这项核保护伞。但是，朝鲜没有可以起到核保护伞作用的同盟国。美国在 1959 年至 1991 年期间，为驻韩美军配备了数百极的战术核武器，并以朝鲜为假想敌，制定了包括应对朝鲜使用核武器在内的作战计划，为与朝鲜间的战争做好准备。

这其中也包含了抵制朴正熙政府研制核武器的意味。1991 年，在发表无核化宣言、撤走驻韩美军的战术核武器之后，美国的核保护伞政策，扩张的威慑力（extended deterrence）理论依然延续。具体来说，以朝鲜为假想敌，制定应对朝鲜使用核武器的作战计划，并进行实战演习。

这样就造成了朝鲜誓死不放弃核武器研制的客观环境。换个角度思考，如果俄罗斯或者中国为朝鲜提供核保护伞，并且以韩国为假想敌，制定战争发生后在首尔投用战术核武器的作战计划，还定期进行军事训练，在韩国的同盟国——美国、日本无法提供核保护伞，而且不得不看俄罗斯、中国脸色的情况下，韩国的领导人无论是谁，难道不会为了国家安全而坚决进行核武器研制吗？

在中印战争中惨败的印度，为了牵制中国也进行了核武器研制，与印度处于敌对状态的巴基斯坦为了对抗印度，也正在研制核武器。印度和巴基斯坦两个国家都未加入《防止核扩散条约（NPT）》。在研制出核武器之后，美国对其实施了禁止提供核技术和核原料的制裁。在 2006 年 12 月，布什政府和印度签署了核发展协定，同意提供之前被禁止的核原料和核技术，这其实是为了牵制中国而在 NPT 体系之外，同意印度研制核武器。连美国议员也评论说这是宣布 NPT 被废除的一项决定。以这种双重标准，美国如何能够阻止朝鲜、伊朗研制核武器？

因为美国的这种态度，与印度处于敌对状态的巴基斯坦理所当然地进行了反驳。巴基斯坦为了应对印度、美国的原子能合作，发展了与中国的关系，并签订中巴 FTA，决心强化双方的核发展合作。中东的情况也一样，事实上，因为已经研发了核武器的以色列是伊朗的敌对国，伊朗根本无法放弃核武器开发。以色列也反对中东地区无核化的提议，而美国在完全没有提及以色列核问题的情况下，单方面要求伊朗停止所有的核开发项目。

我在成为国会议员以来，经常听到大国家党（现更名为新国家党）和保守舆论、保守势力强烈批判民主政府在过去的十年间，倾囊捐助朝鲜，却使其重拾核武器的愚蠢做法。我当然能够理解这些人的批评和担忧。

但是，静下心来仔细想想，核问题在国际政治势力的角逐过程中，能够找到多种解决方案。李明博政府在提出"无核开放 3000"之后，没有得到任何回应。在之前访问美国时，他又提议将朝鲜排除在外，召开五方会谈，结果惹恼了作为六方会谈主席国之一的中国，也引起了美国的反对。后来的访美过程中，他又提出"大妥协（Grand Bargain）"对朝政策，中国、俄罗斯以及美国都提出反对意见。由此，不禁让人觉得李明博总统和统一部部长官玄仁泽、国家情报院院长元世勋、青瓦台秘书金泰孝等政府中负责朝鲜问题的官员，在看待朝鲜核问题上目光过于短浅，只偏重一方。

单凭朝鲜答应中止核武器开发，韩国就会给朝鲜一笔钱，并帮助朝鲜发展经济这种方式难道能够使问题得到解决吗？像这样简单的做法能解决问题吗？金大中政府的"阳光政策"和李明博的"无核开放 3000"政策常常被比作大学生论文和小学生日记，可见两个政策在水平方面存在巨大差异。李明博政府说要提出让朝鲜放弃核武器的政策，却只是采取朝鲜放弃核就给钱并帮助其发展经济的简单方式；说要寻找达成目标的途径，却有种只是在反复定义目标的感觉。

核问题不仅是南北问题，它超越了朝美问题的范围，是涉及朝日、朝中、朝俄等国关系的国际性问题。因此，首先，美国应该和朝鲜签订不可侵犯协定和和平协定。和平协定的缔结必将面对驻韩美军撤军问题，因此，韩国和美国对此都很消极。然而，正如金大中总统指出，金正日委员长曾表明立场说能够容忍驻韩美军的存在。这是因为朝美关系如果恢复正常，朝鲜和美国之间不可能没有军事上的交流与合作。

让我们一起回顾朝鲜核武器开发的历史进程。朝鲜在战争结束后的 1956 年 3 月，与苏联缔结了《原子能和平利用相关协定》。1963 年 6 月，朝鲜从苏联输入少量用于研究的核原料 IRT-2000，着手进行原子能开发研究。1974 年 9 月，在苏联的要求下，朝鲜加入了国际原子能机构（IAEA），1985 年 12 月，又加入了《防止核扩散条约（NPT）》。从 1989 年 12 月开始至 1990 年 7 月，在和国际原子能机构的三次核安全协定缔结谈判过程中，朝鲜主张撤走朝鲜半岛的核武器以及保证美国不先向朝鲜使用核武器，以此作为缔结该协定的前提条件。

这是一个可以理解的主张。布什总统于 1991 年 9 月 27 日宣布废除并撤走驻韩美军的陆上及海上基地配备的短距离战术核武器。为了响应这一决定，1991 年 11 月 8 日，卢泰愚总统也随之发表了《为朝鲜半岛无核化及实现和平的宣言》，并于 1991 年 12 月 18 日宣布韩国不拥有核武器。以此为基础，又通过南北协议签订了《南北基本协议书》《关于朝鲜半岛无核化共同宣言》。未来韩国要竭尽全力坚持履行《南北基本协议书》《关于朝鲜半岛无核化共同宣言》的内容。

其后，两国就核设施核查范围等问题产生了巨大的分歧，朝鲜甚至制定了应对美国对宁边的核设施进行轰炸的计划。在紧急关头，因为金大中前总统的远见卓识，美国前总统卡特访问朝鲜，并于 1994 年成功签署了

《日内瓦条约》。然而，因为朝美两国互相极度不信任，最终《日内瓦条约》失效。据卡尔鲁奇的回忆录记载，虽然当时共和党及保守势力认为，签订《日内瓦条约》将会使美国付出巨大代价，但克林顿政府认为朝鲜在几年之内就会解体，因此最终在条约上签了字。试问，在美国持有这种态度的情况下，朝鲜难道会相信该条约，并乖乖解除本国的武装吗？

布什政府执政之后，采取了所谓"先发制人政策（preemptive policy）"。伊拉克侯赛因政府同意国际原子能机构进行核设施视察，甚至允许联合国视察团进入自己宫殿的地下检查，可以说努力想要放弃导弹。然而，美国认为伊拉克与阿富汗基地组织有牵连，并且保有大规模杀伤性武器，美国甚至伪造信息，最终进攻伊拉克。我们可以充分想象朝鲜对此事会抱有何种看法。

我强烈反对布什政府的"先发制人政策"，这种政策搅乱了第二次世界大战之后建立的国际和平秩序。如果我们承认先发制人政策，那么，我们就无权批判日本侵略朝鲜半岛的行径。日本征韩论认为，朝鲜半岛就像对着日本列岛的一把匕首，若中国、俄罗斯等国支配朝鲜半岛，朝鲜半岛将成为入侵日本的前线基地，因此，只有先发制人，占领朝鲜半岛，才能够维护日本的国家安全。如此，我们似乎就承认了这一论调。

关于实现无核化的个人看法以及奥巴马的决心

关于美国进攻伊拉克事件，所有报纸都在讨论大规模杀伤性武器这一话题。具有人尽皆知的高度危险性，比生化武器更具杀伤力的大规模杀伤性武器即核武器，目前，朝鲜和伊拉克都保有核武器。美国是世界上首个研发出核武器的国家，也是唯一一个对人实际使用过核武器的国家，其配备的核武器在1万余件左右，是拥有最多核武器的国家。美国在1940年至1996年期间，总共投入了58兆美元用于制造和维护核武器。

另外，美国也未加入《全面禁止核试验条约（CTBT, Comprehensive Nuclear Test Ban Treaty）》，并消极应对各种核裁军谈判。但是奥巴马政府上台之后，在 2009 年 9 月 24 日召开的联合国安理会首脑会谈上，各国通过了第 1887 号决议案，这预示着美国试图创造无核世界的政策性变化。我积极支持奥巴马"实现无核世界"的理想，虽然部分势力认为该理想不具有现实性，但是我依然认为为了实现无核世界需要不懈的努力。

核在过去是可以相互确认的破坏、报复工具，是能够制止战争，具有政治意义的武器。但是，随着各种核武器被开发，核渐渐被用于实战，尤其是小型核武器，它们越来越有流入到非政府恐怖组织手里的趋势。随着不具有国家形态的阿富汗基地组织等恐怖组织的出现，以及人体炸弹等恐怖活动的频发，核所具有的遏制战争的意义也因此很难被认可。

各国保有核弹头的数量如下：据预测，俄罗斯 13000 枚，数量最多；美国 9400 枚；法国 300 枚；中国 240 枚；英国 185 枚；以色列 80 枚；巴基斯坦 70 ～ 90 枚；印度 60 ～ 80 枚；朝鲜至多 10 枚。据称，俄罗斯库存的 13000 枚核弹头以制成品的形态储备着，其中包括了即将被废弃的 8150 枚，实际用于作战的核弹头包含了 2787 枚战略核弹头，共计 4837 枚。美国 9400 枚用于作战的核弹头中，战略／战术核弹头 2700 枚，国防部储备核弹头 2500 枚，还有即将面临废弃处理的 4200 枚核弹头。

当前，我们应该防止核扩散，如果核扩散成为现实，全人类将很有可能陷入谁也无法控制的共同灭亡的绝境。"NPT"，即《防止核扩散条约》就是为了防止这样的核扩散而制定的，问题是印度、巴基斯坦、以色列、朝鲜并未加入该条约，他们坚持进行核开发。目前，伊朗也加入了这些国家的行列，另外，日本也有发展成为有核国家的趋势。因此，现今最紧要的事是阻止核扩散多米诺现象的出现。

为了阻止这一切，要加强渐渐坍塌的《防止核扩散条约》体系，彻底禁止有核国家对无核国家进行核武器攻击、部署核武器、进行核威胁，并

2007年1月访美时与奥巴马合影

且要保障核能源的和平利用，并积极开展合作。这两种前提至少可以支撑多少有些不平等的《防止核扩散条约》。

《防止核扩散条约》的三大支柱分别是非扩散（Non-Proliferation）、核裁军和核废弃处理（Disarmament）、保障核的和平利用权力（Peaceful Use）。该条约于1968年缔结，1970年生效，在结束了25年的有效期之后又重新被无限延期，并规定每隔五年召开审议大会。

2010年，审议大会（Review Conference）将在美国纽约联合国总部召开。由于奥巴马总统积极表明决心，2011年的纽约审议大会上应该能期待获得实质性成果。美国应该放弃关于核的双重标准，即接受印度、巴基斯坦、以色列的核开发却制裁朝鲜、伊朗的这种双重标准应该被废止。

联合国秘书长潘基文发表了题为"我的弃核计划（My plans to drop bomb）"的演说，他适时传递了呼吁缩减并废弃核武器及大规模杀伤性武器的信息。潘基文将大规模杀伤性武器缩写"WMD"，重新解释为"我们必须裁军（We Must Disarm）"，强调了裁军和弃核的重要性。奥巴马总统也表明了强烈的决心，这种决心在2010年纽约审议大会上有望获得实质性成果，而这需要相关国家撤销导弹防御计划，加入《全面禁止核试验条约》，全面废止微型核弹战术武器（Mini-Nuke）计划，放弃以使用战术核武器为前提的作战理念。

第1887号决议案强调"欢迎有核国家缩减并废弃核武器，重申应依据《防止核扩散条约》第六条规定，进一步推进全球范围弃核运动的必要性。（Welcoming the nuclear arms reduction and disarmament efforts undertaken and accomplished by nuclear weapon States, and underlining the need to pursue further efforts in the sphere of nuclear disarmament, in accordance with Article VI of the NPT.）"并且重申 "第 984 号决议案中明示五个有核国家保证不对无核国家使用核武器，并以此强化 NPT 的禁止核扩散体系。(Recalls the statements by each of the five nuclear weapon States, noted by resolution 984 (1995), in which they give security assurance against the use of nuclear weapons to non-nuclear weapon State Parties to the NPT, and affirms that such security assurance strengthen the nuclear non-proliferation regime.)" 这项条款对于解决朝鲜核问题很有帮助。

奥巴马曾担任联合国安理会议事长，主持联合国安理会首脑会议，在我阅读会上通过的决议案时，我深觉朝美对话迟早会变成现实。奥巴马在当初大选时，曾主张和金正日委员长进行直接对话，这受到了希拉里的攻击。结果，希拉里的丈夫——比尔·克林顿却亲自会见了金正日。因此，当所有的媒体都在关注比尔·克林顿时，国务卿希拉里表现出了神经质般的反应。奥巴马承认希拉里的主导作用，在调整了一年多之后，以克林顿访朝为契机，将正式着手解决此问题。

问题在于李明博总统。李明博总统究竟是否会像金泳三前总统一样，阻碍朝美对话，呼吁制裁朝鲜，结果却导致 1994 年美朝签署《日内瓦条约》之时，韩国作为当事人却无法参与谈判；乞求对南北对话施压，结果导致对北防备军费高达 32 亿美元这种悲凉的处境？还是根据本人的主张，像金大中总统一样，谋求作为朝鲜半岛事务当事人的发言权，积极扮演建立朝鲜半岛和平体系的角色？我们现在正处于这样的十字路口。

韩国政府对于核裁军一贯持消极态度。之前，在 7 次朝鲜人权决议案投票中，金大中、卢武铉政府时期 6 次投了弃权票，只有在 2006 年朝鲜进行核试验时投了赞成票。我对于朝鲜的人权决议案持肯定的立场，支持国际社会为了改善朝鲜的人权问题所做出的努力。但是，我认为要同时保障朝鲜人民的基本生存权，并优先解决孤儿、疾病、战争恐惧问题。

保守舆论和大国家党对于韩国政府在朝鲜人权问题决议案投票中弃权的行为进行了猛烈的抨击。但是，相反，李明博总统上台之后，在2008年9月召开的第63届联合国大会上，韩国在8个与核相关的决议案表决中弃权。从中我们可以发现李明博政府强烈要求朝鲜弃核的同时，对于核缩减和弃核问题又表现出双重态度。

有核国家不得威胁或者攻击无核国家，这是防止核扩散的最低要求。对于消极安全保障决议案（NSA），李明博政府以"抑制韩美联合作战力"的名义弃权。在核裁军决议案、降低核威胁决议案、禁止使用核武器条约决议案中也都投了弃权票。其理由是在联合国裁军会议上，讨论禁止使用核武器的议题，只会使裁军会议毫无成果，这对于核裁军毫无帮助。李明博政权虽批判"6·15"和"10·4"宣言没有讨论核问题，却在以解决核问题为核心的裁军决议案投票中弃权，这很令人费解。甚至在国际司法裁判所提出的、旨在解决核武器使用、威胁的合法性问题的建议性决议案表决中，李明博政府也选择了弃权。"裁军及促进非扩散领域的多边主义"决议案也弃权了。我认为我们政府只有对无核世界采取更加积极的立场，才能赢得无核世界对我国强烈要求朝鲜弃核的支持。

为了实现民族经济共同体

南北经济合作是韩国经济的突破口。正如"和平即经济"这句话所言，南北关系的发展是韩国实现经济发展、扩大市场的捷径。南北统一具有降低国防支出、提升信任度、通过降低国债和外汇平准基金债券的利息引进外资等巨大的经济影响。

只有像这样，朝韩建立起坚实的经济交流基础，核问题才能自然而然地得以解决。朝鲜对韩国的依赖度越高，韩国能够要求朝鲜达到国际标准的力量就越强大。韩国为引导朝鲜成功走上改革开放之路，需通过和朝鲜内部的沟通接触，并主动抛掉忧虑。要让全体朝鲜人民知道，单凭核武器再也不能保障自身的体制，朝鲜的当务之急应是解决人民的生计问题。

通过与韩国的交流获得金钱利益的人们，把物质作为基础，产生自我转变，正如 20 世纪 70 年代，随着经济的发展，韩国的中产阶级诞生，并在他们的主导下，促成了 80 年代的民主主义运动。我们应该让通过开放和南北交流获得财富的朝鲜新势力成为发展朝鲜经济的改革主体。

假设万一在没有做好充分准备的情况下，朝鲜突然被韩国合并，我们拿什么养活朝鲜人民？朝鲜的同胞们也会像韩国国民一样，要求加入 4 大保险，劳动效率低却要求同等的工资，像这样我们该如何承担？如果无法接受这些要求，也许会产生超过全罗南道与全罗北道、庆尚南道与庆尚北道的同一道内南北分歧的整个朝鲜半岛南北人民的对立，导致第二次洪景来之乱①。

在体制上比韩国准备得更为充分的德国，自统一以来，东德人也一直被视为二等国民。我们有可能遇到比德国更为严重的情况。如果现在朝鲜解体的话，结果就会像饿了一个月的人忽然吃上了香辣牛肉汤一样，久未进食谷物的肠胃会一下子无法适应，最后有可能腹泻身亡。

就像给病人喝米糊一样，我们首先应开展南北合作交流及发展开城工业园区事业。对此一部分人士认为这是帮金正日埋单。实际上，这算是应对朝鲜资本主义市场经济，提升其技术水平以应对改革开放的一种培训。我认为这只是提前预支国库中未来的"职业培训费用"。开城工业园区事业凭借廉价的地皮和劳动力等优势获得发展，效果可谓一石四鸟、一石五鸟，我们应扩大并促进像这样的对北事业，并以此作为统一的基石。

---

① 1811 年 12 月爆发，是洪景来在平安道等地主导的一场反抗统治阶级的横征暴敛与对关西人歧视的战争。

打进平壤的头号种子，若想拯救韩国企业……

2008 年 10 月 30 日，平壤召开了麻纺公司的竣工仪式。这是分裂 60 年来，南北企业家携手共建的首个公司。我曾有幸会见了这家公司的金正泰会长，他是延世大学的前辈，发明了麻布内裤，并于 1999 年获得韩国纺织业最高的奖项——韩国纺织大奖，他着力于在大邱发展纺织业。这位会长作为韩国人，如何能够首次成功在平壤建造纺织工厂呢？

金正泰会长同情朝鲜同胞，他和纽约弗朗西斯科修道会的神父一起，创办了面条分享运动（援助朝鲜运动）财团，对朝鲜进行援助。他原本打算援助煤矿村，然而中途很多物资被运往了平壤。在像朝鲜这样不透明的社会，初期的一部分损失是难以避免的。如果回顾从李承晚独裁政府至今的韩国历史，中间有多少公款被侵吞，我们就能理解这一点了。

还有一次，金正泰会长为了调查脱北者的现状，曾到过图们江畔，见到了坐在图们市大桥上不幸的脱北青少年。他和这些饿得没力气的青少年搭话，他们说父母外出寻找吃的却没有回家，他们出去找了一圈才发现父母已经饿死在外面。他们想着往鸭绿江那边走就能吃上白米饭了，所以一直走一直走结果就走到了图们。他听了这些话心里感到一阵疼痛，他给孩子们一些钱让他们买饭吃。

第二天再见到这些孩子，他们的脸色明显好转。但是给这些可怜的孩子钱，他们就会拿去喝酒、买烟，之后如果钱花完了，他们很可能就会去偷盗。金会长了解到这些孩子没有家人，和年龄差不多大的孩子在一起混就堕落了，他意识到有必要找到根本的解决方法。他认为这些人回朝鲜会比较好，就劝他们回家乡去。但是，当听到他们说回祖国之后无法进工厂工作，他最终下定决心在朝鲜建立工厂。

金会长调查了朝鲜的情况，发现朝鲜不具备任何工业基础设施，而且设备落后，没有一个能派上用场。若要他制造袜子，则需要建造 4 间工厂；制造毛巾则需要建造 8 间工厂。朝鲜没有制造线、棉等原材料的工厂，即便有，也只能造出品质低劣的原材料，他无法用这些制造出像样的产品。朝鲜不仅仅只有社会间接资本（SOC）缺乏的问题，因为朝鲜基础产业发展停滞，要想改变制造业的落后局面，需要花费很长的时间。

但是，因为忙于准备"10·4"宣言，韩国统一部并没有重视这件事。刚开始统一部将价值 1000 万美元的机器设备运往朝鲜并组装好，本来随后需再投入 500 万美元，可是统一部一再拖延，不予处理。结果，总统大选之后重新换了政权，新政府根本不插手这件事。而且因为运输许可被延迟，工厂运营资金也空了。金会长于是给李明博总统写了信，却没有收到任何答复。当时本来 10 亿韩元就能解决的问题，现在已急速上升为 20 亿、30 亿。工厂陷入了缺原料、缺技术的窘境，原本工厂还计划雇佣 28 名技术人员，并花 2 年教给他们技术。

如此严重的情况大大阻碍南北关系发展。当然，朝鲜自身也需要变化。至少朝鲜承认了朴王子事件是朝方的失误。在李明博政府上台的时候，朝鲜也只是小心翼翼地观察韩国的反应，没有进行谴责。之后，因为韩国统一部长官金夏中有关开城工业园区的发言，两国关系开始僵化。

金正泰会长也就朝鲜养成天天白吃白喝的习惯进行批判。我也在过去的 10 年间在对北事业上进行投资，在和朝鲜做生意的过程中，朝鲜养成了依赖性，这一点也是需要我反省的。所以，我认为要彻底培养朝鲜人民的生意头脑，金正泰会长也明确认识到了这一点。

他曾说道，在黄海南道、黄海北道、平安北道共有合作农场 10 余个，种植着 600 万坪的麻。在访问某个地区的过程中，有一次他和当地农民聊天，农民说他原来使用中国化肥，后来改用了韩国化肥后，发现效果好很多，他还坦诚地说："只有化肥如此吗？韩国米饭也是最好的。"他这样高度评价了韩国产品的质量。

单凭这样的变化，韩国本来应该毫无条件地给朝鲜送去化肥和大米。但是，李明博政权上台以后，没有为朝鲜送去过一粒大米。原来当局说朝鲜提出请求的话就会给粮食；即便没有明确请求，有些许暗示也会给朝鲜粮食；即便没有请求，如果朝鲜出现粮食困难的话，就会送去粮食。这次中秋，以朝韩离散家庭金刚山相逢会为契机，朝鲜间接请求援助，韩国政府却没有作出任何回应。今年是个丰收年，韩国有超过 120 万吨的大米库存量，因此大米价格暴跌，韩国农民担忧进一步加深。相反，朝鲜却因为大米不足而忧心。

这是何等无能的政治！真是令人着急。我自我安慰说这是夺取政权犯下的罪，但有时也会控制不住熊熊燃烧的怒火。我审查国政，却发现结核协会从 2008 年起，未向朝鲜提供一笔结核治疗援助金，而 Eugene Bell 财团等民间团体却持续向朝鲜提供援助，两者形成了鲜明的对比。那么，由谁来照顾 10 万名朝鲜结核病人呢？因为和弟弟吵架而不管弟弟子女死活，他们何罪之有？难道大伯不应该照顾他们吗？

金正泰会长着重强调："想要实现韩国人均 GDP 4 万美元的目标，其动力只能来自朝鲜。朝鲜可以为我们增加就业机会，目前朝鲜建设的普通大桥负重在 30 吨左右，而且因为朝鲜的铁路枕木腐烂，火车无法全速运行，这些都需要更换。同时朝鲜也需要确保开采利用地下资源的手段，还需要促进地区均衡发展，这不仅指韩国国内地区间的均衡发展，而且将朝鲜看作一个地区，考虑如何实现当地的均衡发展。"

这可谓是在紧要关头提出的全新见解，非常吸引人。

但现实又是如何？朝鲜原来设有总理负责管辖的国家计划委员会以及民族经济联合委员会，2008 年，民族经济联合委员会被撤销。我们需要重新点燃南北经济交流的火苗。

麻纺公司能够达到 1 亿美元的销售额，在平壤的一个中小企业比整个开城工业园区的社会贡献更大。目前组建的南北合作经济人联合会有 500

余个企业加入，2008 年，联合会从朝鲜买入了总价值约 4 亿美元的物资。

现在，我们不能只着眼于开城工业园区。当前还只存在和开城工业园区相关的法律，而没有在其他地区开展对北合作事业的相关法律。如果去平壤的话就不提及开城了。

朝鲜工人的工资开始应从 100 美元起步，从 54 美元起步则是剥削劳动力，150 美元、300 美元也是有利可图的。

位于平壤的加工企业加工费占销售额的比重为 17%，而开城工业园区的劳务费占销售额的比重仅为 9%。我们应帮助企业在朝鲜安顿下来。而谁来给朝鲜同胞提供职业教育、技术教育？这些理应由打进朝鲜的企业来做。

据说 2003 年，金会长听闻平壤工厂的工人们吃不上午饭，就带去了地瓜和土豆，并且承诺建造食堂。"如果在我们公司工作的工人饿着肚子干活儿的话，我的公司是办不下去的。"我被他的话所感动。据说他带过去的粮食一半给了政府，一半留给了工厂。刚开始他带去了面粉，给工人吃面疙瘩，之后又从中国买了 750 袋大米。

朝鲜要求开城工业园区的工资定为 300 美元——当然现在因为提薪 5% 的方案，要求被撤回——如果发 300 美元的工资，企业还赚取不到高额利润，那么问题在于企业家。朝鲜方面有很大的不满，认为他们从开城工业园区获得的收益很小，他们还说因为创办开城工业园区是将军的决定，所以没有和韩国计较。

此外，贿赂等不光彩的行为极大损害了企业利益。众多企业家捐献 5 万美元才得以访问朝鲜，这种做法正在变成一种惯例。但是，金正泰会长坚决不向这种惯例妥协。他说他从来不做不正当的事，金正日曾十几次邀他见面，他也没有作出回应，因为要求他送礼物。我认为他的行事方式很正确。现在我们应该摈弃给钱然后求得会面这种对北合作交流方式。即便是敌对国之间也会进行交流沟通，为什么韩国企业家们无法去开城和平壤呢？

现在，大邱的纺织工厂完全空着。当初，纺织业引领了韩国经济的发展，然而现在因为很多纺织厂倒闭，原价 3 亿韩元的机器 2500 万韩元就能买下来。组装之后也总共只需 5000 万韩元，相当于原价的 1/6。因此，投资 1500 万美元其实相当于投资 5000 万～6000 万美元。目前，朝鲜也具备了生产大部分天然纤维的能力。这类企业超过 10 个就能给朝鲜带来变化。

但是，大邱纺织产业的富商——金正泰会长的梦想受阻。原本因为怜悯朝鲜脱北者而开始的对北事业遇到了阻力。统一部甚至不允许韩国人访问朝鲜，这真是令人失望的事。

现代集团会长玄贞恩和金正日委员长会面之后，韩国政府没有跟进后续措施。开城旅游、金刚山旅游也没有重启。对北援助事业也只是选择性地开展，实际上无异于被中止。

不久前，韩国国会召开了由议院主持的、旨在发展对北援助事业的专门讨论会，结果大家都表示不满。只有通过双方的接触引起朝鲜变化，才能够使双方跨越朝鲜半岛的三八停火线。政府对企业赴朝发展、帮助朝鲜学习资本主义市场经济运营方式的行为百般阻挠，使这些企业家丧失斗志和信心，这到底是要干什么？如果朝鲜解体，韩国要怎么养活 2400 万百姓？如果百万朝鲜难民越过停战线，涌向首尔的话，我们该如何应对？现在不加大发展对朝援助事业，难道要等到朝鲜解体后来投奔你们大国家党吗？难道要靠你们每名党员给脱北者让出房子、提供吃住、送他们的孩子上学来解决问题吗？目前的现实情况是韩国连不足 2 万名的脱北者都无法消化。

同心协力让梦想成真

可能性的多元化艺术——政治

常言道，政治是黑暗的，搞政治更是如履薄冰、如临深渊，一不留神就会有杀身之祸。回顾韩国历届总统的命运，我们不禁唏嘘扼腕。李承晚总统一生颠沛流离，晚年还因为"4·19"革命而被驱除出境、背井离乡，在郁郁寡欢中结束了一生；朴正熙总统则是被自己的心腹之人、中央情报部部长金载圭射杀身亡；全斗焕和卢泰愚总统以"内乱主谋""内乱目的杀人"等罪名被起诉和处罚，并被没收勋章，规定不再受前总统特别法的保护；金泳三总统作为韩国民主化运动的先驱，在其文民政府时期，建下了采用金融实名制、铲除同心会等功绩，但却因为三党勾结和 IMF 外汇危机而备受争议，另外，他执政期最大的错误就是单独划分湖南地区，并清除岭南地区民主改革势力之根基的行为。如此看来，金大中总统是唯一一个能够善终并得到国民爱戴和好评的总统。卢武铉总统则被迫在猫头鹰岩跳崖自杀，连含饴弄孙、骑自行车载孙女这一简单的愿望都无法实现。李明博总统不得不含泪送故人，在总统任期末曾为两位总统治丧。

不得善终的不仅仅是位高权重的一国总统，即使是普通的国会议员也很难在隐退时做到有口皆碑、受人敬仰。政治活动家虽耗尽一生血力、散尽全部钱财，到头来却因为政治资金不透明等一系列问题不得不贫困终老、在监狱中度过一生，这种情景的确让人心痛。一般人总认为总理或部长可以拿到很高的工资，但事实上他们的年薪却不到 1 亿韩元。另外，大家总觉得一旦成为国会议员便可以终生衣食无忧。事实上，一般国会议员一旦中途辞职，以后就再也拿不到退休金，而即使可以拿到也要等到 65 岁以后才可以拿到每月 100 万韩元的退休金，而拿不到退休金的也大有人在。卢武铉总统的《政治，再见》一书正反映了政治活动家们的这种孤独和凄凉。

虽说搞政治难得善终，但是每每大选和地方选举时，总能看到很多爱国人士跃跃欲试、意欲献身于国家。笔者欣慰于他们的爱国赤忱，也想劝告他们一定要清楚地知道搞政治的后果，不可过于执着，要做到尽人事而知天命。

扪心自问，我自己为什么要搞政治？以国会议员的身份在政治圈中摸索历练十余年，也曾经历过很多重大的事件，但我仍不改初心，仍然觉得政治是一个非常珍贵和重要的领域。我觉得自己即使没有像现在这样正式搞政治，也会以一个普通党员的身份献身于政治活动。因为公正的政党政治是实现民主主义的基石。如果没有势均力敌的在野党，而只是某个党派一家独大的话，不受牵制的权力必会衰落，民主主义之花必将无法绽放。李明博政府执政这两年就体现了权力私有化带来的危害。权力私有化导致了国家预算和财政的私有化，政府打着拯救四大钢铁企业的旗号向土木建筑企业的大力投资，导致了 400 万亿韩元的国家负债。虽说这一决定曾遭到很多在野党的反对，但是因为在野党势力微弱无法形成统一的、强有力的声音来与执政党抗衡。在这种背景下，韩国还出现了"捞了好处就跑的政权"的说法。

只有存在多种可能性的政治才是合理、理想的政治。社会各阶层之间、不同意志看法之间进行妥协和协调，并将协调后的意志上升为国家意志，才是正确合理的政治治理。政治并不是要追求至善，而是要趋利避害。常言道，"政治水平是衡量一国国民水平的标杆"。政治是社会各阶级和力量此消彼长过程和民主力量强弱的反映。政治与社会其他方面紧密相连，并影响着社会的各个领域。李明博总统的执政使我更加深切地体会到政治的重要性，政治并不是孤立的，它渗透在舆论、教育、宗教、司法等社会的方方面面。

美国进步史学家霍华德·津恩（Howard Zinn）在二战时曾经是位战斗机飞行员，我曾有幸拜读他的作品并受益匪浅。他在作品中提道，我们的思考方式决定了我们的生存方式。

战斗机飞行员为了逃避责任，需要将自己向普通民用设施投掷炸弹的行为合理化。因此，这就要求对战斗机飞行员们进行洗脑教育，使他们避免受到自己的良心谴责。例如将一般民用设施说成是伪装后的军用设施，将难民说成是伪装成难民的作战部队，将一般民众说成是与敌人勾结的叛徒，说他们为敌方提供庇护，等等，以此种种为借口，以寻得战争中投弹时的心安理得。

日本 731 部队如何忍心将活人用作实验的对象呢？他们把活体实验的韩国人、中国人称作"马路大"（丸太），把这些活体人看作实验用的小白鼠，认为为了实现人类健康幸福，保卫大日本帝国，抵制英美侵略，研发细菌弹，牺牲他们是理所应当的。

放眼过去，这种历史事件比比皆是。在二战时，德国人曾用毒气杀害了 600 多万犹太人，这又是为什么呢？究竟是什么样的意识形态使得明明听起来很荒谬的希特勒体制得以维持呢？"物竞天择，适者生存"的社会进化论是这种意识形态的支撑之一，另外他们还主张，为了使德国文化成为人类文化之源，必须消灭杀害耶稣的犹太人以示公道正义，而犹太人作为传播鼠疫的民族，是阻碍德意志文化繁荣昌盛的绊脚石，因此必欲除之而后快。

在韩国也曾发生过类似事件。朝鲜战争后，许多人被当作"红色分子"而遭到杀害。维新独裁时期的人民革命党事件、光州民主化运动等都是很好的例证。左翼人士被视作草芥随意杀害就是当时社会环境最好的写照。

因此说，我们的思考方式决定了我们的生存方式。我们的思想和认识决定了我们的命运。人民通过选举选出能够代表自己意志的党派成为执政党，执政党代表一个国家大多数人的意志，按照大多数人的意志处理国家大事。

我觉得民主主义不可或缺，是像空气和水一样的存在，在拥有时察觉不到它的重要性，而一旦失去就会意识到它是生死攸关的存在。因此，我们必须不断深化民主主义，建立保障平等对话和协商、信守诺言、信赖、法治、敢于挑战、机会均等的公平机制和保障人权的制度。经济实力作为实现民主的基础尤其需要引起重视。朴正熙执政时期受惠于经济发展而兴起的中产阶级成为1987年六月抗争的主导和先锋。贫困是滋生独裁专制的沃土，只有经济发展、百姓安居乐业才能实现真正的民主。

通向大陆的梦想

我生平所愿就是看到南北统一，使韩国不再是既非半岛又非岛屿的不伦不类的存在。虽然我主张南北统一，但我绝不是说要通过民族间的自相残杀来实现统一，我所希望的是通过协商和解、以和平的方式实现半岛统一。国会法规定，国会议员誓词中有"国会议员应当为祖国统一而奋斗"的内容。

我虽然不是多愁善感的统一论者，但是对于数千万朝鲜同胞，我总怀有无限的怜悯和同情之情。每每看到满目疮痍的伊拉克等中东地区，我总能深深感受到和平的来之不易和韩国国土的美丽。从小接受"事大主义"的韩国人总会觉得《爱国歌》歌词中吟唱的"木槿花三千里华丽江山"只是徒有虚名罢了，也总是奢望着韩国能有像欧美国家或者中国一样的雄壮之美，但是只有自己环游了世界，才会发现还是自己的国家最美也最亲切。因为这土地上的每一株花草、每一块石头都浸透着深深的乡土之爱，也只有自己的国家才是世间最美也最珍贵的地方。

放眼当下，百姓赖以生存的土地被几个人独占垄断，甚至还被一分为二，南北双方你争我斗互为冤家，这不仅是羞耻和丢脸的事，更是愧对祖先的事。我们应当与时代和祖国同呼吸共命运。感受时代之痛和历史之殇，把个人作为社会和历史的存在来看待。

我们应当复兴民族经济共同体，并以此为基础大力发展韩国经济，并争取早日成为世界发达大国。前大宇集团金宇中在其著作《大千世界，百端待举》一书中提到，大千世界，百端待举，而韩民族作为拥有五千年悠久历史的民族，底蕴深厚、文化璀璨，不应当如井底之蛙固守于一方之土自怨自艾，而应当自强不息、奋起勃发，将黄海变为世界上第二个地中海。

而实现这一目标的第一步就是将仁川建设成第二个威尼斯，把首尔建设成港口城市。如果将首尔比作大韩民国的心脏，它不仅需要向地方输送血液，也需要接受来自地方的血液供给，只有实现地方城市和首尔之间互通有无、你来我往才能确保首尔的正常运作。除此之外，血液的流动不应仅仅局限于韩国全境，只有与平壤和新义州等朝鲜境内的城市也贯通连接，才能避免北轻南重引起的冠状动脉膨胀和随之产生的心绞痛、动脉硬化等疾病。我们还需要将光阳、木浦、群山、平泽、仁川等西海岸城市带与开城工业园区和海州工业园区相连接，将韩国的西海岸城市带发展为像香港、深圳和广东一样相互联动的新"珠三角经济地区"。

南北经济合作可以使韩国避免夹在中日间进退维谷的局面，掌握处理中韩、韩日关系时的话语权。另外，还需要在平壤、新义州、大连之间建设高速铁路，使地区间相互连接、互为策应，建立连接中国大陆和东北地区的西海岸大联盟。

其次是釜山。随着韩国对外贸易的重心由美洲转向中国，釜山的重要性也日益衰落，逐渐被人忽视。若想振兴釜山，就必须振兴岭南，眼下当务之急是将大邱、忠清北道的医疗工业园区建设与岭南圈新国际机场建设、北方经济圈连接起来。除此之外，还需要在东西伯利亚和沿海州地区建设连接下山、罗津、先锋、束草、浦项和釜山的天然气管道和铁路。

如打通六脉一样，通过南海岸的闲丽水道和 Galaxy 项目（以桥梁连接南海岸闲丽水道的各岛屿的计划），将这两个大联盟与新安、菀岛、高兴、丽水、南海、巨济相连接，使地区融为一体，只有这样才能使各地区之间交流无滞。陆地能源和海洋能源的自由往来依赖于西海岸和东海岸大联盟之间的互联互通，只有这样，能源利用才可以自由流动，随时周转。正如亚平宁半岛曾孕育出享誉千年的罗马帝国一样，这两个大联盟的建立将能够使朝鲜半岛孕育出新的世界强国。

我不禁想起自己在选举运动时发表的演讲："我即使没有成为国会议员，也会坚定不移地走这条路。因为无论我身处何时何地，都有一个坚定的信念，那就是消除一切的凌辱和欺压，让人人都能活得高贵、活得尊严。我将为民族统一事业而不懈奋斗；为建立一个人人相安、没有战争和核武器的和平世界而宵衣旰食、勇往直前；也为发展新能源、转变能源结构、建立人与自然和谐相处的世界尽自己绵薄之力。我相信，如果我有幸当选国会议员，必不负众望，认真实践自己竞选时的承诺！"

这段话并不是为了竞选和拉选票而说的无心之言，这些都是我一直以来矢志不渝的志向。我总是刻意避免个人崇拜主义，避免自己成为"三金"的追随者。我所说的"三金"是指除金钟泌之外的金大中、金泳三、金日成三人。我一直勉励自己不要成为攀附于三金的政治活动家，做到能够在历史和民族面前进行自主地判断和选择。与其成为通过攀炎附势而发光发亮的伟人，我更希望自己成为能够如人饮水、冷暖自知，独立思考、自主选择的普通政治家。

　　这使我联想到了无私的共产主义者周恩来和胡志明。周恩来和邓颖超夫妇一生简朴，虽然德高望重，但他们却拒绝人们为他们建立铜像、欢庆生辰，甚至在死后捐献身体器官、帮助他人。虽然我有很多不足，但我希望自己能够像周恩来一样淡泊名利、为国为民。虽说我没有很多财产，但我还是参与了"捐献遗产运动"，并教育儿女炫珠和珠涣说："父亲只能供你们读书，不会给你们留任何财产。"另外，我还计划将来去世后捐献器官、不建冢墓。不建冢墓是因为韩国土地本来就少，大量的墓地建设使得可用土地变得日益稀少，我不希望自己去世后还要增加社会负担。我从来没有投资过房地产市场，也没有买过单独的住宅，虽然住在租赁的公寓里但我已心满意足。也许未来可能会购买公寓，但是除了住房之外，我对其他的不动产没有任何特别的念想。我只是想做一个能够"以天为檐、以三千里江山为我之土地"的胸襟开阔之人。

　　最后，摘录李舜臣将军《乱中日记》中的一小节与读者共勉：

　　　　水国秋光暮，惊寒雁阵高。
　　　　忧心辗转夜，残月照弓刀。

1. 2004 年 10 月，开城工业园区开工仪式
2. 2004 年 12 月 15 日，开城工业园区首件产品生产纪念仪式
3. 2009 年 3 月，GM 大宇经营情况报告会

总体和个体的生命

近年来很难再看到漆黑的夜晚和璀璨的星光。遗憾的是，灯火通明的城市夜景，汽车和路灯炫目的照明以及严重的空气污染使得观星望月成为天方夜谭。我经常在夜晚时登山散步，每每心力交悴时，我总喜欢去江原道摩尼山散心。在摩尼山山顶的观星台上可以欣赏到美丽的星空，那满天繁星看起来仿佛像流水一般向我倾泻而来。听人说，这些星光经过数百光年才到达地球，在可被人眼观察到的星星之外还有许多业已消失的星星。

我思忖，宇宙无穷，也许太阳系只是宇宙生命体的一个微小细胞。这使我联想到了像太阳系一样，电子围绕原子核运动的情景。人类呢？人类又是从何而来呢？避而不谈进化论和创世论的对立，我觉得探究生命现象本身的哲学更为重要。

理论生物学家 G. W. Rowe 认为生命具有以下三个特征。

"第一，单个的生命体可以从外界获得维持自身生存的自由能量；第二，为了克服个体的局限，通过繁衍的方式使自身得以复制再生。第三，为了适应外界环境，世代更替，在选择和变异中提高自身的适应力。"

这三个特征并不能由单一的生命体完成，需要经过世代延续，在不断地适应中实现。人只是宇宙中的一个渺小存在，如果将人弃置于宇宙空间中，只需几分钟便会灰飞烟灭，不留踪迹。无论是人、动物还是植物，只有在具有重力、阳光、水、温度、空气等特定的生存条件下才，可以维系生命、繁衍生息。

以地球为例简单说明的话，地球的半径为 6400 千米，周长为 $2 \times 6400 \times 3.14 = 40200$ 千米。也就是说，绕地球一圈的距离为 4 万多千米。地球每 24 小时就会自转一圈，因此自转速度为每小时 1667 千米。声速为每小时 1200 千米，以超音速绕地球飞行一圈，其每秒速度为 466 米，而每秒钟声音传播的速度为 340 米，光速为每秒钟 30 万千米。

那么地球的公转速度如何呢？地球围绕太阳运行一圈需要花费一年的时间。地球到太阳的距离为 1 亿 5000 万千米。半径为 1 亿 5000 万千米的圆，圆周角按照 $2\pi r$ 计算，我们可以算得圆周长。以算得的圆周长除以一年的时间 $365 \times 24 \times 60 \times 60$ 我们可以得到地球的公转速度 30 千米/秒。照此看来，人类相当于乘坐无人驾驶飞行器在宇宙中以每秒 30 千米的速度运转。

我常常在登山和散步时想到这一点，每每忆起总不禁慨叹生命的神秘与伟大。地球作为浩渺宇宙中的一颗小星球，能够繁衍生命，生生不息，这难道不是奇迹中的奇迹吗？无论地球是停止公转还是停止自转，人类都不可能再生存下去。

因此，个人不仅与他人息息相关，也与其他生命体、自然、地球乃至与太阳系等紧密相连，这便是总体与个体生命的概念。我曾有幸拜读首尔大学教授张会翼的著书，对于他在书中提出的有关个体生命与总体生命的关系，人与人、人与自然关系的内容，我颇为赞同。这也与佛家所言的"一即一切，一切即一"遥相呼应、极为相近。

人是一切问题的罪魁祸首。在生产力的发展的基础上，人类创造了灿烂的科学技术文明，并迎来了60亿人口的人口爆炸时代，但不计其数的战争和核武器的肆意蔓延，却使得地球满身疮痍、无力呻吟。

张会翼教授在书中写道："癌细胞并不是来自外界环境的病原体，它原是身体的一部分。它与一般细胞的差异在于大脑感觉不到疼痛、能够肆意复制和扩大，进而能够破坏正常细胞，麻痹身体其他器官，使他们无法正常运作直至生命体死亡。"

如此看来，现在人类的行为不正像癌细胞的做法吗？人类的产生是地球自诞生35亿年以来划时代的历史事件，它标志生命体自觉意识的出现，是惊世骇俗的奇迹。但是人类无节制的贪欲和频繁的战争，也造成了地球其他生命体的灭亡和绝迹，这也是宇宙间最大的悲剧。

我虽然非常赞同李明博总统时期提出的低碳绿色经济理论，但也认为这一理论存在一定的缺陷，那就是缺乏哲学基础和具体的实践步骤。例如，政府为了拯救四大钢铁企业，大力扶持高碳排放量和高污染的土木工程企业，这明显与低碳绿色经济的宗旨相违背。我们应当以长远的眼光来看待和解决经济问题，从根本上转变生活方式、能源结构和消费结构。就转变能源消费结构来看，主要是从依靠化石燃料和铀等核能向依靠太阳能、风能、海洋能等绿色能源转变，同时还应当提高能源利用效率。就转变生活方式来看，是指从所有型的生活方式向生命形式型的生活方式转变。